제2판

2019 개정 누리과정에 따른 놀이중심

유아사회교육

이혜정

창지사

머리말

급격히 변화하는 시대를 살아가는 유아에게 필요한 교육은 무엇인가? 전통적인 교육이 이미 만들어진 지식을 그대로 배우게 하는 것이었다면, 새로운 방식은 유아들이 기존의 지식에 대해 질문하도록 하는 것이다. 유아사회교육은 시대와 사회에 따라 가르치는 방식과 내용이 꾸준히 변화해 왔다(Seefeldt, 2001). 또한 그 지식의 내용에 있어서도 광범위하다. 유아사회교육의 내용은 유아가 자신을 인식하고 자신에 대한 개념을 정립하는 것과 자신의 정서를 표현하는 것, 타인의 정서를 알고 타인의 정서를 공감하는 것부터 세계의 지리와 역사까지 인간 생동의 모든 면을 반영한다. 따라서 유아사회교육은 인간이 살아가는 데 영향을 줄 수 있는 모든 범위의 것에 대해 관심을 가지고 그에 대한 지식, 기술 및 태도를 기르는 것이 중요하다. 이러한 유아사회교육을 가르치기 위해서는 먼저 예비교사가 유아사회교육의 목표와 내용을 알아야 할 필요가 있으며 그에 대해 기존의 지식을 받아들이기만 하는 것이 아니라 직접 생각해 보고 자신의 모습에 비추어 유아사회교육을 들여다볼 수 있어야 한다.

이에 본 유아사회교육은 예비 유아교사들에게 생각해보기를 통해 각 단원에 대해 생각해볼 수 있는 시간을 갖게 하였고 각 단원에 따른 이해가 이루어졌는지에 대해 알아보기를 위하여 퀴즈를 제시하였다. 또한 책에 있는 내용에 대해 자신의 삶을 비추어 보고 토론할 수 있는 기회를 마련함에 따라 유아사회교육을 통해 자신이 한번쯤 생각해 볼 법한 궁금증을 해결할 수 있도록 하였다.

유아사회교육은 총 2부로 14장으로 구성되어 있다. 1부는 유아사회교육에 대한 이해로, 유아사회교육에 대한 기초 개념을 정리해 놓았다. 1장에서는 유아사회교육과 관련된 다양한 개념을 알아봄으로써 예비 유아교사가 유아사회교육에 대한 개념을 정리할 수 있도록 하였다. 2장에서는 유아사회교육의 목표 및 내용으로 일반적인 사회교육의 목적 및 목표, 내용과 시대에 따른 사회교육의 변화, 유아사회교육 내용의 구성방법에 대해 정리하였다. 3장에서는 유아사회교육에 대한 철학자들의 이론을 중심으로 정리함으로써 유아사회교육을 어떠한 관점으로 바라볼 것인가에 대해 생각해보도록 하였다. 4장에서는 유아사회교육과 관련된 요인들을 애착, 자아개념, 정서, 도덕성, 마음이론으로 정리하였으며 5장에서는 국가 수준의 교육과정으로 2019 개정 누리과정 중 사회관계를 중심으로 내용을 정리하였다. 6장에서는 2019 개정 누리과정의 변화에 따라 교육계획에 대한 방향을 정리함으로써 예비 유아교사에게 교육 계획에 대한 긍정적인 지원을 하고자 하였다.

2부는 놀이 중심의 유아사회교육 실제로, 사회과학개념의 구조화 접근법에 따라 주제를 선정하였다. 1장에서는 역사 교육, 2장에서는 경제 교육, 3장에서는 지리 교육, 4장에서는 환경 교육 5장에서는 다문화교육, 6장에서는 통일 교육, 7장에서는 양성평등교육, 8장에서는 민주시민교육으로 각 장에 따른 이론과 실제를 함께 정리하였다. 특히 실제에 있어 2019 개정 누리과정의 교수 접근법 변화에 따라 교사가 유아의 놀이를 통해 다양한 유아사회교육의 주제를 잡아가는 모습을 서술하였다.

유아사회교육에 대하여 다양한 책을 참고하는 과정에서 백석예술대학교 정하나 교수님의 책의 구성을 참고하였다. 놀이를 지원하며 유아사회교육의 주제를 잡아가는 일은 분명 쉽지 않은 일이고 지속적으로 연구가 필요한 부분이다. 아직 부족한 점이 많은 책이나 향후 유아교육 현장을 통해 더욱 보완하고자 한다. 이 책을 통해 유아를 지속적으로 관찰하고 관찰한 것을 사회교육에 접목하고자 하는 예비 유아교사, 유아교육 현장 교사들 그리고 이 분야에서 연구를 하는 많은 분들에게 도움이 되길 바란다. 또한 책이 나오기까지 많은 도움을 주신 창지사 출판사와 가족에게 깊은 감사를 드린다.

2021년 1월

저자 이혜정

차 례

PART I 이론-유아사회교육의 이해 / 11

1. 유아사회교육 개념
2. 유아사회교육의 목표 및 내용
3. 유아사회교육 이론
4. 유아사회교육 관련 요인
5. 국가수준의 교육과정
6. 유아사회교육 교수방법

PART I

이 론

유아사회교육의 이해

PART I CHAPTER 1

1. 유아사회교육 개념

생각해보기

이 글이 시사하는 바는 무엇일까요?

여행을 갈 때, 나는 바다로 가고 싶은데 동생은 산으로 가자고 합니다. 나는 오늘 집에 가는 길에 떡볶이가 먹고 싶은데 엄마는 그냥 집에 가자고 합니다. 그럴 때 나는 동생과 엄마의 의견을 들어줄 때도 있고 때로는 동생과 엄마가 내 의견을 들어주기도 합니다. 내 의견이 반영되지 않는 규칙이 하나 있습니다. 그것은 밤 11시 이전에 꼭 들어가야 하는 규칙입니다. 친구들과 있다 보면 가끔 더 늦게 들어가고 싶지만 11시 이전에는 들어가야 하는 신데렐라랍니다.

1. 사회성 관련 개념

목 표

유아사회교육 관련 용어에 대해 안다.

1) 사회성(sociality)

사회성은 한 사람이 행복한 삶을 영위하는 데 필수적인 요소이다. 사회성은 다른 사람의 기분과 감정을 잘 이해하며 타인과 원만한 관계를 맺는 능력으로 사회화되고 있는 정도를 나타낸다. 사람은 아무도 혼자 살 수 없으며 타인과 사회 속에서 살아가기 때문에 사회성을 발달시키는 것은 매우 중요하다. 사회성이 높아지기 위해서는 사회에 대한 긍정적인 애착 형성, 자신에 대한 올바른 자아개념 형성, 자신의 정서 인식 및 표현, 타인에 대한 조망수용력 등이 기초되어야 한다. 이외에도 사회의 기준에 맞게 행동하기 위하여 도덕성과 자기조절능력, 사회적 역할 인식 및 사회 문화적 가치에 대한 지식, 기술, 태도를 받아들이는 것이 필요하다.

2) 사회화(socialization)

사회화란 자신이 속한 사회에서 사회적으로 합의된 가치들을 내면화시키는 과정으로 사람을 사람답게 만드는 과정이다. 유아가 사회적 존재로 성장하는 가운데 필요한 언어와 행동 양식을 배우고 자신이 해야 할 일과 해서는 안 될 일들이 무엇인지 익히는 것이 사회화이다. 또한 유아는 주어진 환경과 문화에 익숙해지는 과정을 통해 그 사회에서 요구하는 사람으로 성장하게 된다(Seefeldt, Castle, & Falconer, 2014). 따라서 사회화는 사람이 태어나서 자신이 속한 사회의 문화를 배우고 그 사회의 가치를 내면화시키는 과정이다. 이러한 사회화과정을 경험한 유아는 개인적 차원에서 자신의 개성과 자아를 형성하고, 사회적 행동 양식을 습득하며, 사회적 소속감을 함양할 수 있다. 사회적 차원에서는 사회 구성원 간의 문화적 가치와 신념을 학습하며 문화를 공유하고, 문화를 다음 세대에 전달할 수 있으며, 사회의 유지 및 통합에 기여할 수 있다.

사회화는 단순히 어린 시절에만 이루어지는 것이 아니다. 사회화란 평생에 걸쳐 이루어지며 영아기, 유아기, 청소년기, 성년기, 노년기의 과정을 거치게 된다. 결과적으로 사회화란 평생교육이며 어느 사회에서나 사회화는 동일하게 나타난다. 그러나 구체적인 내용이나 방법은 사회와 환경에 따라 다를 수 있다. 서로 다른 문화권에 속한 사람들은 각기 다른 사회화의 경험을 하며, 한 사회 내에서도 가족, 민족, 세대, 계층 등에 따라 다양한 행동 양식이나 가치관 등을 학습하게 된다. 이러한 사회화는 발달시기에 따라 습득되는 사회적 기술이 달라지는 것을 볼 수 있다. 각 시기마다 경험하는 사회화는 다음과 같다.

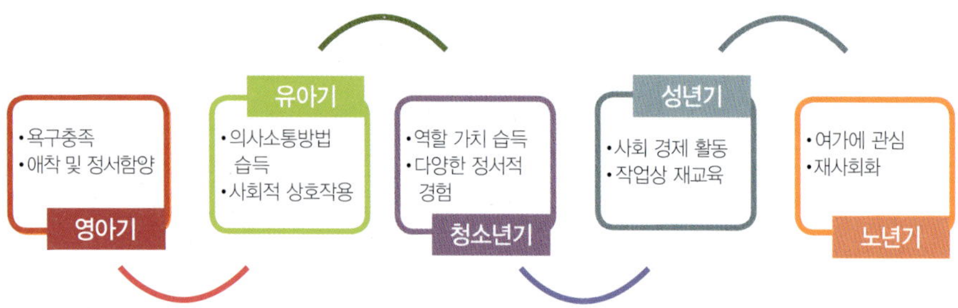

관련자료 –〈동영상 : 5분 사탐–사회문화 – 06강 사회화 – 평생의 과정〉

3) 사회적 참조(social referencing)

사회적 참조란 타인의 해석을 이용하여 자신의 해석을 구성하는 과정이다. 예를 들어 12개월의 유아를 시각 절벽에 눕혀 놓은 후 반대편에서 엄마가 긍정적 정서나 부정적 정서를 표현했을 때 유아는 엄마가 긍정적 정서 표현을 하는 경우에만 시각 절벽을 건넜으며, 엄마가 부정적 정서 표현을 하거나 시각 절벽이 명백하게 위험한 경우에는 건너지 않았다. 영아가 새로운 상황에 처했을 때 엄마의 반응을 보며 자신의 행동을 결정하는 것은 타인의 반응이나 행동에 따라 자신의 행동을 조정하거나 선택하는 것으로 사회적 참조이다(Kim & Kwak, 2011). 이러한 사회적 참조는 영아기뿐 아니라 유아기, 청소년기, 성년기가 되어도 자신의 행동에 의구심이 들거나 명확한 선택을 하기 어려울 경우 자신이 믿을 만한 주변 사람들의 행동을 참고하는 것이라 할 수 있다(Ainsworth, 1992).

4) 사회인지(social cognition)

사회인지란 사회에 적응하는 데 도움이 되는 사회적 행동을 결정하는 내재적 과정이다. 사회인지의 배경은 유아의 인지발달이 사회발달을 증진한다는 개념에서 나왔다. 자신이 처한 상황에 대한 인지 및 다른 사람의 표정, 행동, 감정 등을 이해하고 추론하여 자신의 행동을 결정하는 능력이 사회인지이다. 이를 구성하는 요인으로는 자기인식, 자아개념, 자존감, 자기효능감, 성취동기, 정체성, 타인지각, 정서 이해 능력, 추론능력, 마음이론 등이 있다.

5) 사회적 유능성(social competence)

사회적 유능성이란 생활 속에서 경험하는 다양한 도전이나 기회에 적절하게 반응하는 개인적인 지식, 기술, 태도라 할 수 있다(Barclay & Breheny, 1994). 유아는 또래와의 상호작용을 위해 사회적 유능성을 발달시키게 된다. 사회적 유능성이 높은 사람은 성공적으로 상호작용하고 사람은 삶에 만족하는 경우가 많다. 이에 반해 사회적 유능성이 낮은 사람은 부적절한 상호작용으로 인해 사회적 고립을 초래할 뿐만 아니라 사회적 기술을 발달시키고 실행할 기회가 점차 감소되며, 자신과 사회에 대해 부정적인 개념을 형성하기도 한다.

따라서 사회적 유능성을 증진시키기 위해서는 또래와의 협동을 필수적으로 요구하고 새로운 역할 탐색을 통한 자아존중감, 의사소통, 친사회적 행동이나 문제

해결 전략, 자기조절과 자아통제, 사람에 대한 신뢰감 등을 증진시킬 필요가 있다. 또한 탈중심화를 돕는 역할놀이나 기본 생활에 있어 지켜야 할 규칙 및 규범을 활용한 게임을 통해 타인의 욕구와 관점에 대한 이해, 대인관계 기술 습득, 사회적 가치 인식, 문화적 유능성 개발도 함께 이루어져야 한다.

6) 재사회화 및 탈사회화

사회의 변화에 따라 새로운 가치나 규범이 생겨나면 그것을 새롭게 학습하게 되는데, 이때 다시 사회화하는 것을 재사회화라고 한다. 사회 변화 과정에서 나타나는 새로운 가치나 규범 등을 익히기 위하여 학습하는 과정이라 할 수 있다. 예를 들어 영아기의 사회화가 이루어지는 장소는 가정이며, 유아기의 사회화 장소는 유아 교육기관이다. 가정에서 생활하던 유아가 교육기관으로 등원하고 교육기관에 새로 적응하는 것이 재사회화이다. 청소년기 학교나 학원에서 사회화가 일어났었다면 성년기가 되면서 직장이나 새로운 가정을 통해 재사회화가 일어나게 된다. 재사회화나 탈사회화는 자신의 역할과 지위의 변화에 따라 필요한 부분이다. 또한 노년기에 며느리나 사위, 손자 손녀들과 좋은 관계를 맺는 방법을 배우고 새로운 기술이나 문화를 익히는 것도 재사회화라 할 수 있다.

이와 달리 탈사회화란 새로운 사회에 적응하기 위하여 기존 사회에서 배운 내용을 버리는 과정으로 자신이 배워왔던 사회화 경험을 버리는 것이다. 예를 들어 인종에 대한 편견, 장애에 대한 편견, 가부장 사회에서의 여성과 남성의 역할에 대한 편견을 버리고 고정관념을 깨뜨리는 것이 탈사회화라고 할 수 있다.

7) 예기 사회화

예기 사회화란 어떤 사회나 집단의 문화에 미래에 합류할 것을 예상하고 그 집단이나 사회의 문화에 대해 습득하는 과정이다. 장래에 속할 새로운 사회에서 요구하는 가치나 규범 등을 미리 익히는 과정이라 할 수 있다. 자신이 속하고 싶은 집단의 규범이나 가치관, 행동 양식 등을 미리 배워둠으로써 실제로 성취하였을 때 그 지위나 집단에 적합한 행동을 할 수 있다. 그러므로 예기 사회화는 변화에 쉽게 적응할 수 있도록 만든다. 예를 들어 미국 유학을 준비하는 친구들이 미리 영어를 배우는 경우는 예기 사회화에 해당된다. 또한 초등학교에 입학하기 전의 유아가 미리 한글을 배우는 사례, 유아의 역할놀이 등이 예기 사회화의 사례라 할 수 있다.

8) 유아사회교육

사회교육은 사회를 살아가는 데 필요한 사회적 지식, 기술, 태도를 형성하여 사회 구성원으로서의 적합한 자질을 기르기 위한 교육이다. 유아사회교육은 유아를 대상으로 유아가 속한 세상에 대해 다양한 경험을 하고 새로운 사실을 알아가는 것이다. 따라서 자신에 대해 인식하고 자신의 생각과 느낌을 표현할 줄 아는 것, 가족에 대한 소중함을 느끼는 것, 지역사회에 관심을 가지며 다른 사람과 상호작용하는 방법에 대해 아는 것이다. 더 나아가 유아가 속한 사회의 규범 및 문화를 알아가는 방법으로 역사, 지리, 경제와 같은 사회과학적 개념까지 포함할 수 있다.

퀴즈

1. 인간이 사회 구성원으로 살아가기 위해 사회생활에 필요한 지식이나 가치, 규범 등을 배워 나가는 과정을 무엇이라고 하는지 쓰시오.

2. 다음 내용은 어떤 사회화의 개념을 서술한 것일까요?

『양반전』 박지원(1737~1805)

강원도 정선 고을에 한 양반이 살았습니다. 그런데 그 양반은 너무 가난하여 빚이 산더미처럼 쌓였습니다. 관가에서 빌려온 관곡을 하루라도 빨리 갚지 않으면 봉변을 당할 위기에 처했습니다. 이때 이웃에 사는 부자가 소문을 듣고 양반을 사겠다고 찾아갑니다. 양반은 기꺼이 양반을 팔았고, 신분이 낮은 부자는 관곡을 대신 갚아줍니다. 그런데 양반으로 사는 일이 생각보다 쉽지 않습니다. 양반의 행동거지에는 제약이 너무 많았습니다. 결국 양반노릇을 일일이 배우느니 차라리 양반이 되기를 포기하겠다고 선언하기에 이릅니다.

2. 유아사회교육의 중요성

목 표

유아사회교육의 중요성에 대해 안다.

생 각 해 보 기

아래의 글이 시사하는 바는 무엇일까요?

1991년 우크라이나에서 한 아이가 들개들의 무리에서 발견되었다. 이 아이는 옥사나로 5년간 야생 들개들과 생활해 개처럼 짖거나 네 발로 뛰어다녔다. 사회로 돌아온 옥사나는 사람들의 보살핌을 받았지만, 자신의 이름밖에 쓰지 못하였고, 간단한 계산도 하지 못하였다. 오히려 옥사나는 사람들의 눈을 피해 네 발로 뛰고 짖는 등 개의 습성을 드러내며 인간 사회에 부적응한 모습을 보였다.

사람은 사회적 존재로 태어난다. 아리스토텔레스는 인간을 일컬어 '사회적 존재'라고 규정하였다. 사람은 본능대로 살도록 두는 것이 아니라 사람의 모습을 갖추어 살아야 한다는 것이다. 유아기부터 형성되는 사회성은 한 사람이 행복한 삶을 영위하는 데 가장 필수적인 요소다.

유아에게 있어서 사회교육의 중요성은 다음과 같다.

첫째, 영유아기에 이루어지는 사회화는 성인이 된 후 습득하기 어렵다. 영유아는 타인과 상호작용하며 세상을 이해한다. 이때 유아와 타인의 상호작용이 긍정적으로 일어났을 경우 유아는 사회에 대한 긍정적인 관심을 보이게 되지만 부정적인 상호작용이 계속될 경우 유아는 내면에 사회에 대한 부정적 개념을 갖게 된다. 이러한 생애 초기의 경험은 유아가 성인이 되는 과정에 지속적으로 영향을 주게 된다.

둘째, 유아는 사회의 주체이다. 유아기에 어떠한 사회화 경험을 하였는가에 따라 성인이 되어 가지는 사회적 존재로서의 의의와 가치가 달라진다. 유아는 가정이라는 사회 속에서 점차 또래 집단, 유아 교육기관, 또래집단 등 사회집단에 소속되어 사회적 체제와 관계를 맺으며 살아가게 된다. 유아가 자신이 속한 환경 안에서 이루어지는 여러 관계를 이해하고 가족, 유아 교육기관의 일원으로 성장함에 따라 사회의 구성원으로서 자신의 역할이 무엇인지 인식하는 것은 유아사회교육에 있어 매우 중요하다.

셋째, 유아는 출생 후 가정이라는 공동체에서 점차 유아 교육기관에 소속되게 된다. 이 과정에서 가정의 문화, 유아 교육기관에서 만들어진 규칙을 통해 사회적 기술 및 태도를 발달시키게 된다. 물론 교육기관 외에 유아의 주변 세계에서 만나는 사람들과 이루어지는 상호작용을 통해서도 사회성이 증진된다. 다양한 공동체나 집단에 소속된 유아는 교사나 또래와의 상호작용을 통해 사회에서 요구하는 기대와 가치를 배우게 된다.

넷째, 유아는 사회의 구성원인 동시에 사회의 존속과 발전에 중요한 역할을 한다. 사회화는 유아뿐 아니라 사회적 차원에서도 의미가 있다. 개인은 사회화를 통해 사회생활에 필요한 규칙과 규범을 알고, 사회적 존재로서 생존하는 데 필요한 기술과 지식을 학습함으로써 사회가 안정적으로 유지될 수 있다.

토론

1. 나의 사회성이 높다고 생각되나요? 아래 그래프에 표시해보세요.

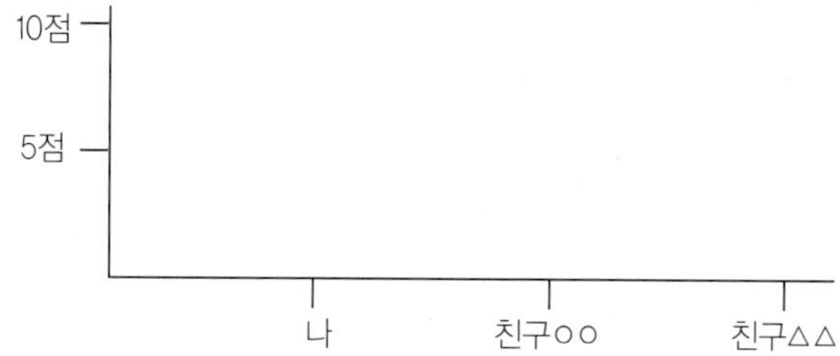

3. 사회화 기관

목 표

사회화의 기관에 대해 안다.

생 각 해 보 기

사회성은 타고나는 것일까요? 학습되는 것일까요?

개인의 사회화 과정이 이루어지는 사회적 관계나 집단을 사회화 기관이라 한다. 개인의 사회화를 담당하는 기관으로 1차 사회화 기관과 2차 사회화 기관으로 나누어 볼 수 있다. 1차 사회화 기관은 가족 등 자연적으로 이루어진 집단으로 비

공식적이며 인간적이며 대면적 접촉 관계 중심이다. 이에 해당하는 가정은 영유아기의 사회화를 결정짓는 중요한 기관으로, 부모의 양육 방식에 따라 유아의 행동 양상이 다르게 나타난다. 또래 집단은 비슷한 나이 또래의 친구 집단으로 결속력이 강하고 지속적이며 자기 또래들만의 독특한 문화를 만든다.

2차 사회화 기관은 인위적이고 공식적인 단체로 교육기관, 대중 매체 등이다. 교육기관은 의도적·공식적으로 만들어진 사회화 기관으로 지식이나 기술을 한 세대에서 다음 세대로 전수함으로써 사회화를 담당한다. 또한 대중 매체를 통한 사회화는 신문이나 잡지, 인터넷, 텔레비전을 통해 그 시대의 생활양식이나 가치관을 전달함으로써 사람들에게 새로운 지식을 알려주고 새로운 가치관의 형성을 도와준다.

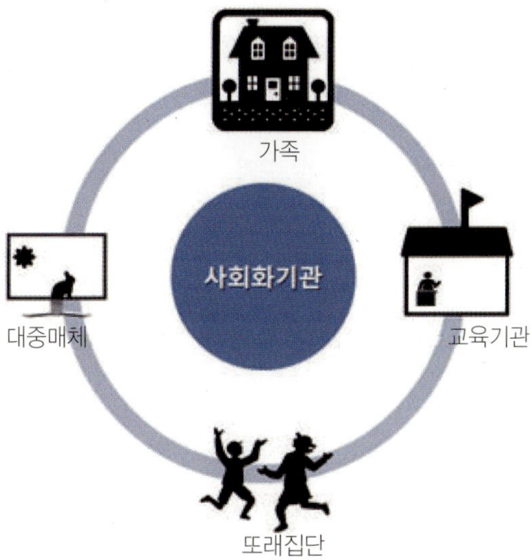

관련자료-〈동영상 : 사회화 기관의 유형 〉

1) 가족

가족은 유아기 또는 아동기에 가장 중요한 사회화 기관이다. 가족은 유아가 태어나서 처음으로 살아가는 방법을 배우는 곳이라고 할 수 있다. 유아는 가족을 통해 의사소통이나 상호작용, 자존감을 형성한다. 유아는 부모나 형제와의 상호작용을 통해 의도적인 사회교육 외에도 모델링을 통해 사회화를 이루게 된다.

가족의 구성원이 많은 경우 유아는 협동과 경쟁을 통해 양보할 줄 알고 타인과 어울리는 법 등을 익힐 수 있다. 가족 구성원이 적은 경우 유아는 독립적이고 자율적인 장점은 가지고 있는 반면, 타협하고 양보하며 사는 협동적 태도를 배우기는 어렵다. 또한 가족 구성원의 가치관이 유아의 사회화에 영향을 주기도 한다. 예를 들어 가부장적인 가치관을 가진 부모와 함께 성장한 유아의 경우 양성평등에 대한 가치관이 낮을 수 있으며, 다양한 의견을 수렴하는 민주주의적인 가치관을 가진 부모와 함께 성장한 유아는 자신의 의견을 조리 있게 설명하거나 다른 사람의 의견을 수용할 수 있는 태도를 지니게 된다. 따라서 같은 연령의 유아라 할지라도 유아가 속한 가정의 구성원의 수와 구성원의 가치관에 따라 사회화가 이루어지는 정도는 다를 수 있다.

2) 교육기관

교육기관에서는 유아가 사회의 구성원으로 살아가는 데 필요한 내용을 가르친다. 특히 유아 교육기관에서는 유아의 발달에 맞는 활동을 통해 다양한 사회기술을 익힐 수 있도록 지원한다. 여기에서 제시되는 교육기관은 일반적으로 제도화된 공간으로 공식적인 교육 체계를 가리킨다. 교육기관에서 이루어지는 교육은 단순히 사회교육에 대한 지식의 습득뿐만 아니라 기술 및 태도와도 관련되어 있다. 각 시대나 사회에 따라 교육의 내용과 형식은 다양하고 다를 수 있다. 그러나 유아가 속한 사회의 지식과 문화를 교육하는 것, 사회적 기술과 태도를 교육하는 것은 그 사회를 유지하는 데 매우 중요한 일이다. 따라서 각 사회의 문화와 사회적 기술을 다음 세대에 전수하고 발전시키기 위한 활동은 시대나 사회를 떠나 공통적으로 이루어지고 있다. 따라서 유아 교육기관은 유아에게 중요한 사회화 기관이며 사회에서 요구하는 도덕적 규범이나 협동, 책임감 등의 가치 체계를 함양시키는 역할을 한다. 이러한 교육은 가정의 사회화 방향과 교육기관의 사회화 방향이 일치할 때 유아사회교육의 효과가 크게 나타난다.

3) 또래집단

유아는 교육기관의 생활을 통해 자연스럽게 습득되는 사회적 관계를 경험하게 된다. 또래와 어울려 놀이를 하며 상호작용을 하는 과정에서 유아는 자신과 또래의 차이를 알게 되기도 하고 서로 같은 생각을 공유하기도 하면서 사회화를 이루게 된다. 이러한 또래 집단의 관계는 유아가 성장함에 따라 더욱 결속력이 강해진다. 특히 청소년기가 되면 비슷한 취미나 관심으로 형성된 또래와 필요한 정보를 교환하며 가족이나 교사의 그늘에서 벗어나 또래의 영향력을 통해 세상을 이해하고 또래를 통한 사회화가 이루어지게 된다.

4) 미디어

유아의 대중 매체 노출 시간이 길어지면서 유아의 사회화에 있어 미디어의 중요성이 높아지고 있다. 미디어는 변화가 빠른 시대를 사는 유아에게 새로운 정보를 제공하고 변화된 삶의 방식을 소개하고 있다. 유아는 미디어를 통해 변화에 민감하고 새롭고 다양한 정보를 쉽게 획득하게 된다. 유아가 사회 구성원으로 성장하는 과정에서 경험하는 미디어는 사회 공통의 행동 양식과 사고방식을 제공하게 된다. 그러나 미디어는 긍정적인 측면만 제공하기보다 사회적으로 좋지 않은 측면도 함께 제공하기 때문에 넘쳐나는 미디어의 정보 속에서 유아가 자신에게 필요한 내용을 현명하게 받아들일 수 있도록 교사나 부모가 중재를 해 줄 필요가 있다.

퀴즈

1. 다음은 어떤 사회화 기관을 의미하는가?

트위터나 페이스북, 인스타그램과 같은 소셜 네트워크 서비스(SNS)는 빠른 속도로 많은 사람에게 동시에 메시지를 전파할 수 있기 때문에 영향력이 강하다. 트럼프 대통령이 트윗을 통해 자신의 생각을 공유하는 것과 같이 트위터로 한 번 소식을 전하면 최소한 수백 명의 사람이 소식을 나누기 때문에 주류 언론도 이를 무시할 수 없다는 것이 전문가들의 설명이다.

토론

1. 현재 자신의 사회화에 있어 가장 영향을 주고 있는 기관은 어디인 것 같나요?

PART I　CHAPTER 2

2. 유아사회교육의 목표 및 내용

생각해보기

우리는 유아사회교육을 왜 배우나요? 자신이 유아사회교육을 배우려는 이유에 대해 적어보세요.

1. 유아사회교육의 목적 및 목표

목표

유아사회교육의 목적 및 목표에 대해 안다.

1) 목적

유아사회교육은 유아가 사회에서 구성원으로서 잘 성장하도록 돕고자 하는 것이다. 따라서 유아사회교육의 궁극적인 목적은 민주 사회의 유능한 시민을 양성하는 것이다(Michaelis, 1980).

2) 목표

구체적인 목표로는 전인적 발달, 사회적 지식 및 기술 습득, 다양성에 대한 이해 및 존중, 세계적 시민의식 등으로 나누어 볼 수 있다. 이에 정리하면 다음과 같다. 첫째, 가정과 사회, 국가의 구성원으로서 유아가 자신에 대해 인식하고 자신의 감정이나 행동을 긍정적인 측면에서 표현할 수 있도록 한다. 둘째, 타인을 존중하고, 다른 사람들과 긍정적인 태도로 상호작용한다. 셋째, 유아가 사는 사회의 가치나 태도를 존중하며, 이를 책임 있게 수행한다. 넷째, 사회의 여러 가지 현상에 관심을 가지고 대처할 수 있다. 다섯째, 세계시민의식을 갖춤으로써 유아가 세계시민으로서의 자질을 향상시킨다. 이러한 유아사회교육의 목적과 목표를 통해 유아는 민주 시민의 능력과 자질을 갖춘 사람으로 성장할 수 있다.

2. 유아사회교육의 내용 및 조직

목표

유아사회교육의 내용 및 조직에 대해 안다.

1) 유아사회교육의 내용

사회교육은 유아기에서 시작되어야 한다. 유아가 자신의 정서를 인식하고 자신의 정서를 표현하는 것, 타인의 정서를 알고 타인의 정서에 맞춰주는 것은 유아사회교육의 가장 기본이라 할 수 있다. 나에 대해 알고 다른 사람에 대해 관심을 갖는 것, 더 나아가 타인과 관계를 형성하는 것은 유아사회교육의 중요한 내용이다. 또한 유아가 속한 사회의 가치를 알고 그 가치를 존중하는 태도를 갖는 것은 유아가 사회 구성원으로서 가져야 할 역할이라 할 수 있다.

따라서 유아사회교육에서 내용을 선정할 때 고려해야 하는 것은 첫째, 유아사회교육의 목표를 효과적으로 달성할 수 있는 내용이어야 한다. 둘째, 유아사회교육의 내용이 유아의 흥미와 호기심을 반영하는 내용이어야 한다. 셋째, 유아사회교육의 활동이 유아의 발달 수준에 적합한 것이어야 한다. 넷째, 유아의 사회 문화적 배경을 고려한 내용이어야 한다. 다섯째, 다른 영역의 교과와 연계성을 가지고 통합적으로 이루어질 수 있는 내용이어야 한다.

유아사회교육은 분야가 광범위하다. 사회교육은 사회과학, 인문과학, 자연과학 분야 등 인간 행동의 모든 면을 반영한다(Melendez, Berk & Fletcher, 2000). 미국 사회교육 협회(National Council for the Social Studies: NCSS)는 사회과학과 인문학을 통합하여 사회교육을 제시하였다. 사회교육은 첫째, 통합적으로 이루어진다. 둘째, 인류학, 역사학, 경제학, 지리학, 의상학, 사회학, 교육학 등의 학문영역에 통합된 다차원적인 학문으로 이루어져야 한다. 셋째, 민주사회 공동체의 구성원으로서 사회교육은 사회적 자질 함양에 초점을 두어야 한다. 넷째, 사회교육은 개인의 능력이나 자질 향상을 중심으로 한다. 이에 NCSS(1994)는 사회과에서 다루어야 할 주제를 다음과 같이 10가지로 제시하고 있다.

- 문화(Culture)
- 시간, 연속성과 변화(Time, Continuity, and Change)
- 민족, 지역과 환경(People, Places, and Environment)
- 개인적 발달과 정체성(Individuals Development and Identity)
- 개인, 단체와 기관(Individuals, Groups and Institutions)
- 힘, 권력과 지배(Power, Authority, and Governance)
- 생산, 분배와 소비(Production, Distribution, and Consumption)
- 과학, 기술과 사회(Science, Technology, and Society)
- 세계적 연계성(Global Connections)
- 시민의식과 실천(Civic Ideals and Practices)

2) 유아사회교육의 조직

유아사회교육의 내용을 조직함에 있어 다양한 방법이 있겠지만 일반적으로 동심원적 내용조직방법, 나선형적 내용조직방법, 유아발달 내용조직방법 그리고 과정중심 내용조직방법이 있다.

(1) 동심원적 내용조직

동심원적 내용조직은 교육내용의 체계를 유아를 중심으로 하는 내용을 우선으로 하고 점차 유아 주변에 있는 내용으로 사회교육의 내용을 구성하는 것이다. 미첼(Mitchell)이 주장한 동심원적 내용조직은 유아의 제한된 경험과 자기중심성을 고려한 내용조직으로, 연령이 증가함과 공동체의 범위를 확대시키며 학습하는 것으로 오랫동안 사회과 교육의 구성방식이었다. 따라서 유아, 가족, 또래, 이웃, 그리고 지역사회 등과 같이 유아를 중심으로 점차 주변 세계로 나아가는 내용의 구성이다. 그러나 최근 사회변화로 인해 유아가 경험하는 세계가 넓어졌다. 해외여행을 통해 다른 나라의 문화를 경험하는 유아가 많아지고 미디어를 통해 멀리 떨어진 세계에 대한 유아의 인식이 변화되고 있다. 즉, 다른 나라의 역사, 문화, 지리 등의 내용이 유아기에도 경험할 수 있는 범주로 들어오고 있으므로 동심원적 내용조직에 대한 한계점이 지적되고 있다.

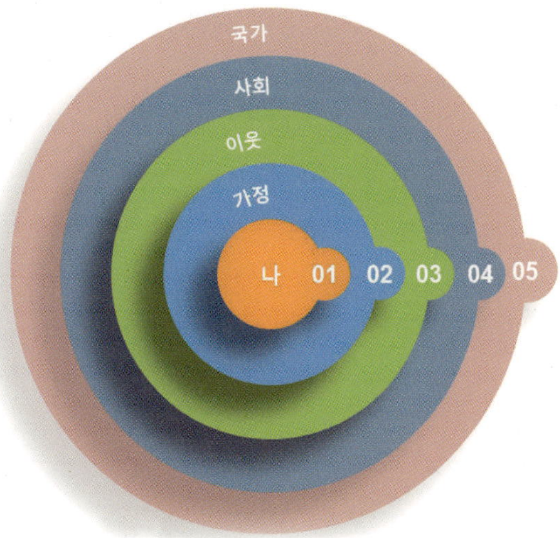

동심원적 조직모형

(2) 나선형적 내용조직

나선형 내용조직은 브루너(Bruner)의 교육과정에서 시작되었다. 나선형적 내용조직은 교육내용을 나선형으로 계열화시켜 같은 개념을 수준별로 반복해서 제시한다. 각 교과의 핵심 개념을 여러 해에 걸쳐 반복적으로 가르치되 학년이 올라갈수록 그 폭과 깊이, 복잡성이 심화·확대되는 과정이다. 따라서 동일한 개념을 어린 연령단계에서는 실물을 통한 직접적이고 구체적인 활동으로 가르치고 다음 단계에서는 그림이나 영상과 같은 자료를 통해 가르침으로써 이전 단계에서 경험한 활동을 조금 더 높은 단계로 심화하여 가르치게 된다. 또한 다음 단계에서는 같은 개념을 이전보다 더욱 상징적이고 추상적인 수준으로 교육을 함으로써 더욱 깊게 생각하고 고민하게 하는 교육과정이다.

이에 따라 유아사회교육은 개념을 중심으로 단순한 것에서 복잡한 것으로, 구체적인 것에서 추상적인 것으로 교육한다. 따라서 교육의 결과로 나타나는 유아와 더 나이가 많은 아동의 지식 차이는 종류의 차이가 아니라 지식수준의 차이라고 할 수 있다.

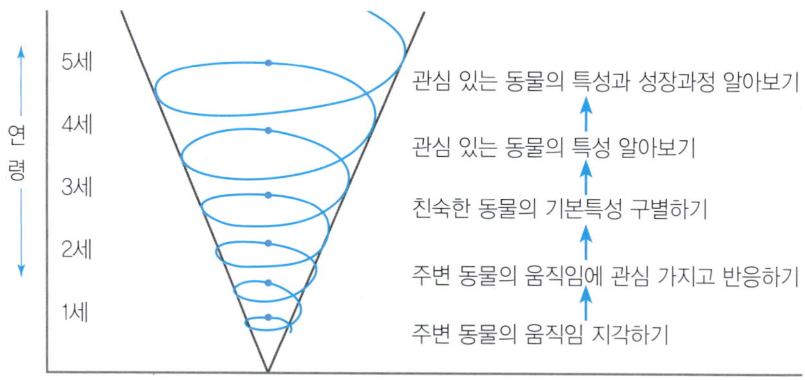

출처: https://blog.naver.com/crm02217/221699575838

(3) 유아발달 내용조직

발달에 근거한 유아사회교육의 내용조직은 유아사회교육에 있어 가르쳐야 할 내용을 선정하기보다 유아의 발달 수준이나 유아의 흥미에 교육의 중점을 두고 있다. 따라서 유아의 생활에서 경험할 수 있고 유아의 관심사가 어디에 있는지를 관찰하여 유아의 관심사를 최대한 반영하는 교육이다. 1920년대 홀(Hall)의 질문지법과 게젤(Gesell)의 표준행동목록에 근거하여 유아의 발달에 따른 교육내용을 선정해야 한다고 보았으며 유아의 사회적 상호작용을 통해 교육이 일어날 수 있기 때문에 교육과정을 구성하는 가장 중요한 요소가 유아이다. 유아가 선정한 교육

내용을 통해 다양한 문제 상황을 해결해 나아가는 것에 중점을 두는 교육이라 할 수 있다.

(4) 과정중심 내용조직

과정중심의 교육내용은 피아제의 영향으로 유아의 심리를 기초로 학습방법이나 과정을 중요하게 여기고 유아가 어떻게 생각하는지에 대한 방법과 논리적 사고과정을 중요시한다. 이에 교사는 무엇을 가르칠 것인가에 초점을 맞추기보다 어떻게 가르칠 것인가에 초점을 두고 있다. 유아가 경험하는 활동에 있어 구체적인 사물과 경험에서 형식적인 경험으로 나아가며 유아의 배경이나 흥미, 욕구를 기초로 발달 수준을 고려한 교육과정이라 할 수 있다.

3. 유아사회교육 접근법

목표

시대에 따른 사회교육의 접근법에 대해 안다.

씨펠트(Seefeldt, 2001)는 시대와 사회에 따라 유아사회교육의 접근방식을 구분하였다.

1) 사회생활 접근법

사회생활 접근법은 1920년대 아동발달이론과 정신분석이론을 바탕으로 사회정서 발달에 초점을 맞춘 사회교육 접근방식이다. 유아가 민주 사회에서 기능을 잘 하기 위해서는 기본적인 생활습관을 형성하고 사회적 기술을 발달시키는 것이 중요하다. 따라서 유아는 자신의 정체성과 자신의 역할, 자신에게 요구되는 행동과 사회적 기술을 배울 필요가 있다. 예를 들어 협동하기, 협상하기, 타인을 존중하기 등의 기술은 민주 사회에서 살아가는 데 매우 중요한 부분이다. 따라서 유아가 속한 사회의 민주시민으로 성장하기 위하여 유아는 협동, 배려, 조망수용능력과 같은 사회적 기술을 배울 필요가 있다. 그러나 사회생활접근법은 유아의 생활 습관 및 사회 기술 증진에만 초점이 맞춰질 수 있기 때문에 사회교육에 대한 복잡성이 간과될 수 있다.

2) 직접 환경 중심 접근법

직접 생활 중심 접근법은 1930년대 아동발달이론과 듀이의 진보주의 및 아동 중심 사상에 초점을 맞춘 사회교육 접근 방식이다. 듀이는 유아의 일상생활이 사회교육으로 접목되었을 때 유아가 주변 세계에 관심을 가지고 주변 세계에 대한 이해를 확장함으로써 의미 있는 사회교육이 이루어질 수 있다고 보았다. 유아가 직접 경험하는 사실이나 현상 간에는 상호 의존적인 관계를 가진다. 따라서 유아가 경험한 사실과 사실, 현상과 현상을 연결하는 과정에서 유아는 자신의 경험을 일반화하고 지적 능력을 개발할 수 있다. 듀이는 실생활에서 활용할 수 있는 것이 진정한 학습이라 보았다. 따라서 유아의 관심에 따라 견학이나 전문가를 초대함으로써 실생활에서 부딪힌 문제상황을 해결하고 학습이 이루어지도록 지원함으로써 유아에게 사고 증진 기회를 제공하는 것이 직접 환경 중심 접근법이다. 이때 교사는 유아가 주변의 세계에 대한 이해를 확장할 수 있도록 도움으로써 사회교육에 대한 실제적인 기술을 증진시킬 수 있다.

3) 공휴일 접근법

국가의 국경일이나 명절, 기념일은 사회 구성원에게 중요한 의미를 갖는다. 이에 공휴일을 중요한 사회교육의 자원으로 생각하고 이를 통해 다양한 형태의 행사, 공연, 전시 등에 참여함으로써 지역사회와 국가에 대한 이해를 높이고자 하는 사회교육 접근방식이다. 공휴일은 정규생활인 유아 교육기관의 생활에서 유아의 기분을 전환시키는 요소로써 유아에게 흥미를 제공할 수 있다.

우리나라의 경우 공휴일은 대통령령으로 '관공서의 공휴일에 관한 규정'이 제정 및 공포되어, 대표적인 공휴일을 제시하면 다음과 같다. 설(음력 1월 1일과 전후 2일), 석가탄신일(음력 4월 8일), 어린이날(5월 5일), 현충일(6월 6일), 추석(음력 8월 15일과 전후 2일), 성탄절(12월 25일), 식목일(4월 5일), 제헌절(7월 17일), 한글날(10월 9일)이다. 따라서 공휴일 접근법으로 이루어지는 사회교육을 실시할 때 교사는 추석을 주제로 한 이야기 나누기, 게임, 노래 등 추석과 관련된 활동을 통해 관련 지식, 기술, 태도를 형성하도록 도울 수 있다.

4) 사회과학 개념의 구조화 접근법

사회과학 개념의 구조화 접근법은 1930년대 이후 피아제, 비고츠키 등의 이론과 브루너의 지식 구조화론에 기초하여 이루어진 접근법이다. 사회과학 학문에서 핵심 개념을 추출하고 유아의 발달 수준에 맞추어 나선형적 조직으로 계열화한 사회교육 접근법이다. 사회과학 개념의 구조화 접근법은 기존에 이루어졌던 사회교육 방식이 유아의 인지발달에 긍정적인 영향을 주지 못한다는 평가가 이루어짐에 따라 지식 중심인 사회과학 개념을 중심으로 교육과정이 구성되었다. 각 사회교육의 주제를 구조화하여 다양한 지식을 알아갈 수 있다는 장점을 가지며 다양한 지식과 구조를 강조함으로써 사회교육의 전반적인 지식을 다룰 수 있는 교육과정이다. 교사는 유아가 스스로 탐구하는 과정을 거쳐 사회교육이 이루어질 수 있도록 지도하며 탐구과정은 문제인식, 가설설정, 자료수집, 가설검증, 결론도출과 같은 과정을 거친다. 사회 과학적 개념 내용은 다음과 같다.

사회과학	범주		내용
심리학	나		나에 대한 인식/나에 대한 존중감
사회학	가족		가족의 구조/가족 구성원의 역할/가족의 중요성
	교육기관		함께 지내는 사람들 인식, 역할, 관계/ 유치원과 가정의 공통점과 차이점
	지역사회		나와 이웃의 관계 역할/동네 기관의 종류와 역할
지리학	방향과 위치		사물의 위치와 방향
	지도		지도의 기능
	우리가 사는 지역		생활 장소로서의 인식/지역의 특징/주변 지역의 구성과 형태
	지리적 환경과 대처방식		사람들이 사는 지리적 환경/환경과 생활
	다른 지역 간의 상호작용		다른 지역 사람들 간의 상호작용 및 방법
역사학	시간의 경과	시간	시간의 순서/시간의 흐름
		변화	시간의 흐름에 따른 사람의 변화/생활방식의 변화
		지속성	시간이 흘러도 계속되는 것들
	시절	과거	지나간 때
		현재	오늘의 날짜와 요일, 날씨/지금 시각
		미래	다가올 때/앞으로 해야 할 일
경제학	자원의 부족함		사람의 필요와 자원의 유한성/재활용
	생산과 소비		생산/분배/소비/광고/물건구매
	직업		다양한 일/일의 필요와 즐거움
	돈의 기능		돈의 기능/돈의 가치
	필요한 것과 원하는 것		필요한 것/원하는 것
정치학	기본 권리		사람이 가진 기본 권리/남녀의 권리/학생의 권리와 교사의 권리
법학	규칙		규칙의 필요성/규칙의 준수
	책임		행동에 대한 책임과 그 필요성
인류학	국가		세계를 구성하는 여러 나라
	인종		사람들의 다양한 외모
	문화적 차이		각 나라의 풍습과 생활/언어
생태학	공통점		여러 나라 사람들의 공통점
	상호의존성		생태계의 상호의존성/자연보호
	환경오염		환경파괴와 오염/환경오염방지

6) 사회문화적 환경 접근법

사회문화적 환경 접근법은 1960년대 이후 구성주의에 기초한 피아제, 비고츠키, 브론펜브루너 등의 이론에 영향을 받아 이루어진 것으로 통합적 접근방식이라고도 하고, 유아의 개인적인 경험과 사회 문화적 환경에 근거하여 맥락적 접근방식이라고도 한다(Bronfenbrenner, 1994). 유아는 가정과 가정의 구성원이 경험하는 사회의 영향을 받는다. 유아가 사는 사회에서 유아가 자신의 권리를 찾는 것은 중요한 부분이다. 따라서 공교육은 유아의 가장 기본적인 시민의 권리이며 사회문화적 환경은 유아사회교육의 중요한 자원이다. 또한 사회교육은 단순히 암기해야 할 개별 정보가 아니라 유아의 사회문화적 배경과 경험에 근거해야 한다는 측면에서 긍정적임에도 불구하고 문제해결보다는 단순히 사회문화적 환경과 그에 따른 현상만 전달하였다는 한계를 보였다.

7) 다문화교육 접근법

다문화교육 접근법은 1990년대 이후 국가 간 지구촌 공동체 개념이 형성되므로 인해 이루어진 접근법이다. 문화적 다양성을 중요한 사회교육의 자원으로 삼아 지원하고 확장하는 접근법으로, 상호 교류를 통해 다양한 문화에 적응할 수 있는 인재를 육성하는 것이다.

다문화교육은 국적, 종족, 종교, 사회계층, 언어, 성, 소외, 연령 등의 요소로 구분할 수 있다. 교사는 먼저 유아가 자신에 대하여 긍정적인 정체성을 형성하고 유아가 직면하게 되는 인종, 성, 사회계층, 장애 등의 문화적 다양성을 이해하도록 교육한다. 더 나아가 민주적 의사결정과 사회적 행동을 할 수 있는 능력을 길러 줌으로써 서로의 차이를 존중하고 융합하여 새로운 문화를 창출하는 힘을 기르도록 한다.

퀴즈

다음은 OO유치원 가게놀이 계획과 관련된 만 4세반 교사들의 대화이다. 씨펠트의 유아사회교육 접근방식 중 (가)에 나타난 최교사의 접근방식 유형은 무엇인가요?

김교사 : 가게 놀이할 때 역할 영역에서 각 나라의 기념품을 비치해서 사고파는 물건으로 사용하면 어떨까요? 지난주 시장견학을 갔을 때 아이들이 다른 나라의 기념품에 관심을 많이 가지고 있더라고요. 가게놀이도 하고 다문화에 대한 이해도 높일 수 있는 기회가 될 것 같아요.

임교사 : 기념품을 제시하는 것만으로는 문화의 차이나 가치를 이해하기 어려울 것 같아요. '세계 여러 나라'라는 주제를 통해 우리반 다문화 가정 아이 엄마의 나라인 필리핀 전통음식과 전통물품을 추가해서 다루기로 해요.

최교사 : 좋은 생각이에요. 그런데 이번 가게놀이에서는 아이들에게 직접 돈을 주고 서로 물건을 사거나 팔도록 하는 것이 좋겠어요. <u>(가) 아이들이 직접 경험하고 주변 세계에서 일어나는 문제를 해결해가는 과정에서 스스로 중요한 개념과 가치를 발견할 수 있거든요.</u>

토론

1. 유아교육기관에서 교육하는 데 있어 자신이 생각하는 씨펠트의 유아사회교육 접근방식 중 적절하다고 생각되는 것은 무엇인가요?

유아사회교육 접근방식	이유

PART I CHAPTER 3

3. 유아사회교육의 이론

생각해보기

유아의 사회화에 대한 이야기 중 자신의 생각과 가장 비슷한 사람은 누구인가?

나의 의견 작성

1. 성숙주의

목표

- 성숙주의 이론에 대해 안다.
- 사회교육과 관련하여 자신의 의견을 이론에 접목하여 설명할 수 있다.

성숙주의 이론이란 루소(Rousseau), 홀(Hall), 게젤(Gesell)을 중심으로 한 교육철학으로 자연주의에 근원을 두고 있다. 유아가 타고난 유전적 요인에 의해 인간의 성장과 발달이 결정된다고 보는 이론이다(Gesell, 1933; Hall, 1904). 인간의 발달에 영향을 미치는 환경 영향을 최소한으로 인정함으로써 인간발달의 보편성에 관심을 두고, 발달의 가장 중요한 힘은 바로 유아 내부로부터 나온다고 주장하였다.

1) 루소

루소는 『에밀』을 통해 자연교육의 중요성을 제시하였다. 자연교육은 인간으로서의 자아를 확립하는 교육이다. 자연의 원리를 따라 유아에게 자연과 접할 수 있는 환경을 만들어줘야 하며, 자연을 통해서 세상의 이치를 스스로 깨우치고, 스스로 자연을 극복하는 법을 터득하게 하여 자신의 미래도 개척할 수 있게 해야 한다고 하였다. 즉, 자연의 원리란 인간의 관습이나 관념이 첨가되지 않은 것으로 인간의 순수한 그 자체를 의미한다고 볼 수 있다. 이러한 이론은 홀과 게젤에 의해 체계적으로 정립되었다.

2) 홀

홀은 객관적이고 과학적인 연구방법을 통해 관찰법, 질문지, 일화 기록 등을 제시하였다. 홀은 유아의 발달과 유아의 유전적 특성과의 관계성을 제시하였으며 유아의 유전적 특성에 따라 교육이 이루어져야 한다고 보았다.

3) 게젤

게젤은 유아가 자신의 유전자에 새겨져 있는 시간표에 따라 성장한다고 보았다. 이에 유아가 발달하는 것은 유아의 내재된 시간에 따른 성숙이 이루어지는 것으로 환경은 인간에게 거의 영향을 미치지 못한다고 보았다. 성숙에는 보편적인 발달순서가 있으므로 자기 수준에 맞는 것을 배울 수 있도록 유아의 자연스러운 성장발달을 지켜보고 이해하며 기다려 주어야 한다고 하였다. 이에 그는 구조적 관찰, 자연관찰, 부모의 보고 등을 토대로 발달 규준을 작성했으며, 유아의 연령별 발달에 따라 표준행동목록을 제시하였다.

성숙주의 이론에 의하면 유아는 연령의 증가에 따라 성장할 수 있는 자질과 능력을 가지고 태어났으므로 유아가 학습을 하고자 할 때 자유롭게 선택할 수 있도록 교사와 준비된 환경이 있어야 한다. 이러한 견해의 중심은 준비도(readiness)의 개념에 있다. 현재 유아의 모습은 과거의 성장에 기초하며, 유아의 새로운 행동은 과거의 행동에서 준비된 것이다. 즉 준비도란 새로운 경험을 하기 위하여 유아의 발달이 이루어졌는가에 대한 것이다. 예를 들어 기어가는 영아에게 걸음마를 가르치는 것은 유아의 발달에 있어 준비가 되지 않았기 때문에 무의미한 것이다.

따라서 성숙주의 이론에서는 바람직한 행동이 자연스럽게 발생하기 전에 유아로부터 무엇인가를 유도해 내려는 특별한 노력은 불필요하며 오히려 해로울 수 있다고 주장한다. 모든 교육은 유아의 내면에서 시작되어 유아의 요구와 필요에 따라 시도되어야 하며 이를 위하여 교사나 부모는 유아의 요구와 필요에 예민하게 반응할 수 있도록 지속적인 관찰과 판단력을 길러야 한다.

2. 행동주의

목 표

- 행동주의 이론에 대해 안다.
- 사회교육과 관련하여 자신의 의견을 이론에 접목하여 설명할 수 있다.

행동주의는 파블로프(Pavlove), 손다이크(Thorndike), 스키너(Skinner), 반두라(Bandura)의 이론을 중심으로 형성되었다. 초기 행동주의자인 파블로프와 손다이크, 신행동주의자로 스키너, 반두라의 이론은 인간행동의 대부분은 학습되거나 학습에 의해 수정된다는 기본 전제에 근거를 두고 있어 학습이론이라고도 불린다. 행동주의는 고전적 조건화, 조작적 조건화, 인지적 학습의 세 가지 접근방법으로 분류될 수 있다.

1) 고전적 조건화

고전적 조건화는 파블로프의 개 실험에서 보듯이 인간이 환경적 자극에 수동적으로 반응하여 형성되는 행동, 즉 반응적 행동을 설명하려는 접근방법이다. 특히 왓슨(Watson)은 이러한 조건화 모형을 기초로 인간의 정서적 학습을 설명하는 데까지 확장하였다. 왓슨은 인간이 태어나 자라면서 복합적인 정서적 반응을 나타내는 환경적 요인에 대해 설명하고자 하였다. 손다이크(Thorndike)는 학습에 있어 지속적인 시행착오를 통해 점차 문제를 해결하게 된다고 제시하며 어떤 반응을 했을 때 만족스러운 결과가 나타나면 그 반응은 계속 반복이 되고 불만족스러운 결과가 나타나면 약해지거나 사라진다는 효과의 법칙과 강화의 법칙을 제시하였다. 이러한 강화이론은 스키너에게 큰 영향을 주었다.

2) 조작적 조건화

조작적 조건화의 대표적인 행동주의자인 스키너(Skinner)는 인간의 조작적 행동을 설명하기 위한 접근방법으로 강화, 변별 자극, 벌 등을 제시하였다. 예를 들어 학습된 행동도 그에 대한 지속적인 강화가 이루어지지 않으면 점차 사라짐(소거), 자극을 통해 문제행동을 감소(벌), 긍정적인 연습으로 어떤 문제행동의 예방책으로 행동 반복(반복연습), 문제행동이 일어나는 상황으로부터 학습자를 격리(고립), 학습에 대한 긍정적인 획득(보상), 학습을 촉진시키는 보상물(강화) 등이다. 이러한 스키너의 이론은 학습자로 하여금 복잡한 학습을 위한 순차적인 학습의 시발점이 되었다. 또한 관찰을 통해 강화의 일관성과 개연성이 중요함을 제시하였다.

3) 인지적 학습

인지학습이론에서는 유아의 행동에 영향을 주는 인지적 요인을 설명하고자 하였다. 유아는 경험해보지 못한 상황에서 자신이 어떻게 대처해야 하는지에 대해 배우고자 한다. 유아에게 학습이란 적절한 행동을 배우는 과정에서 외부로부터 필요한 정보를 능동적으로 수집하고 인지하는 것이다. 학습에서 인지 과정을 중시한 반두라(Bandura)는 유아의 직접적인 행동이나 경험에 의해서뿐만 아니라 관찰이나 모방을 통한 간접적인 경험을 통해서도 학습할 수 있다고 보았다(송명진, 2001). 이러한 학습은 일상적인 사회적 상황에서 이루어지며 때로는 사회적 상호작용을 포함하고 있기 때문에 이를 관찰 학습 또는 사회적 학습이라고 한다. 또한 반두라는 다른 사람의 행동을 보고 따라 하는 모델링, 이러한 행동을 통해 스스로 평가하고 행동을 통제하거나 보상하는 자기조절과 자기강화를 통해 자기효능감을 형성할 수 있다고 하였다.

3. 구성주의

목표

- 구성주의 이론에 대해 안다.
- 사회교육과 관련하여 자신의 의견을 이론에 접목하여 설명할 수 있다.

인지발달은 피아제(Piaget), 비고츠키(Vigotsky)의 이론을 중심으로 유아의 사고능력에 초점을 두고 있다. 사고능력의 발달은 학습에 있어 결과를 중시하기보다 사고하는 과정을 중요시하게 되었다. 즉, 사회화 과정을 이해하기 위해서는 유아의 인지, 사고 등의 내재적 변화에 대한 이해가 있어야 한다는 것을 강조하고 있다.

1) 피아제(Piaget)

피아제는 인간의 지적 행동을 환경에 대한 순응이라고 보았으며 순응은 도식의 동화와 조절이라는 과정을 통해서 이루어진다고 보았다. 이때 도식이란 사물을 전체적인 윤곽으로 생각할 수 있는 기본적인 사고의 틀이나 개념이며, 동화와 조절이란 새로운 환경 자극에 반응함으로써 기존의 도식을 사용하여 새로운 자극을 이해하고 기존의 도식으로 새로운 사물을 이해할 수 없을 때 도식을 변경하는 과정이다. 이를 통해 평형화가 이루어지는데 평형이란 동화와 조절과정 후 새로운 인지구조가 생성된 상태라 할 수 있다(송명자, 2001). 또한 인지발달은 단계가 있는데 피아제가 제시한 세부적인 인지발달의 단계는 감각운동기, 전조작기, 구체적 조작기, 형식적 조작기의 4단계이며, 이와 관련된 개념은 다음과 같다.

인지발달 단계	연령	개념
감각운동기 (sensorimotor)	0~2	영아는 주로 감각을 통해 세상을 경험한다. 영아는 오감을 통한 실제, 직접적인 경험에 기초하게 된다. 사회교육에 있어 영아의 감각과 환경의 상호연관이 매우 중요하다.
전조작기 (preoperational)	2~7	유아는 언어능력이 확장되고 기억력과 상상력이 발달하게 된다. 이 시기 유아는 자기중심적 사고를 하는 것이 특징이며 보존법칙에 대한 개념은 아직 형성하지 못하지만 과거-현재-미래와 같은 시간적 개념을 형성하여 역사의 개념을 익힐 수 있게 된다.
구체적 조작기 (concrete operational)	7~11	유아는 비논리적 사고가 논리적 사고로 전환되는 시기로 구체적인 추론이 가능하게 된다. 구체적 조작기의 아동은 문제를 해결하기 위한 실험을 할 수 있기 때문에 기능적 관계를 이해하며 논리적이 된다.
형식적 조작기 (formal operational)	12세 이후	직접 경험하지 않고도 추상적 사고가 가능해지는 시기이다. 따라서 수학이나 과학과 같은 추상적 개념을 논리적으로 이해하고 가설을 설정한 후 가설을 검증하거나 상징적 의미, 은유, 미소를 이해하게 된다.

출처: Berk(2009). Child Development. MA : Parson Education

2) 비고츠키(Vigotsky)

피아제가 유아의 인지구조에 대해 설명하며 학습을 동화, 조절, 평형화로 설명하였다면 비고츠키는 대화를 통한 학습을 제시하였다. 비고츠키는 유아를 타인과의 관계에서 영향을 받으면서 성장하는 존재로 보았다. 자신보다 성숙한 사회구성원들과 상호작용을 통해 유아의 잠재적인 수행 수준을 함께 이끌어 줌으로써 학습이 일어난다는 것이다. 이 과정에서 학습의 수단은 대화, 즉 언어이므로 유아는 자신의 문화 속에서 이루어지는 상호작용을 통해 사회적 학습이 이루어지게 된다. 이를 스캐폴딩이라 한다. 스캐폴딩이란 학습자에게 적절한 인지적 도움과 안내를 제공하여 학습을 촉진시키는 전략으로 유능한 교사나 또래의 도움을 받아 학습이 일어날 수 있다는 근접발달영역과 함께 설명될 수 있다. 근접발달영역은 유아가 혼자서 도달할 수 있는 실제적 발달 수준과 좀 더 지적 수준이 높은 성인이나 또래의 도움을 받아 도달할 수 있는 잠재적 발달 수준 간의 차이를 의미한다(Vigotsky, 1978). 그리고 그 과정으로 이끌어주는 순간이 스캐폴딩이다.

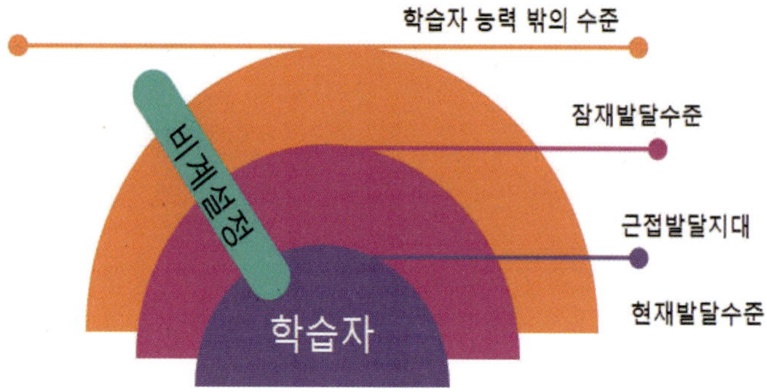

4. 정신분석

목표

- 정신분석 이론에 대해 안다.
- 사회교육과 관련하여 자신의 의견을 이론에 접목하여 설명할 수 있다.

정신분석이론은 프로이트(Freud)의 이론을 중심으로 이루어졌으며 감정, 기억이 저장되는 무의식의 내용을 밝히는 것에 초점을 맞추고 있다. 이를 사회적인 관점에서 보다 융통성 있게 확장한 것이 에릭슨(Erickson)이다.

1) 프로이트(Freud)

프로이트는 인간의 성격 형성에 있어 의식적으로 그리고 무의식적으로 어떤 경험을 했느냐에 기초하여 보았다. 그는 인간의 인격 구조를 세 가지 원초아(Id), 자아(Ego), 초자아(Super ego)로 나누어 설명하였다(Freud, 1920). 원초아는 이성이나 논리의 법칙에 지배되지 않는 본능적인 에너지로 원초아의 힘이 자아나 초자아의 장벽을 넘어서서 표출되는 것이 바로 실언, 착각, 기억착오 등의 심리적 착란현상이다. 원초아에 집중되어 있으면 충동적인 사람이라 할 수 있다. 초자아는 인성 중에서 도덕적 기능을 수행하는 것으로, 현실적인 것보다는 이상적인 것을 대표하며 초자아에 집중되어 있으면 도덕적 사람이 될 수 있다. 이러한 원초아와 초자아의 균형을 맞추는 자아는 충동적인 측면과 도덕적인 측면을 조절함으로써 인간이 현실에서 잘 적응할 수 있도록 돕는다. 또한 프로이트는 인간의 성격발달이 어릴 때 경험했던 심리적 요인들인 무의식이나 본능, 욕구 등에 의해 좌우된다고 언급하면서 인간의 성격발달단계를 5단계로 나누었다.

생애주기	연령	발달과업 또는 위기
구강기 (oral stage)	출생 ~ 18개월	구강기 유아의 성적 쾌감은 주로 입과 관련되어 있다. 출생 후 6개월 동안은 음식을 빨고 삼키는 것으로 쾌감을 느끼지만, 6개월 이후 이가 나면서부터는 깨무는 것으로 해소하며 쾌감을 느낀다. 구강 의존 시기의 중심과업은 의존, 신뢰, 독립심을 확립하는 것이다.
항문기 (onal stage)	18개월 ~ 3세	대장이나 괄약근의 조절을 통해 대소변을 조절할 수 있는 발달이 이루어진다. 배설을 통해서 긴장의 근원이 제거되면 인간은 유쾌한 긴장의 완화를 체험하게 되는데, 이 시기에 유아는 배변훈련을 실시하게 된다.
남근기 (phallic stage)	3~6세	리비도가 성기 근처에 집중되는 단계로, 유아는 성기에 많은 관심을 가지며, 출생과 성에 대한 관심을 보인다. 유아가 이성 부모를 소유하고자 하는 무의식적 바람과 동시에 동성 부모를 없애고자 하는 무의식적 소망이 생기는 시기이다. 그것이 남아에게 나타나는 것을 오이디푸스콤플렉스라 하고, 여아에게 나타나는 것을 엘렉트라 콤플렉스라고 한다.
잠복기 (latency stase)	6~13세	성적 충동이 휴지기로 들어가고 학교생활이나 인지적 발달, 운동, 친구 간의 우정으로 전환된다. 잠복기에 고착되면 성인이 되어서도 이성에 대한 친밀감을 갖지 못하고, 도덕적 반항심, 동성애 혹은 공격적인 행동을 하기도 한다.

생애주기	연령	발달과업 또는 위기
생식기 (genital stage)	사춘기 ~ 성인기 이전	사춘기가 되면 성적 에너지를 다시 분출시키게 됨에 따라 이성에 관심을 갖게 된다. 사춘기에는 자기애를 중심으로 비행, 반항을 하기도 하지만 점차 사회화된다. 부모로부터 독립을 추구하고 현실적이고 사회화된 성인으로 변하는 시기이다. 이 시기는 성격발달 단계 중 가장 긴 시기로 사춘기에서 노년기까지 포함된다.

출처: Schaffer, D. R(2005). social and Personality Development. CA: Thomson Wadsworth

2) 에릭슨(Erickson)

에릭슨은 프로이트의 이론을 현대적인 방법으로 발달시켰다. 인생의 심리적, 사회적 요인에 의해 형성되는 인간의 성격발달을 주장한 에릭슨은 인간은 가변성을 지닌 존재로서 끊임없이 새로운 과업발달과 투쟁하고 인생의 전환점에서 직면하여 변화와 성장을 하는 존재라고 보았다. 에릭슨은 자아에 초점을 두고 인간발달에 자아의 의미가 무엇인가에 대한 이론을 제시하였다. 에릭슨의 심리사회적 단계를 8단계로 나누었다. 1단계 신뢰감 대 불신감, 2단계 자율성 대 수치심, 3단계 주도성 대 죄의식, 4단계 근면성 대 열등감, 5단계 정체성 대 역할 갈등 6단계 친밀감 대 고립감, 7단계 생산성 대 침체성, 마지막 8단계 자아통합성 대 절망의 단계로 나뉜다(Crain, 1992, Schultz & Schultz, 1987).

생애주기	연령	발달과업 또는 위기
신뢰감 대 불신감	0~ 18개월	영아의 가장 기본적인 단계로 영아가 전적으로 부모에게 의존하며 생활하는 시기이다. 이 시기에 부모로부터 따뜻하게 보호받고 보살핌을 받으면 영아는 부모를 신뢰하게 되고 안정감을 느끼지만 그렇지 않으면 불신으로 이어진다. 불신은 좌절, 의심, 퇴행, 자신감 결여로 발달할 수 있다. 영아가 자신을 둘러싸고 있는 주변세계에 대한 인식은 부모와 영아와의 상호작용에서부터 시작된다.
자율성 대 수치심	18개월 ~3세	부모에게 의존하던 것에서 벗어나 자신을 제어하는 기능과 운동능력이 발달하면서 독립적인 인간이라는 것을 인식하게 된다. 신체 조절이 자유로워지면서 주변 환경을 탐색하기 시작하면서 독립적 · 반항적인 모습을 보인다.

생애주기	연령	발달과업 또는 위기
솔선성 대 죄의식	3~6세	유아의 관심이 주변 사람들과 사물로 확장되면서 목적을 위해 계획하고 마무리하기를 원한다. 호기심을 갖고 질문도 많이 하고 또래 친구들과 어울려 놀기를 좋아한다. 유아는 풍부한 상상력과 다양한 놀이에 열중하며, 여러 역할을 수행해 보기도 한다. 만일 부모가 지나치게 간섭하거나 호기심을 무시하고 질문에 대답을 잘 해주지 않으면 자발성과 호기심을 잃게 되고 오히려 죄의식에 사로잡혀 정서적으로 불안정하게 된다.
근면성 대 열등감	6~11세	학습에서 높은 성취와 성공을 거두면 긍정적인 자아개념이 발달하여 근면성이 발달하지만 신뢰와 자율성 및 근면성이 발달하지 않으면 부끄러움, 죄의식, 패배 및 열등감을 경험하게 된다. 이 단계의 유아는 읽기, 쓰기, 말하기 등 학습에 필요한 기술들을 배우고 성취하는 데 관심을 가지고 이를 통해 부모나 교사의 격려와 인정을 받으려고 한다.
정체성 대 역할혼란	12~18세	급격한 신체적 변화가 이루어지고 성적으로 성숙이 되면서 미래의 진학문제, 이성 문제 등 선택의 순간이 다가온다. 청소년들은 성인이 되어 맡게 될 역할에 대해 깊이 생각하며 혼란을 경험함과 동시에 자신이 누구이며 어디에서 그들의 삶이 향하고 있는지에 대해 정체감을 갖게 된다. 이 단계에 청소년은 직업, 성역할, 정치 및 일부 문화권, 종교에서 정체성을 획득해야 한다.
친밀감 대 고립감	19~24세	사회에 참여하고 자신의 삶에 대한 책임을 가지게 된다. 자신의 정체성을 타인과 공유하며 친밀성을 유지하는 것이 중요하다. 친밀감은 자신의 정체감과 다른 사람의 정체감을 융합시킬 수 있는 능력으로 대인관계와 밀접하게 관련되어 있으며 관계가 필요로 하는 희생과 타협을 한다.
생산성 대 침체성	25~54세	차세대를 이끄는 사회적으로 가치 있는 일은 다음 세대를 구축하는 것이다. 다음 세대를 통해 자신의 삶을 이어나가고 성취하고자 자녀를 낳아 기르고, 가르친다. 이 욕구가 충족되지 못하면 불평불만이 많아지고 비판적 · 자기중심적이고 사회가 앞으로 나아갈 수 있도록 돕는 것이 불가능하다.
자아통합 대 절망감	54세 이상	자신의 삶을 되돌아보며 자신의 노력과 성취에 대해 반성하고 회고하는 시기이다. 자아통합이 형성된 사람은 자신의 삶에 후회가 없고 열심히 노력하며 살았다고 긍정적인 평가를 하며 가치가 있었다고 생각하는 특성을 나타낸다. 자신의 삶에 대한 자아통합이 이루어진 사람은 자신의 존재가 후손에게 계속된다는 것을 알기 때문에 죽음에 대한 두려움으로부터 벗어나 초연해진다.

출처: Schaffer, D. R(2005). social and Personality Development. CA: Thomson Wadsworth

5. 생태학적 접근

목표

- 생태학적 접근에 대해 안다.
- 사회교육과 관련하여 자신의 의견을 이론에 접목하여 설명할 수 있다.

생태학적 접근은 유아의 발달 과정을 개인과 환경의 상호 작용과 제도적인 측면에서 이해하는 방법으로, 브론펜브레너(Bronfenbrenner)에 의해 제시되었다. 브론펜브레너는 생태학적 접근에 있어 다양한 수준의 주위 환경이 어떻게 아동의 발달에 영향을 미치는지를 기술하였다. 그는 확장된 환경과 유아와의 상호작용을 중시하면서, 유아는 단순히 환경에 영향을 받는 존재가 아니라, 환경에 영향을 주기도 하는 능동적 존재임을 강조하였다. 따라서 생태학적 접근은 환경을 고정된 방식으로 유아에게 영향을 주는 정적인 성격으로 보지 않고, 개인과의 상호 작용에 의한 역동적이며 항상 변화하는 것으로 본다.

미시체계 (microsystem)	유아를 중심으로 가장 안쪽에 위치하는 환경으로서, 유아와 직접 접해 있는 환경 사이의 관계를 나타낸다. 유아의 가족, 친구, 학교, 이웃이 이 체계에 포함된다. 또한 유아가 살고 있는 집이나 가족 수, 집이나 교육기관 주변에 있는 공원 시설물 등과 같은 물리적 특성을 포함한다.
중간체계 (mesosystem)	유아의 가정, 학교, 또래 집단과 같은 미시체계들 간의 연결이나 상호관계이다. 예를 들어, 형제 관계, 부모와 교사 간의 관계, 부모와 이웃 간의 관계, 부모의 학교 참여 등이 속한다.
외체계 (exosystem)	유아가 직접 접촉하고 있지는 않지만, 아동에게 영향을 주는 환경이다. 부모의 직장, 영유아 보육정보센터, 교육청, 미디어 등이 이에 속한다. 부모의 직장 근무시간, 연봉액수, 휴가 일수 등은 유아의 경험과 직결되고, 정부의 관련부터가 결정하는 교육책은 아동의 발달적 경험에 중요한 영향을 미치게 된다.
거시체계 (macrosystem)	유아가 속해 있는 사회의 가치, 법률, 관습 등을 의미한다. 매일매일의 일상적인 생활에서 크게 의식하고 있지는 않으나 실제로는 유아의 전반적인 생활에 바탕이 되는 영역이다. 만약 사회가 유아의 권리를 중요하게 생각하고 있다면, 그런 사회적 가치관은 유아의 삶에 바로 영향을 미치게 될 것이며, 반대로 유아의 교육권을 무시하는 사회에서 생활하는 유아는 교육적 혜택과 선택으로부터 소외된다.
연대체계(chronosystem)	유아의 발달이 시간적 차원 안에서 일어남을 강조한다.

퀴즈

다음 문제에 대해 O, X로 답하세요.

1. 피아제가 유아의 학습을 동화, 조절, 평형화로 인지발달의 개념으로 설명하였다. (　　)
2. 에릭슨은 생애주기를 7단계로 나누어 영아기부터 노년기까지 설명하였다. (　　)
3. 표준행동목록을 제시한 게젤은 학습에 있어 준비도의 개념을 설명하였다. (　　)
4. 유아의 가정, 학교, 또래집단과 같은 미시체계들 간의 연결이나 상호관계는 중간체계이다. (　　)
5. 비고츠키는 상호작용을 통해 사회적 학습이 일어난다고 보았다. (　　)
6. 스키너는 학습은 유아의 직접적인 행동이나 경험에 의해서뿐만 아니라 관찰이나 모방을 통한 간접적인 경험을 통해서도 학습할 수 있다고 보았다. (　　)
7. 남아에게 나타나는 것을 오이디푸스콤플렉스라 하고, 여아에게 나타나는 것을 엘렉트라 콤플렉스가 나타나는 시기는 항문기이다. (　　)

토론

자신이 선택한 이론에 따라 어떤 방법으로 유아를 교육해야 할지 생각해보고 이야기해보세요.

자신의 생각	친구 1	친구 2

PART I CHAPTER 4

4. 유아사회교육 관련요인

생각해보기

사회화를 위한 내용으로 애착, 자아개념, 정서, 도덕성, 마음이론 등이 있다. 사회교육에 있어 가장 중요하다고 생각되는 것을 이야기해보세요.

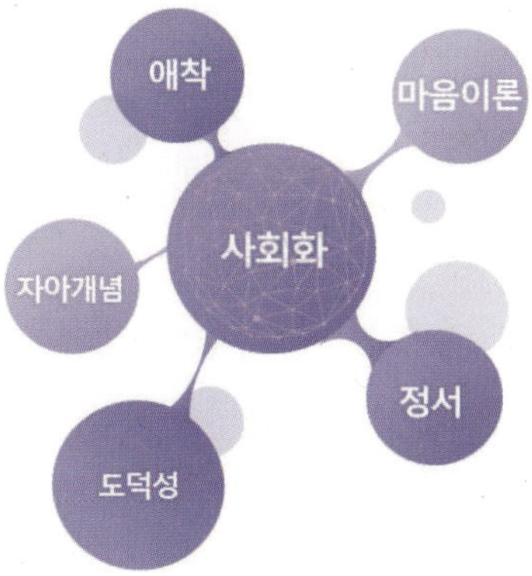

중요하다고 생각한 이유

1. 애착

목표

애착에 대해 알고 설명할 수 있다.

■ 관련자료

[EBS 부모] 유아기 불안정 애착이 성인까지 영향을 미친다.

1) 애착 개념

애착은 인간발달의 여러 양상에 결정적 영향을 주는 중요한 요소이다. 애착이 잘 이루어진 유아의 경우 사회적으로 성숙하고 또래들과도 적극적으로 사회적 상호작용을 하려고 한다는 점에서 애착은 매우 중요한 요소이다. 이러한 애착 이론은 보울비(Bowlby)와 할로우(Harlow), 에인스워스(Ainsworth)의 연구를 통해 발전되었다. 애착은 영아가 태어나 처음 갖게 되는 관계, 즉 주 양육자 사이에 발달되는 강하고 지속적인 정서적 경험으로 형성된다. 주 양육자와의 몇 개월의 시간에 걸쳐 서서히 형성되는 애착은 유아의 사회성 발달의 기초를 이룬다.

애착에 영향을 미치는 요소로는 첫째, 주 양육자와의 민감성이다. 영아는 관계성을 형성하고자 하는 본능적 욕구를 가지고 있으므로 주 양육자와 상호작용하고자 한다. 이때 영아의 신호에 대한 주 양육자의 반응은 애착의 발달에 많은 영향을 끼친다. 주 양육자가 영아의 사회적 태도, 요구에 민감하게 반응하여 적절하게 대처해 준다면 영아는 주 양육자에 대하여 언제든지 다가갈 수 있는 반응적인 존재로 인식한다. 둘째, 양육자와의 상호작용에 있어 일관성 있는 관계 형성을 통해 영아는 정서적 안정감을 형성한다. 안정된 애착을 형성한 영아는 주변 세계를 탐색하여 새로운 것을 발견하고자 한다. 따라서 주위환경으로부터 쉽게 배우게 된다. 셋째, 영아의 기질이 애착에 영향을 미친다. 영아의 기질에 따라 영아는 주 양육자에 대한 반응을 쉽게 이끌어 내기도 하고 어려움을 경험하게 되기도 한다. 이에 주 양육자는 최대한 영아의 기질적 특성을 이해하여 영아와 긍정적인 상호작용을 하기 위해 노력할 필요가 있다.

2) 애착 발달단계

애착의 발달단계는 4단계로 나누어 설명할 수 있다. 첫째, 전 애착단계, 둘째, 애착 형성단계, 셋째, 분명한 애착단계, 넷째, 애착 확장단계이다.

(1) 전 애착단계(출생에서 3개월)

전 애착 단계의 영아는 울음이나 미소와 같은 반응을 보인다. 이러한 반응을 통해 자신의 요구를 채워주는 사람이면 울기, 빨기, 미소 짓기, 움켜잡기 등의 무분별한 반응을 통해 상대방과 가까운 거리를 유지하려는 행동을 보인다. 이는 영아가 아직 사람을 구별해서 지각하는 능력이 없기 때문에 상대를 변별하지 않고 애착 전조반응을 보이는 것이다. 따라서 전 애착단계는 영아가 부모가 아닌 낯선 사람에게도 비슷한 수준의 애착 반응을 보이는 단계이다.

(2) 애착 형성 단계(생후 3~8개월)

이 시기의 영아는 특정한 사람을 인식하기 시작하여 변별된 사회적 반응을 보이기 시작한다. 영아는 자신을 돌봐주는 사람에게 명백한 신호를 보이면서 적극적으로 접근한다. 이 시기 영아는 주 양육자를 다른 사람들과 구별할 수 있게 되며 낯선 사람보다는 부모와 같은 보호자를 더 선호하며 더 쉽게 반응하기 시작한다.

(3) 분명한 애착 단계(생후 6~18개월)

영아의 애착 행동이 한 사람을 향해 능동적으로 이루어지는 단계이다. 분명한 애착단계에 들어서면 비로소 영아와 주 양육자 간에 애착이 형성되었다고 볼 수 있다. 또한 영아의 운동능력이 발달함에 따라 새로운 환경으로의 접근 추구 행동을 하며, 부모를 안전기지 삼아 새로운 환경을 탐색하는 행동을 나타낸다.

(4) 애착 확장 단계(18개월~3세 말)

다양한 주변 사람에게 애착을 확장하는 단계이다. 부모의 감정이나 동기를 이해하게 되면서 부모의 행동에 따라 자신의 애착 행동의 목표를 수정하는 능력이 생긴다. 즉, 인지능력의 발달로 인해 애착 대상자의 행동을 예측할 수 있게 됨에 따라 양육자와 자신의 분리를 조금씩 허용하며 분리되더라도 잠시 후 애착 대상자가 자신에게 다시 돌아온다는 것을 알게 되기 때문에 안정적이 된다.

3) 애착 특징

주 양육자와의 애착의 형태를 크게 세 가지로 나누어 볼 수 있다. 첫째, 안정 애착, 둘째, 불안정 회피 애착, 셋째, 불안정 저항 애착이다.

(1) 안정 애착

주 양육자가 영아의 반응에 즉각적으로 민감하게 반응해 준 경우, 안정 애착 유형의 유아는 양육자와 함께 있을 때 탐색 행동이 많은 편이다. 이때 양육자와 분리되면 영아도 불안감을 표현하지만 양육자가 돌아온 후에는 양육자에게 달려가 정서적 안정을 추구하고, 긍정적 상호작용을 재개하는 행동을 보인다. 중요한 것은 주 양육자를 안전기지로 이용하여 낯선 상황에서도 자유롭게 탐색하는 모습을 보인다는 것이다.

(2) 불안정 회피 애착

주 양육자가 영아의 요구에 관심을 보이지 않거나 거부반응을 보일 경우 형성된다. 회피 애착 유형의 영아의 경우 낯선 상황에 대한 불안감 자체를 별로 느끼지 않는다. 주 양육자가 영아와 같이 있어도 영아의 요구에 반응하지 않는다고 생각하기 때문에 주 양육자가 나가도 전혀 관심 없이 놀고 별 저항을 보이지 않으며 낯선 사람을 양육자보다 비교적 더 잘 받아들여 친근하게 대한다. 분리되었던 주 양육자가 다시 돌아와도 고개를 돌리거나 시선을 돌리는 등 무관심한 회피 행동을 보인다.

(3) 불안정 저항 애착

주 양육자가 영아의 요구에 무관심하고 일관성 없이 행동할 경우 형성된다. 불안정 저항 애착 영아는 엄마가 곁에 있어도 낯선 상황에서는 탐색하지 않으며, 주 양육자가 나가면 몹시 고통스러워하며 막무가내로 울기 시작한다. 양육자에게 자주 매달리고 주 양육자를 차거나 미는 공격적인 행동을 보이기도 한다. 주 양육자가 떠나면 영아는 스트레스적인 반응을 보이지만 막상 양육자가 돌아와 달래 주려고 하면 더욱 크게 운다든지, 화를 내는 등의 양가적 행동을 보이기도 한다.

(4) 애착 설문지

성인애착유형 질문지(ECR-R)

본 질문지는 다른 사람과의 관계에서 자신이 어떻게 느끼는지 알아보기 위한 것입니다. 지금 현재 상태가 아니라면, 일반적인 관계에서 자신의 경험을 토대로 일치하는 정도에 따라 O표 해주십시오.

	문 항	전혀 그렇지 않다		- 보통이다 -			매우 그렇다	
1	나는 다른 사람과 가까워지는 것이 어렵지 않다.	7	6	5	4	3	2	1
2	나는 종종 다른 사람이 나와 함께 있는 것을 원치 않을까 봐 걱정한다.	1	2	3	4	5	6	7
3	내가 필요할 때 다른 사람에게 의지하는 것은 도움이 된다.	7	6	5	4	3	2	1
4	나는 종종 다른 사람이 나를 진정으로 사랑하지 않을까 봐 걱정한다.	1	2	3	4	5	6	7
5	나는 다른 사람에게 의지하는 것을 편하게 느낀다.	7	6	5	4	3	2	1

	문 항	전혀 그렇지 않다			- 보통이다 -			매우 그렇다
6	나는 종종 내가 다른 사람에게 갖는 호감만큼 그도 내게 강한 호감을 가지기를 원한다.	1	2	3	4	5	6	7
7	나는 다른 사람에게 의지하는 것은 쉬운 일이다.	7	6	5	4	3	2	1
8	나는 사람들과의 인간관계에 대해 걱정이 많다.	1	2	3	4	5	6	7
9	다른 사람에게 의지하는 것이 쉽다는 것을 안다.	7	6	5	4	3	2	1
10	내가 다른 사람들에게 호감을 표현했을 때, 그들이 나에 대해 같은 감정을 느끼지 않을까 봐 걱정된다.	1	2	3	4	5	6	7
11	나는 다른 사람과 지나치게 가까워지는 것을 원하지 않는다.	7	6	5	4	3	2	1
12	다른 사람이 나를 떠날까 봐 걱정하는 일은 거의 없다.	7	6	5	4	3	2	1
13	나는 다른 사람에게 나의 속내를 털어놓는 것이 편하지 않다.	1	2	3	4	5	6	7
14	다른 사람들은 내가 화가 났을 때만 주목하는 것 같다.	7	6	5	4	3	2	1
15	나는 다른 사람에게 나의 속 깊은 감정을 드러내는 것을 원하지 않는다.	1	2	3	4	5	6	7
16	버림받을까 봐 걱정하는 일은 별로 없다.	7	6	5	4	3	2	1
17	나는 다른 사람이 매우 가까워지길 원할 때 불편하다.	1	2	3	4	5	6	7
18	다른 사람은 나로 하여금 나 자신에 대해 회의감을 갖게 만든다.	1	2	3	4	5	6	7
19	나는 다른 사람과 가까워지는 것이 비교적 쉽다.	7	6	5	4	3	2	1
20	다른 사람들은 내가 바라는 만큼 나와 가까워지려 하지 않는다.	1	2	3	4	5	6	7
21	나는 내 문제가 걱정거리를 보통 다른 사람과 논의한다.	7	6	5	4	3	2	1
22	나는 다른 사람의 사랑을 잃을까 봐 두렵다.	1	2	3	4	5	6	7
23	나는 다른 사람을 사랑하는 것이 쉽다.	7	6	5	4	3	2	1
24	매우 가까워지고 싶은 나의 욕구 때문에 사람들이 내게서 멀어지기도 한다.	1	2	3	4	5	6	7
25	나는 다른 사람에게 모든 것을 다 이야기한다.	7	6	5	4	3	2	1
26	나는 다른 사람의 기대에 못 미칠까 봐 걱정된다.	1	2	3	4	5	6	7
27	나는 사적인 생각과 감정을 다른 사람과 나누는 것에 대해 편하게 느낀다.	7	6	5	4	3	2	1

	문 항	전혀 그렇지 않다		- 보통이다 -				매우 그렇다
28	나는 내가 다른 사람에게 관심을 갖는 것만큼 그가 내게 관심을 가져주지 않을까 봐 걱정한다.	1	2	3	4	5	6	7
29	나는 내가 다른 사람에게 의지하는 것을 어려워한다는 것을 안다.	1	2	3	5	5	6	7
30	나는 다른 사람이 나에 대해 알게 되면 그가 실제 나의 모습을 좋아하지 않을까 봐 두렵다.	1	2	3	4	5	6	7
31	나는 다른 사람과 가까워지는 것이 매우 편안하다.	7	6	5	4	3	2	1
32	때로 다른 사람은 분명한 이유 없이 나에 대한 그의 감정을 바꾸곤 한다.	1	2	3	4	5	6	7
33	다른 사람들은 나와 나의 욕구를 잘 이해해준다.	7	6	5	4	3	2	1
34	다른 사람이 잠시 떠나 있으면 그들이 나 아닌 누군가에게 관심을 갖게 될까 봐 걱정된다.	1	2	3	4	5	6	7
35	나는 다른 사람이 내게 가까워지려 하면 불편하다.	1	2	3	5	5	6	7
36	다른 사람이 내가 필요로 하는 애정과 지지를 보내주지 않을 때 화가 난다.	1	2	3	4	5	6	7

질문에 답변이 끝나면 아래의 방법대로 관계 유형을 채점해 보도록 한다.

① 홀수 문항을 더하여 18개 문항의 점수를 합산한다.

② 짝수 문항을 더하여 18개 문항의 점수를 합산한다.

③ 아래 표를 보고 자신에 해당하는 유형을 찾아본다.

		자기 모델	
		긍정	부정
타인 모델	긍정	안정애착 홀수 합산 점수 55 미만 짝수 합산 점수 60 미만	불안정 양가애착 홀수 합산 점수 55 미만 짝수 합산 점수 60 이상
	부정	불안정 회피애착 홀수 합산 점수 55 이상 짝수 합산 점수 60 미만	불안정 혼란애착 홀수 합산 점수 55 이상 짝수 합산 점수 60 이상

출처: Fraley, Waller, and Brennan (2000), An item response theory analysis of self-report measures of adult attachment, Journal of Personality and Social Psychology, 78

2. 자아개념

목표

자아개념에 대해 알고 설명할 수 있다.

■ 관련자료

자아존중감

1) 자아개념

자아란 개인이 인식하고 있는 자신의 능력, 성격, 감정, 태도 등의 총체를 의미한다. 자아개념이란 자신감과 자아존중감을 총칭하는 것으로, 개인이 가지고 있는 자신에 대한 견해이다. 자신의 특성인 외모, 성, 행동 등에 대해 스스로 가지는 생각이나 신념을 의미한다(Kagen, Moore &.Bredekamp, 1995).

긍정적 자아개념을 가진 유아는 자신을 가치 있게 여기고 자신의 약점까지도 수용하며 친구나 가족 구성원 및 또래와 쉽게 친해지며 친밀감을 형성한다. 매사 진취적이고 적극적이며 인간관계가 원만하고 자신의 생각과 감정에 따라 행동하고 책임질 수 있으며 자신의 주장이나 견해가 틀린 경우 쉽게 수정이 가능하다. 그러나 부정적 자아개념을 가진 유아는 자신의 존재가 무가치하다고 여기며 자신을 비판하고 타인과 비교하며 열등의식을 강화시켜 다른 사람도 자신을 무시한다고 여기게 된다. 또한 자신의 생각과 감정을 표현하는 데 타인의 거절을 두려워하며 타인에 대해 비판적인 태도를 지닌다. 이러한 자아개념은 유아의 사회성 발달에 지속적으로 영향을 미친다(Ravid & Sullivan-Temple, 1992).

자아존중감은 자신에 대해 갖게 되는 자가 개인적 평가이다. 자아존중감 발달에는 환경이 중요한 역할을 하는데 아동이 가장 많이 상호작용을 하고 영향을 받는 부모와의 대화와 경험을 통해 자아존중감이 높아질 수 있다. 자아개념과 마찬가지로 자아존중감이 높은 사람과 낮은 사람은 여러 방면에서 차이를 보인다. 한 예로 자아존중감이 높은 사람은 친사회적인 경향이 있지만 낮은 사람은 반사회적인 행동을 보일 가능성이 높다(Baumeister, 2003). 예를 들어 '나는 운동을 잘해.', '나는 성격이 좋아.', '사람들은 나와 있는 것을 좋아해.'와 같이 자신을 판단하는 것, '나는 로봇을 꼭 만들 수 있을 거야.'와 같이 맡겨진 과제나 목표를 완수하고 성취할 수 있다고 생각하는 것을 의미한다.

(1) 쿨리의 거울 자아(Looking glass self)

쿨리의 거울 자아는 타인의 의견에 따라 '사회적 자아'가 형성된다는 개념이다. 유아는 성인과 유아 간의 대화를 통해 자아개념 발달시킨다(Laible & Thomson, 2007). 예를 들어 다른 사람이 나의 행동을 긍정적으로 인정해 주면 이를 긍정적으로 받아들이게 되지만, 부정적으로 평가한다고 느껴지면 내 자아상도 부정적이 된다. 즉, 거울 속 자신을 보는 것처럼 다른 사람들이 바라보는 나의 모습, 혹은 다른 사람들이 나에게 기대한다고 생각되는 그 모습을 내 모습의 일부분으로 흡수하여 자아상을 형성해 가는 것이다.

(2) 미드(mead)의 역할 모방

사람은 현실적인 나와 이상적인 나를 상상하면서 자신을 지각한다. 유아가 나와 타인에 대해 인식을 시작으로 청소년기가 되면 자신은 어떤 사람이라는 정체성을 확립하게 된다. 따라서 유아는 첫째, 역할준비 단계를 통해 자신이 하는 행동의 의미를 이해하지 못하고 어른의 행동을 모방한다. 둘째, 역할놀이 단계로 놀이를 통해 주변 사람들의 행동을 모방한다. 셋째, 역할게임 단계를 통해 단순한 역할놀이 수준을 넘어서 복잡한 역할게임으로 발전한다. 자기 팀의 역할을 이해하고 잘 수행할 뿐만 아니라 상대팀의 능력까지 염두에 두고 어떻게 행동할까 고심하게 된다. 이러한 과정을 통해 유아는 주변 사람들이 자신을 바라보듯이 자신을 관찰할 수 있게 되어 자아정체성을 형성해 나가게 된다.

2) 자아개념의 발달단계

(1) 영아기(0~24개월)

출생 초기에는 자신과 타인을 구별하지 못하다가 대상 개념의 발달과 함께 생후 6~8개월경부터는 다른 사람과 자신이 분리되어 있다는 것을 알고 구분하기 시작한다. 이것을 자아 인식이라 한다. 영아는 만지기 빨기, 닿기 등의 행동을 통해 신체와 그 외의 것을 구분하고, 신체 각 부분의 역할을 초보적으로 알게 된다. 18~24개월경에는 거울에 비친 자신의 모습을 알아보고, 여러 사진 중에서 자신의 사진을 훨씬 오랫동안 바라보며 사진 속의 자신을 보고 이름을 부를 수 있다.

(2) 유아기(만 3~만 5세)

만 3~4세가 되면 성별, 외모, 키 특정 기술 등 외적인 부분에 대해 인식하고 설명을 할 수 있는 범주적 자아가 발달한다. 이때 유아는 독립심과 자율성이 생기면서 자신이 무엇인가를 할 수 있다고 생각하고 행동하는 모습을 볼 수 있다.

즉, '내가 무엇을 할 수 있을 것이다.', '내가 어디에 갈 수 있을 것이다.', '만약 내가 ~라면 어떻게 될까?'라는 생각을 하면서 자신의 능력이나 한계를 확인하려 한다. 이외에도 소유개념이 생가면서 나를 넘어 나에게 속한 물건과 사람에게까지 확대된다고 할 수 있다. 만 4~5세는 주변의 일을 주도하고 시도하며 자신감을 형성시키고 성취감을 얻으려 한다. 이 시기에는 자신을 여러 가지 다양한 차원에서 설명할 수 있고, 같은 차원 안에서 자신과 타인을 비교할 수도 있다.

3) 자아개념 특징

자아개념은 유아의 행동 결정에 있어 많은 영향을 끼친다. 긍정적인 자아개념 형성 시 영향을 받는 영역은 다음과 같다.

(1) 높은 학업 성취를 보인다

긍정적인 자아개념을 갖은 유아는 새로운 것을 쉽게 받아들이고 변화에 긍정적으로 대응하기 때문에 이후 청소년기와 성인기가 되었을 때 학업 성취가 높아진다. 또한 이렇게 학업적인 자아존중감이 높은지, 낮은지에 따라 아이들이 학업에 얼마나 노력하는지, 학교 수업에 얼마나 흥미를 느끼는지도 달라진다(Denissen, Zarrett, & Eccles, 2007).

(2) 친사회적인 관계성을 형성한다

자아개념은 유아의 정서조절 측면에 영향을 미친다. 이러한 정서조절은 유아가 교사나 또래와 관계 맺는 과정에서 영향을 미친다. 긍정적인 자아개념을 갖는 유아는 친사회적인 성격을 가지고 있지만, 반대의 경우 외로움을 잘 타고 기존의 관계에 만족하기보다 자신이 타인에게 더욱 수용 받기를 원하기 때문에 관계가 단절되는 경우가 생길 수 있다(Verschueren, Buyck, & Marcoen, 2001).

(3) 자기 판단이 가능하다

긍정적인 자아개념을 갖고 자아존중감이 높은 유아는 자신의 능력을 믿고 높게 평가하기 때문에 도전적인 상황에서 잘해낼 수 있다는 자신감이 높다. 또한 다양한 경험이 쌓여갈수록 자신의 능력에 대해 정확하게 평가하며 자신이 잘하는 영역을 현실적으로 구분하여, 성공하지 못했을 경우 그 안에서 자신이 발견한 장점과 능력에 초점을 맞춰 긍정적인 감정을 지속시킨다(Baumeister, 2003; Leary & Mcdonald, 2003).

(4) 자아개념 척도

자기개념 척도

다음은 당신이 스스로를 어떤 사람이라고 평가하고 있는지를 알아보고자 하는 질문입니다. 있는 그대로 자신에 대하여 평가한 후 해당되는 숫자에 표시해 주십시오.

	전혀 그렇지 않다 1	약간 그렇다 2	대체로 그렇다 3	매우 그렇다 4	전적으로 그렇다 5
1. 나의 외모에 대하여 만족하고 있다.					
2. 나의 몸은 연약한 편이다.					
3. 나의 용모는 매력 있는 편이다.					
4. 나의 몸의 불편을 별로 느끼지 않는다.					
5. 나에게는 성적 매력이 없는 것 같다.					
6. 나는 대개 바른 일을 한다고 생각한다.					
7. 나의 도덕적인 행동에 대해 만족하고 있다.					
8. 강한 도덕적 생각과 태도를 가지고 있다.					
9. 나는 나쁜 사람이다.					
10. 나는 정직한 사람이다.					
11. 내 성격에 문제가 있다고 생각한다.					
12. 나는 모난 성격을 가지고 있다.					
13. 나는 남의 미움을 받을 만한 성격의 소유자다.					

	전혀 그렇지 않다 1	약간 그렇다 2	대체로 그렇다 3	매우 그렇다 4	전적으로 그렇다 5
14. 어떤 상황에서도 나를 잘 가눌 수 있는 성격이다.					
15. 나는 명랑하고 쾌활한 사람이다.					
16. 나는 행복한 가정에서 살고 있다.					
17. 나는 우리 집에서 사랑을 받지 못하고 있다.					
18. 나는 집안 식구들과 잘 지내고 있다.					
19. 지금껏 가족들과 마음을 터놓지 못하고 불신 속에서 살아왔다.					
20. 우리 식구들은 나를 별로 신통치 않게 여기고 있다.					
21. 나는 다른 사람들과 잘 어울린다.					
22. 나는 누구하고든 쉽게 친해질 수 있다.					
23. 사교적인 면에서 볼 때 나에게는 좋은 점이 없다.					
24. 이만하면 나도 비사교적인 편은 아니다.					
25. 나는 다른 사람에게 친근한 느낌을 준다.					
26. 나는 어떤 일이든 잘해낼 수 있다.					
27. 나는 다른 사람들만큼 능력 있는 사람이다.					
28. 나는 제대로 할 줄 아는 게 없는 것 같다.					
29. 나는 다방면에 능력이 있다.					
30. 때로 내가 무능하다는 생각이 든다.					
총점					

출처: 고려대학교 부설 행동과학연구소(2007). 심리척도 핸드북 Ⅰ. 서울: 학지사

자아개념 채점표
2, 5, 9, 11, 12, 13, 17, 19, 20,23, 28, 30번 문항은 1→5, 2→4, 3→3, 4→2, 5→1로 역채점 처리한 후 합산하십시오
• 점수가 높을수록 긍정적인 자기개념을 가지고 있습니다. • 만점 150점 최소 점수 30점

토론

친구를 보고 상대에 대해 서로 이야기해보세요.

	외적 측면	내적 측면
친구 1		
친구 2		

3. 정서

목표

정서에 대해 알고 설명할 수 있다.

■ 관련자료

엄마도 모르는 우리 아이의 정서지능, 1부 아이의 인생을 바꾸다.

1) 정서 개념

정서란 우리가 일상생활 속에서 경험하는 다양한 감정을 의미한다. 즉 기쁨, 슬픔, 두려움 등과 같이 어떤 자극에 대해 나타내는 생리적인 변화나 행동 등의 반응이다(Hyson, 2003). 영아기 기본정서인 기쁨이나 슬픔과 같은 감정은 유아가 성장함에 따라 기쁨, 행복, 만족, 슬픔, 놀람, 분노, 공포, 혐오 등으로 세분화된다. 이러한 정서는 두 가지 의미를 갖는다. 첫째, 사회적 상호작용을 위한 정서표현이다. 영아는 자신의 정서를 표현함으로써 양육자로부터 필요한 보살핌과 애정을 받을 수 있다. 예를 들어, 영아가 웃으면 양육자로부터 따뜻한 스킨십이나 눈맞춤을 유도할 수 있고, 울음이나 칭얼거림으로써 양육자의 관심을 받을 수 있다. 영아가 칭얼거릴 때 양육자는 영아가 불편한 것이 무엇인지 살펴보고 필요한 보살핌을 제공하기 때문이다. 둘째, 정서는 특정 행동을 유발하는 동기로 작용한다. 유아가 화가 나면 물건을 던지거나 때리는 행동을 하고 공포를 느끼면 뒤로 물러나거나 도망가는 행동을 하는 것이다.

에릭슨은 인간발달에 있어 정서가 인간의 성격에 영향을 준다고 보았다. 긍정적인 정서와 부정적인 정서 중 긍정적인 정서를 지속시킴으로써 유아가 긍정적인 성향을 가질 수 있다고 보았다(Ericson, 1950). 또한 설베이와 메이어(Salovey &

Mayer)는 정서지능을 지적 능력이 정서와 독립된 요인이 될 수 없음을 지적하였다. 정서를 지능으로 본 설베이와 메이어는 유아가 자신과 타인의 정서를 점검하고 차이를 변별하며 생각하고 행동하는데 이것이 정서지능이라고 하였다.

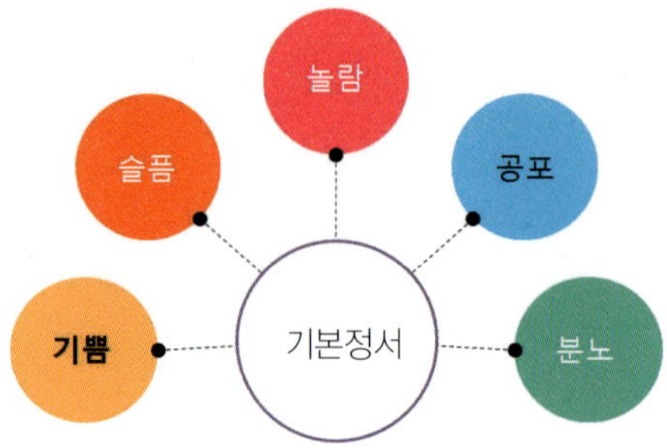

(1) 메이어와 설베이(Mayer & Salovey)의 정서 지능

정서지능(Emotional Intelligence)이란 아이가 자신의 감정과 충동을 절제하고 통제하며, 타인들의 감정에 대해 예민하게 느끼고 인내심을 지속시키며 자신의 마음을 통제할 수 있는 능력이다(Mayer & Salovey, 1997). 따라서 정서라는 정보를 이성적으로 처리하는 능력으로 인간이 생활하면서 직면하는 다양한 상황에 능숙하게 대처하고 사회생활에서의 적응을 결정하는 중요한 요소라고 할 수 있다.

영역	수준
정서의 인식과 표현	• 자신의 정서를 파악하기 • 자신의 외부 정서를 파악하기 • 정서를 정확하게 표현하기
정서에 의한 사고 촉진	• 정서 정보를 이용하여 사고의 우선순위 정하기 • 정서를 이용하여 판단하고 기억하기 • 정서를 이용하여 다양한 관점 취하기 • 정서를 활용하여 문제해결 촉진하기

영역	수준
정서의 지식의 활용	• 융통성 있는 계획 세우기 • 창조적 사고 • 주의 집중의 전환 • 동기화
정서의 반영적 조절	• 정적 · 부적 정서들을 모두 받아들이기 • 자신의 정서에서 거리를 두거나 반영적으로 바라보기 • 자신과 타인의 관계 속에서 정서를 반영적으로 들여다보기 • 자신과 타인의 정서를 조절하기

출처: Mayer, & Salovey (1993). Emotional Development and Emotional Intelligence. New York: Basic Books.

(2) 가트맨(John Gottman)의 감정코칭

가트맨이 제시한 '감정코칭'은 정서지능에 있어 유능감을 형성하는 과정이다. 자신의 감정을 정확하게 읽어내고 감정적인 표현이 풍부한 아이가 정서지능이 높은 아이이다. 따라서 감정코칭을 유아가 감정 문제를 인식하고 그 상황을 이용해 아이에게 올바른 감정발산법과 표현법을 가르침으로써 스스로 문제를 해결해나갈 수 있게 도와주는 과정이다(조벽, 최성애, 가트맨, 2011).

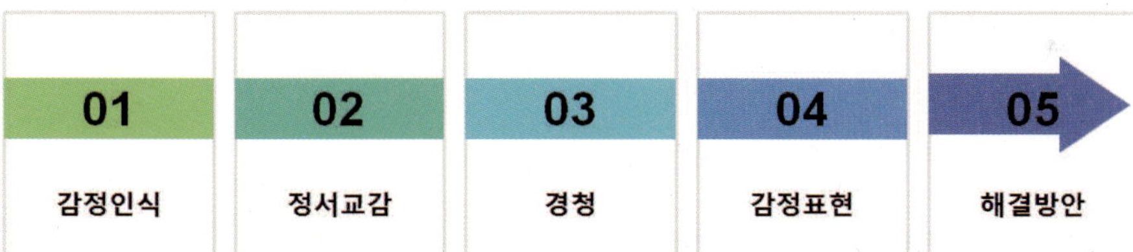

영역	수준
감정 인식하기	유아는 자기감정을 부모가 알아준다는 것만으로도 심리적 안정을 찾으며 대화의 문을 쉽게 연다.
정서적 교감	유아가 겪는 감정적 순간을 잘 체크하여 좋은 기회로 만드는 것이다. 유아가 겪는 감정이 중요하다는 사실을 이해하도록 도와준다. 아이가 자기감정을 부정하게 되면 내면에 스트레스가 쌓여 나중에 더 격한 감정으로 폭발할 수 있지만, 자기감정을 인정하면 그 감정을 좋게 풀어낼 방법을 찾을 수 있다. 유아의 감정적인 표현들을 친밀감과 감정코칭을 위한 기회로 보는 것이다.
경청하기	적극적으로 공감하면서 아이 말을 들어주는 것이다. 유아의 감정을 인정하고 교감해주면 유아는 엄마가 시키지 않아도 자기감정을 솔직하게 고백한다. 이렇게 말하는 것이 아이에게도 스트레스를 푸는 가장 좋은 방법이기 때문이다. 이때 엄마가 유아에게 관심을 쏟으며 유아의 말을 열심히 들어야 한다. 이렇게 해주는 것만으로도 유아는 엄마가 자기감정을 소중하게 여긴다는 것을 알게 된다.
각각의 기분에 감정 붙이기	유아가 감정을 표현할 수 있게 도와준다. 자기가 느끼는 기분에 이름을 붙이게 하면 유아는 자신을 도와줄 수 있는 사람에게 자기감정을 표현하며 도움을 청할 수 있다. 이 단계에서는 때때로 여러 감정이 뒤섞이기 때문에 이를 골라내기 위해 애써야 한다. 또 아이 감정을 인정하고 읽어주되 상대방 처지도 이야기해주어 유아가 균형 잡힌 시각을 가질 수 있게 도와준다.
유아와 함께 해결방안 찾기	화가 나는 상황에서 유아가 문제를 적절한 방식으로 해결할 수 있게 도와주는 것이다.

출처: 조벽, 최성애, 존 가트맨(2011). 내 아이를 위한 감정코칭. 서울: 한국경제 신문사

2) 정서 발달

아이자드(Izard)는 인간의 정서표현이 유전에 의한 것으로 보았다. 출생 시 호기심과 혐오감이 나타나고 3~4개월에는 화, 놀람, 슬픔, 5~7개월경에는 공포, 6~8개월경에는 수치심과 수줍음, 2세 이후에 모욕감과 죄책감이 나타난다고 보았다. 이에 반해 스로우페(Srowfe)는 인간의 정서분화가 생물학적 성숙에 따른 것이라기보다는 성장하는 동안 나타나는 인지의 변화라고 강조하였다(Srowfe, 1979).

정서발달은 영유아가 자신이 가진 정서를 인식하고 다양한 방법으로 표현하는 것에서 시작된다. 이후 자신과 타인의 정서를 이해하게 되고, 사회의 규준과 문화

에 따른 정서조절이 일어난다. 전반적인 정서 발달은 다음과 같다.

(1) 총체적 감정이입(0~1세)

영아가 태어나자 마자 일종의 반사 반응으로 타인의 감정에 자신의 감정을 맞춘다. 예를 들어 아기가 옆에 아기가 울면 같이 우는 경우로, 자신의 감정과 상관없이 옆 아기에게 감정이입을 하는 것이다. 이 시기는 태어나서 1세가 될 때까지 지속된다.

(2) 자기중심적 감정이입

1세에서 2세에 해당하는 시기로, 아직 타인의 입장을 고려하지 못하는 인지발달에 머물고 있는 단계이다. 따라서 타인의 감정도 자신의 감정과 입장을 바탕으로 생각하고 감정이입을 한다.

(3) 타인의 감정에 대한 감정이입

유아기는 타인이 자신과 다른 감정을 가질 수 있음을 깨닫고, 눈앞에 고통받는 모습이 보일 때 감정이입이 가능하다. 또한 타인이 고통을 느끼면 그 고통의 원인을 찾는다.

(4) 타인의 일반적 곤경에 대한 감정이입

아동기에 나타나는 정서로, 당장 눈앞에 보이지 않고 상상만으로도 감정이입이 가능하다. 예를 들어 아픔, 빈곤, 장애 등으로 어려움을 겪고 고통을 느낄 수 있다. 이러한 감정은 이타성, 이타적 행동으로 발달한다.

3) 정서 특징

정서는 대인관계에 영향을 주는 것과 동시에 환경에 적응하는 것을 돕는다. 정서 기능에 대한 특징을 나누어 보면 크게 대처 기능과 사회적 기능이 있다.

(1) 대처 기능

정서에 있어 나쁜 정서란 없다. 기쁨이 반드시 좋은 정서인 것은 아니며, 분노와 공포가 반드시 나쁜 정서인 것은 아니다. 인간이 가진 정서는 다양한 환경에 적응하고 주의를 돌리거나 행동을 바꾸게 하기 때문에 유용하다. 특정 상황에 대응하는 것을 정서의 대처 기능이라 할 수 있다. 예를 들어 냄새가 나는 음식에서 혐오가 들었을 때 그 음식이 상한 음식일 수 있다. 이러한 관점에서 유아가 공포를 느끼는 것은 최선의 방어기제일 수 있다는 것이다. 따라서 공포, 분노, 혐오, 슬픔의 정서도 필요한 것이라 할 수 있다.

(2) 사회적 기능

정서적 표현은 대인관계의 본질이다. 또한 우리의 느낌을 다른 사람들에게 전달하는 강력한 비언어적인 메시지이기도 하다. 유아는 기쁨을 느낄 때 웃고, 슬픔을 느낄 때 얼굴을 찌푸림으로써 자신의 정서를 표현하며 이러한 정서적 표현을 통해 사회적 상호작용을 일으킨다. 정서는 사람들과 함께 경험하는 정서이므로 긍정적인 정서와 부정적인 정서를 통해 서로 끌어당기거나 밀어냄으로써 관계의 거리를 조율한다. 이러한 정서적 조율을 통해 대인관계가 유지된다. 점차 유아가 사회화가 이루어짐에 따라 기쁘지 않을 때에도 미소를 지을 때가 있다. 이는 정서적이라기보다는 사회적으로 동기화된 것이라 할 수 있다.

퀴즈

네모 칸에 다양한 정서 25개를 적어보세요. 다 적은 후 친구들과 정서 빙고 게임을 해봅시다.

		기쁨		

4. 도덕성

목표

도덕성에 대해 알고 설명할 수 있다.

■ 관련자료

[EBS다큐프라임] 아이의 사생활 2부 도덕성 #001

1) 도덕성 정의

도덕성은 옳고 그른 것에 대한 사회적 규범을 자신의 것으로 받아들이고, 그에 따라 행동하는 것이라 할 수 있다. 도덕성이란 도덕현상을 인식하고 도덕규범은 준수하려는 것으로서, 자신과 타인의 행위에 대하여 선과 악, 정과 사를 구별하고, 선행과 정의를 실천하려는 심성이라고 정의하고 있다. 도덕성은 양심, 자아통제 및 존중, 겸손, 공감과 같은 정의적 측면, 도덕적 가치에 대한 지식, 도덕적 추론, 인식, 의사결정 및 분별을 하는 인지적 측면, 이 알고 있는 것들을 실천하려는 의지 및 습관의 측면으로 이루어져 있다. 정의적 측면, 인지적 측면뿐 아니라 실제로 실행하는 행동적인 측면까지 나아갈 때 도덕적인 사람이라 말할 수 있다.

2) 도덕성 발달단계

(1) 피아제(Piaget)

피아제는 도덕적 사고 발달을 3단계로 나누어 보았다. 도덕적 사고 발달 과정은 첫째, 전 도덕적(premoral) 단계, 둘째, 타율적 도덕성(heteronomous morality) 단계, 셋째, 자율적 도덕성(autonomous morality) 단계이다. 첫째, 전도덕성(5세 이전) 시기 유아는 규칙에 대해 관심이나 이해가 없는 상태이다. 피아제는 이 시기의 유아가 옳고 그름의 차이를 알지 못한다고 하였다. 따라서 유아는 옳고 그름을 판단하는 데 있어서 일관된 기준을 적용하지 않는다. 둘째, 타율적 도덕성(5~10세) 시기의 유아는 규칙에 대한 강한 존중을 보인다. 이 시기 유아는 정의와 규칙이 변하지 않는다고 생각하며 사람에 의해 통제될 수 없는 것으로 생각한다. 따라서 규칙은 절대적인 권위자가 만든 것이고 규칙은 어떤 상황에서도 절대로 침해할 수 없는 것이라 생각한다. 셋째, 자율적 도덕성(10세 이상)의 아동은 규칙과 법은 사람들이 만든 것이며 가변적인 것임을 이해하기 시작한다. 규칙은 집단 내의 화목한 관계를 유지하기 위해 필수적이므로 지켜야 하며, 상황이 요구할 때는 합의에 따라 규칙이 바뀔 수도 있음을 이해하기 시작한다. 따라서 어떤 행위의 옳고 그름을 판단할 때, 결과뿐만 아니라 행위자의 의도를 고려해야 한다는 것을 알게 된다.

(2) 콜버그(Kohlberg)

콜버그는 성인에 이르기까지 도덕성 발달단계를 크게 3단계로 나누어 보았으며 각 단계마다 하위 2단계로 구분하였다. 콜버그의 도덕적 이해의 발달단계는 기본적으로 정의의 개념과 옳고 그름을 판단하는 합리적 사고의 근거를 바탕으로 형성되었다. 콜버그의 도덕성 발달단계는 다음과 같다.

단계		개념	예시
전 인습적 도덕 단계	1단계	벌과 두려움으로 인한 도덕성 발달단계로 처벌과 복종 지향한다. 도덕적 행동은 처벌과 힘에 대한 의심 없는 맹종지향이다. 의미나 가치와 상관없이 행위의 물리적 결과가 선과 악을 결정한다.	
	2단계	보상의 단계로 수단적 쾌락주의 수단적으로 자신의 욕구를 만족시키고 경우에 따라 타인의 욕구를 만족시키는 행위를 옳은 것으로 본다.	
인습적 도덕 단계	3단계	관계지향적 관점으로 타인을 기쁘게 해 주거나 돕는 행위는 누군가에게 인정을 받는 행동이 착한 행동으로 판단된다.	
	4단계	규칙준수의 관점으로 권위 유지의 도덕적 행동의 권위, 고정된 규칙, 사회적 질서의 유지 지향이다. 옳은 행동은 자신의 의무를 하는 것, 권위에 존경을 표하는 것, 사회적 질서를 유지하는 것이다.	
후기 인습적 도덕 단계	5단계	배려와 존중의 개념으로 사회적 계약과 개인의 권리를 존중하고 사회 전체가 인정하는 기준을 준수한다. 법이 개인의 자유의 규제하는 것이 아닌, 자유의 극대화를 위해 제정되었다는 것을 인식한다. 이전 단계와 달리 도덕적 융통성을 갖는다.	
	6단계	도덕적인 측면에서 초월자의 개념으로 자신이 선택한 윤리적 원리와 일치하는 양심에 의해 결정된다. 이 단계에 도달한 사람들은 자신의 양심이 가하는 처벌을 사회가 가하는 처벌보다 더 고통스럽게 생각한다.	

3) 도덕성 특징

도덕성을 증진시키기 위해서는 다양한 방법이 있지만 그중 약속, 책임, 정직, 소유 등은 유아기에 기본적으로 다루어질 수 있는 교육내용이다.

① 약속 : 다른 사람과 앞으로의 일을 어떻게 할 것인가를 미리 정하는 것으로 유아와의 기본생활습관에 대한 부분에 있어서 약속을 정하고 지키도록 하는 것이 필요하다. 또한 약속의 중요성을 알고 약속을 지키지 않았을 경우 따르는 책임을 깨닫게 하는 것이 필요하다.

② 책임 : 맡아서 해야 할 임무나 의무이다. 또한 어떤 일에 관련되어 그 결과에 대하여 지는 의무나 부담. 또는 그 결과로 받는 제재를 의미하는 것으로 유아가 가정이나 교육기관에서 자신에게 주어지는 가족구성원으로서의 책임, 교육기관의 구성원으로서의 책임이 있다는 것을 깨닫고 자신이 할 수 있는 일을 하도록 지도하는 것이 필요하다.

③ 정직 : 마음에 거짓이나 꾸밈이 없이 바르고 곧은 것으로 유아로 하여금 정직함을 익히도록 교육하는 것이 필요하다. 유아가 자신의 의견이나 생각을 바르고 정확하게 말할 수 있는 것은 성인이 되어 사회생활에 있어서도 필요한 태도이다. 또한 자신의 잘못에 대해 인정하고 반성하는 태도는 유아가 잘못을 피하기 위해 거짓말하는 것보다 옳은 행동임을 느끼도록 한다.

④ 소유 : 가지고 있는 것 또는 그 물건으로 물건을 정리하고 관리하는 습관은 또래와 자신의 물건을 구분하고 서로 나누거나 자신의 물건을 소중히 여기는 습관을 익히는 것이 필요하다. 물건을 소중히 여길 줄 알게 하는 것은 정서적으로 안정감을 줄 수 있다.

퀴즈

다음은 콜버그의 도덕성 발달단계이다. 적절한 것끼리 연결하세요.

	• •	전 인습적 도덕단계 1단계
	• •	전 인습적 도덕단계 2단계
	• •	인습적 도덕단계 3단계
	• •	인습적 도덕단계 4단계
	• •	후기 인습적 도덕단계 5단계
	• •	후기 인습적 도덕단계 6단계

5. 마음이론

목표

마음이론에 대해 알고 설명할 수 있다.

■ 관련자료

[퍼펙트 베이비 3부] 공감, 인간관계의 뿌리_#003

1) 마음이론 개념

마음이론이란 마음이 어떻게 이루어져 있으며 마음과 행동이 어떠한 관계가 있는지에 대한 것이다. 고전적인 인지 발달의 상당 부분이 피아제(Piaget)의 이론에서 비롯되었기 때문에, 마음이론도 피아제의 관점에서 출발한다고 볼 수 있다(Flavell & Miller, 1998). 그러나 현대 발달심리학자들은 피아제가 생각한 것보다 유아는 훨씬 유능하며, 사회 인지발달 면에서도 피아제가 생각한 것만큼 자기중심적이지 않다고 주장하고 있다. 완전하지는 않지만 아주 어린 아이도 타인이 자신과 다른 관점을 가지고 있다는 사실을 알고 있으며, 이에 따라 행동한다(Repacholi & Gopnik, 1997). 또한 타인의 정서 표현을 이용하여 자신의 행동을 조율하는 사회적 참조(social referencing) 행동을 보이는 것은 마음 이론을 발달시키는 데 중요한 기초로 작용한다(Walden & Ogan, 1988).

마음이론은 첫째, 이론이론적(theory theory) 관점, 둘째, 타인의 마음을 읽는 독립된 기제가 존재한다는 모듈이론적(modular theory) 관점, 셋째, 자신의 상태를 통해 타인의 마음 상태를 상상하는 과정으로 발달된다는 시뮬레이션이론(simulation theory) 관점으로 나누어 볼 수 있다.

(1) 이론이론(Theory Theory)

일반적으로 가장 널리 알려진 이론은 흔히 '이론이론(theory theory, TT)'이라 일컫는 접근이다(Gopnick & Meltzoff, 1997; Gopnik & Wellman, 1994). TT 이론가로 대표적인 학자는 웰만(Wellman)이다. 그는 우리에게 타인의 마음을 읽는 내재된 이론이 있다고 하였다. 예를 들어 사과를 먹고 싶은 사람이 있다고 가정하였을 때 이 사람은 사과가 냉장고에 들어 있다고 믿지만, 실제로 사과는 냉장고가 아닌 창고에 있다. 그렇다면 이 사람은 어디에서 사과를 찾을 것인지에 대해 알아보았을 때 그 사람은 믿음에 근거하여 창고가 아닌 냉장고에서 사과를 찾을 것이다(Wellman & Woolley, 1990).

(2) 모듈이론(Modular Theories)

학자들에 따라 사람에게는 타인의 마음을 읽는 특정 시스템이 내재되어 있다고 보기도 한다. 이러한 내재된 시스템을 통해 유아는 타인의 의도를 읽고자 한다는 것이다. 특히 사이먼 배런-코헨(Simon Baron-Cohen)은 영아가 마음이론 발달을 위해 상대의 의도와 시선을 인지하고 이를 통해 상대와 특정 사물 간의 의도적 관련성을 탐지할 수 있다고 보았다(Baron-Cohen, 1994).

(3) 시뮬레이션이론(Simulation Theory)

시뮬레이션이론을 주장하는 학자들은 유아가 타인의 마음을 읽는 특정 기제를 가지고 태어나지도 않고, 타인의 행동을 이해하고자 하는 개념을 가질 필요도 없다고 본다. 정서적 공유를 통해 느낄 수 있는 감정이입이나 모방으로 타인과 자신의 마음 상태가 어떤 식으로든 관련되어 있다고 인식한다. 이후 유아가 자신의 마음을 시뮬레이션하면서 만약 타인이라면 어떻게 느끼게 될지에 대해 상상함으로써 마음이론이 발달된다고 보았다(Harris, 1992).

2) 마음이론 발달단계

마음이론의 발달은 두뇌의 성숙과 인지능력의 발달, 유전이나 환경적 영향에 따라 개인차가 있다. 동일 연령 내에서도 뚜렷한 개인차가 존재하며, 이러한 차이는 부모 및 형제, 가상놀이의 양과 질, 상호작용 등과 관련된다. 그럼에도 불구하고 마음이론의 발달에서 획기적인 변화가 관찰되는 시기는 대체로 만 3세에서 5세 사이이다.

유아는 만 4세가 되면 표상이라는 것을 이해하고, 정신적 표상에 대한 지식이 증가하여 특정 사실을 직접 보거나 듣지 않았을 경우에도 사실과 다른, 주어진 상황에서 어떤 사건이 진실이 아님에도 불구하고 진실이라고 믿는 것, 즉 틀린 믿음을 이해하게 된다. 그러나 유아는 타인의 생각이나 신념을 이해할 수 있지만 이를 바탕으로 타인의 행동을 예측하는 데에 한계를 보인다.

만 5~6세가 되면 마음이론 급격히 발달하여 실제와 다른 믿음을 기초로 타인의 행동을 예측하는 능력을 가지게 되며 자신의 욕구와 타인의 신념을 구분할 수 있게 된다. 이러한 마음이론 발달은 가족과의 대화나 또래와의 일상적 상호작용을 통해 발달하므로 상호작용을 격려할 필요가 있다.

3) 마음이론 특징

마음이론은 타인의 생각이나 욕구, 감정 등을 추론하는 능력과 이러한 추론을 바탕으로 특정 상황에서 타인의 행동을 정확하게 예언하는 것이다. 예를 들어 유아의 마음이론이 발달했는가에 대해 알아보고자 할 때에는 다음과 같은 방법으로 유아에게 질문할 수 있다.

〈질문〉: 샐리가 돌아왔을 때 샐리는 공을 어디서 찾을까?

1. 유아가 관찰하는 동안, 샐리와 앤이 함께 있다가 바구니 안에 구슬을 넣는다.
2. 샐리가 자리를 비운 사이에 앤이 구슬을 다른 장소로 옮긴다.
3. 유아에게 "샐리는 구슬을 찾기 위해 어디를 살펴볼까?" 하고 질문한다.

출처: 네이버지식백과 https://terms.naver.com/

1. 누리과정

목 표

누리과정의 사회관계 내용을 알고 지도할 수 있다.

■ 관련자료

- 2019 개정 누리과정 총론

「2019 개정 누리과정」은 국가가 주체가 되어 제정·개정하고 고시하는 교육과정으로 교육과정을 편성·운영할 때 필요한 공통적이고 일반적인 기준을 제시하였다. 이번 「2019 개정 누리과정」은 교육과정으로서의 '교육 목표를 달성하기 위해 교육 내용을 선정·조직하는 방식'임을 고려하면서, '유아가 경험하는 총체'임에 중점을 두고 교사와 유아가 함께 만들어가는 교육과정의 중요성을 강조하였다. 지역 및 기관 수준, 그리고 학급 및 개인 수준의 다양성도 존중하여, 국가에서 일방적으로 만들어서 '주어지는 교육과정'이 아니라 교육을 직접 실천하는 각 학교 수준에서 편성·운영하는 '만들어가는 교육과정'이라는 것이다.

특히 개정 누리과정과 다르게 「3~5세 연령별 누리과정」에서는 교육과정을 간략화하여 5개 영역에 제시된 59개의 내용을 연령별로 구분하지 않았다. 개정 누리과정에서는 생활주제 외에도 교사가 자율성을 가지고 다양한 통합 방식을 운영할 수 있도록 하였다. 유아는 놀이하면서 자연스럽게 5개 영역을 통합하여 경험하므로, 교사는 유아의 놀이를 존중함으로써 5개 영역의 통합을 실천할 수 있다. 또한 미리 정해진 생활주제가 아니더라도, 유아의 놀이에서 나타나는 주제, 그림책, 사물 등을 활용하여 유아의 관심과 흥미를 중심으로 누리과정을 통합적으로 실천할 수 있다.

2. 누리과정의 목적 및 목표

1) 목적

누리과정의 목적은 유아가 놀이를 통해 심신의 건강과 조화로운 발달을 이루고 바른 인성과 민주 시민의 기초를 형성하는 데에 있다.

2) 목표

(1) 자신의 소중함을 알고, 건강하고 안전한 생활 습관을 기른다.
(2) 자신의 일을 스스로 해결하는 기초능력을 기른다.
(3) 호기심과 탐구심을 가지고 상상력과 창의력을 기른다.
(4) 일상에서 아름다움을 느끼고 문화적 감수성을 기른다.
(5) 사람과 자연을 존중하고 배려하며 소통하는 태도를 기른다.

3. 누리과정에서의 사회관계

개정 누리과정은 신체 운동·건강, 의사소통, 사회관계, 예술경험, 자연탐구의 5개 영역을 중심으로 유아가 놀이하며 자연스럽게 배우는 경험으로 이해할 필요가 있다. 유아 사회관계 영역은 유아가 자신을 사랑하고 다른 사람을 존중하고 배려하며 서로 소통할 수 있는 태도를 기르도록 돕는 것을 목표로 한다. 유아는 가족과 친구, 이웃과 관계를 맺고 필요할 때 도움을 주고받으며 살아간다. 또한 유아는 자신과 생각이 다른 사람들과 갈등을 겪을 수도 있으나 이를 원만하게 해결해 보는 경험도 필요하다. 유아 교육기관은 유아가 놀이를 통하여 자연을 소중히 여기고 다른 사람과 협력하며 소통하는 방법을 경험할 수 있는 기회를 제공하여,

공동체 의식과 민주 시민의 역량을 키워갈 수 있도록 도와야 한다. 이러한 과정을 통해 유아는 사람과 자연을 존중하고 배려하며 소통하는 태도를 길러 더불어 사는 사람으로 성장해 나갈 수 있다.

1) 사회관계 영역 목표

자신을 존중하고 더불어 생활하는 태도를 가진다.

① 자신을 이해하고 존중한다.

② 다른 사람과 사이좋게 지낸다.

③ 우리가 사는 사회와 다양한 문화에 관심을 가진다.

유아사회교육의 내용은 나를 알고 존중하기, 더불어 생활하기, 사회에 관심 가지기로 구분할 수 있다. 첫째, '나를 알고 존중하기'는 유아가 자신을 나타낼 수 있는 것과 자신의 감정을 알고 상황에 맞게 적절하게 표현하며, 자신이 할 수 있는 것을 스스로 해 봄으로써, 긍정적인 자아존중감과 자율성을 경험하는 내용이다. 둘째, '더불어 생활하기'는 유아가 가족의 의미와 소중함을 알며, 친구와 서로 돕고 양보, 배려, 협력하며 사이좋게 지내고, 사람들마다 감정, 생각, 행동이 각기 다름을 알고 존중하여, 친구와의 갈등을 여러 가지 긍정적인 방법으로 해결하는 내용이다. 또한 친구와 어른께 예의 바른 태도로 말하고 행동하며, 사회 공동체의 일원으로서 약속과 규칙의 필요성을 알고 지키는 내용이다. 셋째, '사회에 관심 가지기'는 유아가 사회 구성원으로서 자신이 사는 지역에 관심을 가지고 탐구하며, 우리나라의 상징, 언어, 문화를 알아가면서 대한민국 국민으로서 긍지와 자부심을 가지는 내용이다. 그리고 다른 나라의 다양한 문화에 관심을 가지고 존중하는 경험을 담고 있다.

2) 사회관계 영역 내용

내용범주	내용
나를 알고 존중하기	나를 알고 소중히 여긴다.
	나의 감정을 알고 상황에 맞게 표현한다.
	내가 할 수 있는 것을 스스로 한다.
더불어 생활하기	가족의 의미를 알고 화목하게 지낸다.
	친구와 서로 도우며 사이좋게 지낸다.
	친구와의 갈등을 긍정적인 방법으로 해결한다.
	서로 다른 감정, 생각, 행동을 존중한다.
	친구와 어른께 예의 바르게 행동한다.
	약속과 규칙의 필요성을 알고 지킨다.
사회에 관심 가지기	내가 살고 있는 곳에 대해 궁금한 것을 알아본다.
	우리나라에 대해 자부심을 가진다.
	다양한 문화에 관심을 가진다.

유아사회교육에서 유아 자신을 존중하는 것, 타인을 존중하고 배려하는 것, 예의 바르게 행동하는 것과 약속, 규칙을 지키는 것은 가장 주된 영역이라고 할 수 있다. 그러나 사회를 살아가는 가운데 의미 있는 삶을 살기 위하여 내가 살고 있는 지역 및 우리나라에 대한 역사적 자부심과 다른 나라에 대한 열린 마음을 갖는 것도 경시할 수 없는 부분이다. 따라서 내용 범주의 영역들은 서로 독립적으로 분리되기보다는 서로 연결된 영역으로 유아가 성장을 통해 한 사회의 구성원으로 가져야 할 자세이기 때문에 서로 유기적인 관계를 유지하며 유아사회 교과의 내용에 있어서도 통합적으로 이루어져야 한다.

3) 사회관계 영역 실제

사회관계 영역 내용 범주에 속한 구체적인 내용을 살펴보면 다음과 같다.

(1) 나를 알고 존중하기

첫째, '나를 알고 소중히 여긴다.'의 내용은 유아가 자신을 나타내는 나이, 성별, 모습 등에 대해 알고, 자신을 소중히 여기며 가치 있는 존재로 느끼는 내용이다. 둘째, '나의 감정을 알고 상황에 맞게 표현한다.'의 내용은 유아가 자신의 감정에 대해 알고 다양한 상황에서 자신의 감정을 적절하게 표현하는 내용이다. 셋째, '내가 할 수 있는 것을 스스로 한다.'의 내용은 유아가 자신이 할 수 있는 일을 알고 자신감을 가지며 자율적으로 실천해 가는 내용이다.

다음은 유아들이 자신의 신체에 대해 인식하는 부분에 대한 과정의 예이다.

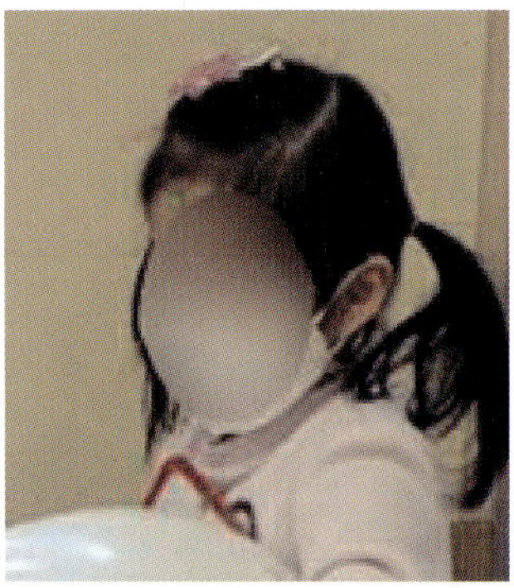

세희 : 선생님 우리 얼굴은 무슨 모양으로 생겼어요?
교사 : 동그랗게? 네모? 세모? 하미 얼굴은?
하미 : 동그라미~^^
세희 : 경연이 얼굴은? 긴 동그라미??
경연 : 내 얼굴은 안 보이는데~ 거울이 필요해요.
(거울을 보고) 내 얼굴은 말이지~ 납작한 동그라미?
하미 : 나는 아빠 얼굴을 닮아서 동글동글해. 난 동그라미가 좋아.
세희 : 나는 엄마를 닮았는데 우리 엄마는 할머니를 닮았어.
우리 엄마를 닮아서 정말 좋아.

경연 : 거울에 보이는 나는 동글동글해요.
하미 : 나도 동글동글해.
세희 : 나는 입이 웃고 있어.
하미 : 나도 나도~
경연 : 선생님 아빠 얼굴 그리고 싶어요.
세희 : 나는 점토로도 만들 거야.
경연 : 여기에 머리를 삐죽삐죽하면 아빠같아.
아빠도 나처럼 웃고 있어~

(2) 더불어 생활하기

첫째, '가족의 의미를 알고 화목하게 지낸다.'의 내용은 유아가 자신의 가족 구성원을 알고, 가족과 함께 생활하며, 가족은 서로 돕고 살아간다는 것을 경험하는 내용이다. 가족의 구성원이 다양함을 이해하고 존중하는 내용이다. 둘째, '친구와 서로 도우며 사이좋게 지낸다.'의 내용은 유아가 친구들과 함께 놀이하는 즐거움을 느끼고 친구와 서로 도우며 배려하고 협력하며 더불어 살아가는 내용이다. 셋째, '친구와의 갈등을 긍정적인 방법으로 해결한다.'의 내용은 유아가 친구와 갈등이 생겼을 때 자신의 감정과 생각을 제대로 표현하고, 배려, 양보, 타협 등을 통해 해결하는 내용이다. 넷째, '서로 다른 감정, 생각, 행동을 존중한다.'의 내용은 유아가 다른 사람들의 감정, 생각, 행동에 관심을 갖고 감정, 생각, 행동이 서로 다를 수 있음을 이해하고 존중하는 내용이다. 다섯째, '친구와 어른께 예의 바르게 행동한다.'의 내용은 유아가 친구와 어른께 배려, 존중, 공경하는 마음을 담아 예절을 실천하는 내용이다. 여섯째, '약속과 규칙의 필요성을 알고 지킨다.'의 내용은 유아가 다른 사람과 더불어 살아가기 위해 필요한 약속과 규칙이 있음을 이해하는 내용이다. 상황에 따라 필요한 약속과 규칙을 의논하여 정하고 지키는 내용이다.

도원 : 체리 넣어야 돼. (체리를 집어 큰 바구니 안으로 넣는다.)
유근 : (옆에서 과일들을 바구니에 계속 넣는다.)
지원 : 이거 나도 넣어도 돼?
유근 : 우리 소풍 가려고 하는 거야.
도원 : (꽉 찬 바구니를 보며) 꽉 찼어.
유근 : (걱정스러운 눈빛) 너무 무거우면 어떻게 하지?
도원 : 나한테 더 넣어.
지원 : 나도 더 많이 넣었는데…
유근 : 너도 더 넣어. 소풍 가자!! (중략)
도원 : 모자 쓰고 간다. 갈게~ 나 먼저 간다.

(3) 사회에 관심 가지기

첫째, '내가 살고 있는 곳에 대해 궁금한 것을 알아본다.'의 내용은 유아가 자주 접하는 가까운 주변 지역과 이웃에 대해 관심을 가지고, 궁금한 것을 알아보며, 지역 구성원으로서 유대감과 소속감을 느끼는 내용이다. 둘째, '우리나라에 대해 자부심을 가진다.'의 내용은 유아가 우리나라의 전통에 친숙해지고, 우리나라의 상징, 언어, 문화 등을 경험하면서, 우리나라에 대해 자랑스러운 마음을 가지는 내용이다. 셋째, '다양한 문화에 관심을 가진다.'의 내용은 유아가 다른 나라의 다양한 문화와 생활양식에 대해 관심을 가지고, 문화의 다양성을 이해하며 존중하는 내용이다.

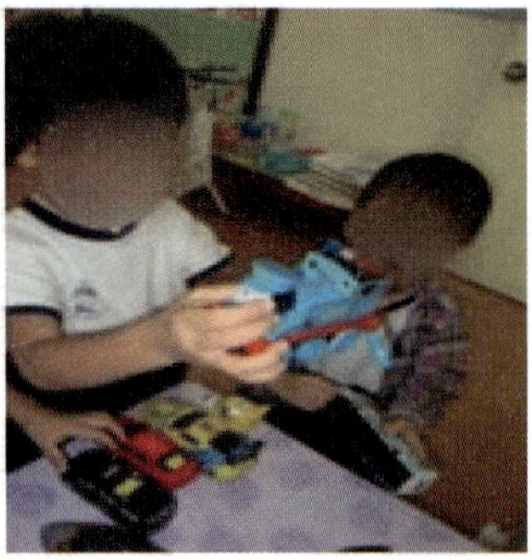

민준 : 이 안(비행기)에서 사람이 탈 수 있게. 이쪽 안에서 사람이 탈 수 있다.
건준 : 실제로 비행기는 자동차를 가지고 가기도 해. 비행기에 자동차를 싣고 가는데…. 그럼 비행기가 무겁겠다.
예성 : 무거운데 하늘을 날아갈 수 있어?
건준 : 배랑 비행기에 자동차가 탈 수도 있잖아.
예성 : 그럼 진짜 무거운데~
건준 : 그거 실어서 다른 나라에 가는 거야.
민준 : 다른 나라에 왜 그걸 가져가?
건준 : 우리나라가 차를 잘 만드니까 다른 나라에 주는 거야.

퀴즈

다음은 유아 경험의 실제입니다. 내용범주와 내용을 찾아 적어보세요.

유아 경험 실제	내용범주	내용
유아가 등원하자마자 선생님에게 오늘 자신이 도우미인 것을 확인하며 말한다. "저는 도우미하는 날이 좋아요. 저는 화분에 물주는 것도 잘하고, 친구들에게 간식을 나눠 주는 것도 잘할 수 있어요."라고 말한다. 선생님이 "그럼 오늘의 도우미는 제일 먼저 무엇을 할 생각이야?"라고 웃으며 묻자, "화분에 물 주러 가야지."라고 말하며 물을 뜨러 화장실 쪽으로 간다.		
4세 유아는 가족과 지냈던 일에 대해 그림을 그리며 웃으면서 말한다. "엄마, 아빠랑 캠핑 갔는데 정말 재미있었어요. 아빠가 밥하고 고기를 구웠고, 엄마는 식탁을 차렸어요. 저는 물컵을 꺼냈어요. 밥을 다 먹고 나서, 같이 공놀이도 하면서 놀았어요."		
우재: 너희들은 우리나라에서 누가 제일 좋아? 유아들: 이순신 장군! 세종대왕! 교사: 왜 좋아하는데? 시연: 한글을 만들었잖아요. 나는 한글을 진짜 잘 쓰는데, 한번 보세요. (모래 바닥에 나뭇가지로 자신의 이름을 쓴다.)		
유아들이 함께 블록으로 동네를 만든다. 유아들은 도서관을 만들면서 이야기를 나눈다. "여기는 도서관! 우리 도서관 가봤지? 우리 동네에 도서관이 있으니까 좋다. 그치?", "응, 선생님한테 내일 또 도서관 가자고 말씀드리자."		
실내 놀이를 마친 뒤 5세반의 몇몇 유아들이 놀이할 때 불편한 점이 있었다고 말한다. 하선이가 "우리끼리 약속 좀 만들어야겠다."라고 말하자 유아들이 매트 위에 모여 앉았고, 진지하게 이야기를 나누며 놀이 약속을 정한다. 다음 날, 유아들끼리 정한 약속을 교사는 색종이에 적어 칠판에 붙여준다. 한 유아는 놀이약속 옆에 손가락 도장을 찍으며 "내가 지킬 수 있는 약속이 이거야."라고 말한다.		
5세반 유아들이 숨바꼭질을 하려고 모여든다. 유아가 "나는 진짜 잘 숨을 수 있어."라고 말하자, 다른 유아들이 "나도 잘하거든. 나는 몸이 작아서 아무 데나 숨을 수 있어.", "나도 잘 숨거든!"이라고 말한다.		

토론

아래의 내용을 보고 5개 영역 중 통합적으로 이루어질 수 있는 영역이 무엇이 있을지에 대해 이야기를 나누어 보세요.

하원 시간, 우주는 놀이를 계속하고 있는 서연이에게 블록 정리를 하자고 말한다.
우주: (서연이의 귀 뒤쪽에 대고) 이제 블록 정리하는 시간이야!
서연이가 듣기에 우주의 큰 목소리는 자신의 귀에 대고 크게 소리를 지르는 것처럼 들린다.
서연: 귀에 대고 하지마! 귀 아파!
우주: 아니야. 나는 머리카락에 대고 말했거든. (서연이의 귀 뒷면 머리를 만진다.)
서연: 너가 내 귀에 대고 크게 말했잖아. 귀 아팠거든.
우주: (매우 큰 목소리로) 아니야. 나는 여기에 대고 말했어.
우주와 서연이의 모습을 지켜보던 은성이가 다가와 무슨 일인지 묻는다.
우주: (울먹이는 듯한 목소리로) 있잖아. 내가 귀에 말 안 하고 여기 머리카락에 말했는데, 서연이가 자꾸 내가 귀에 대고 말했다고 하잖아. 나 기분 진짜 안 좋아. 힝!
은성: 알겠어. 서연이가 어떤 말했는데?
서연: 얘가 내 귀에 대고 말했다구! 여기가 귀야. (서연이는 자신의 귀를 만지며 소리가 들렸던 위치를 가리킨다.)
은성이는 두 유아의 말을 듣고 팔짱을 끼고 잠시 말없이 생각하더니, 서연이에게 "귀를 막아 봐."라고 말한다. 서연이가 두 손가락으로 귀를 막는다. 은성이는 서연이의 등 뒤로 돌아가 서연이의 귀 옆에서 소리를 낸다.
은성: 아 아… (서연이에게) 어때? 소리 들려?
서연: 응. 귀에 대고 하는 것처럼 들려.
은성: 이제 됐지?
우주: 봐봐, 맞지? 나 여기 뒤에다 대고 말했지?
서연: 알겠어. 미안해.

〈5개 영역 정리 표〉

신체운동 건강	
신체 활동 즐기기	신체를 인식하고 움직인다.
	신체 움직임을 조절한다.
	기초적인 이동운동, 제자리 운동, 도구를 이용한 운동을 한다.
	실내외 신체활동에 자발적으로 참여한다.
건강하게 생활하기	자신의 몸과 주변을 깨끗이 한다.
	몸에 좋은 음식에 관심을 가지고 바른 태도로 즐겁게 먹는다.
	하루일과에서 적당한 휴식을 취한다.
	질병을 예방하는 방법을 알고 실천한다.
안전하게 생활하기	일상에서 안전하게 놀이하고 생활한다.
	TV, 컴퓨터, 스마트폰 등을 바르게 사용한다.
	교통안전 규칙을 지킨다.
	안전사고, 화재, 재난, 학대, 유괴 등에 대처하는 방법을 경험한다.

의사소통	
듣기와 말하기	말이나 이야기를 관심 있게 듣는다.
	자신의 경험, 느낌, 생각을 말한다.
	상황에 적절한 단어를 사용하여 말한다
	상대방이 하는 이야기를 듣고 관련해서 말한다.
	바른 태도로 듣고 말한다.
	고운 말을 사용한다.
읽기와 쓰기에 관심 가지기	말과 글의 관계에 관심을 가진다.
	주변의 상징, 글자 등의 읽기에 관심을 가진다
	자신의 생각을 글자와 비슷한 형태로 표현한다.
책과 이야기 즐기기	책에 관심을 가지고 상상하기를 즐긴다.
	동화, 동시에서 말의 재미를 느낀다.
	말놀이와 이야기 짓기를 즐긴다.

사회관계	
나를 알고 존중하기	나를 알고 소중히 여긴다.
	나의 감정을 알고 상황에 맞게 표현한다.
	내가 할 수 있는 것을 스스로 한다.
더불어 생활하기	가족의 의미를 알고 화목하게 지낸다.
	친구와 서로 도우며 사이좋게 지낸다.
	친구와의 갈등을 긍정적인 방법으로 해결한다.
	서로 다른 감정, 생각, 행동을 존중한다.
	친구와 어른께 예의 바르게 행동한다.
	약속과 규칙의 필요성을 알고 지킨다.
사회에 관심 가지기	내가 살고 있는 곳에 대해 궁금한 것을 알아본다.
	우리나라에 대해 자부심을 가진다.
	다양한 문화에 관심을 가진다.

예술경험	
아름다움 찾아보기	자연과 생활에서 아름다움을 느끼고 즐긴다
	예술적 요소에 관심을 갖고 찾아본다.
창의적으로 표현하기	노래를 즐겨 부른다.
	신체, 사물, 악기로 간단한 소리와 리듬을 만들어 본다.
	신체나 도구를 활용하여 움직임과 춤으로 자유롭게 표현한다.
	다양한 미술 재료와 도구로 자신의 생각과 느낌을 표현한다.
	극놀이로 경험이나 이야기를 표현한다.
예술 감상하기	다양한 예술을 감상하며 상상하기를 즐긴다.
	서로 다른 예술 표현을 존중한다.
	우리나라 전통 예술에 관심을 갖고 친숙해진다.

자연탐구	
탐구 과정 즐기기	주변 세계와 자연에 대해 지속적으로 호기심을 가진다.
	궁금한 것을 탐구하는 과정에 즐겁게 참여한다.
	탐구과정에서 서로 다른 생각에 관심을 가진다.
생활 속에서 탐구하기	물체의 특성과 변화를 여러 가지 방법으로 탐색한다.
	물체를 세어 수량을 알아본다.
	물체의 위치와 방향, 모양을 알고 구별한다.
	일상에서 길이, 무게 등의 속성을 비교한다.
	주변에서 반복되는 규칙을 찾는다.
	일상에서 모은 자료를 기준에 따라 분류한다.
	도구와 기계에 대해 관심을 가진다.
자연과 더불어 살기	주변의 동식물에 관심을 가진다.
	생명과 자연환경을 소중히 여긴다.
	날씨와 계절의 변화를 생활과 관련 짓는다.

1. 교사의 자세

목표

놀이를 중심으로 유아사회교육에 대한 교육계획을 할 수 있다.

유아의 놀이는 예측하여 계획하기 어렵기 때문에 교사는 유아의 놀이 흐름에 따라 가장 적합한 교육적 지원이 무엇인지를 상황에 따라 판단하고 실천해야 한다. 따라서 교사는 유아의 놀이를 이해하고 지원하는 데 더 많은 시간을 보낼 필요가 있다. 교사가 자율성을 기반으로 유아가 놀이하며 배운다는 가치를 믿고 유아가 중심이 되는 교육을 실천해 갈 수 있도록 하여야 한다.

놀이는 유아의 일상에서 자연스럽게 나타나며, 유아가 세상을 경험하고 배워 가는 방식이다. 유아가 놀이하며 보여 주는 독특한 움직임, 표정, 재미있는 말과 이야기, 그림이나 노래 등은 모두 놀이의 과정이자 배움의 결과물이다(교육부, 보건복지부, 2020). 또한 유아는 놀이하며 다른 사람과 관계를 맺고 세상의 중요한 구성원으로 성장해 간다. 따라서 교사는 유아의 놀이에 귀를 기울여 유아가 중심이 되는 교육과정을 구성함으로써 유아사회교육에 있어 유아의 놀이에 대한 의미를 이해하고 지원하며 유아와 함께 성장하고 배워 나가야 한다.

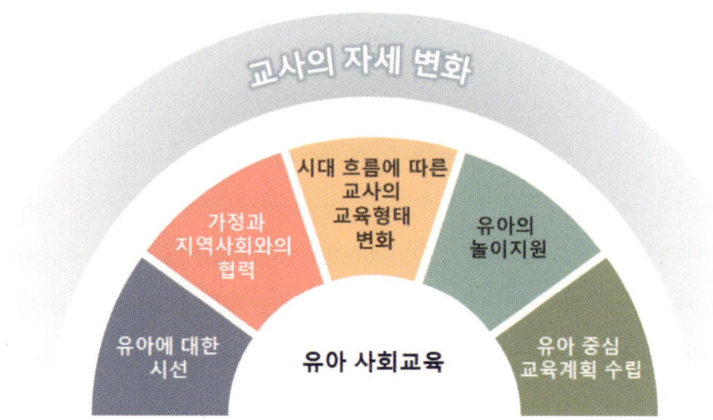

1) 유아에 대한 시선

유아가 성별, 신체적 특성, 장애, 종교, 가족 및 문화적 배경 등으로 인해 차별받지 않고 서로 배려하는 마음을 가지도록 한다. 교사는 성별, 신체적 특징 및 장애 유무에 따라 유아를 비교하고 평가하거나 불이익을 주지 말아야 하며 유아에게 고정적인 성역할을 강요하지 않는다. 또한 유아들에게 다양한 가족 형태 및 문화적 배경을 이해할 수 있는 경험을 제공하여 다양성을 존중하고 배려할 수 있도록 지원한다.

2) 가정과 지역사회와의 협력

유아가 속해 있는 가정, 기관, 지역사회 등은 모두 교육과정의 주체이므로, 상호 연계하고 협력해야 한다. 유아사회교육을 유아·놀이 중심 교육과정을 운영하기 위해서는 무엇보다 부모의 역할이 중요하다. 교사뿐 아니라 부모도 유아의 사회화 및 사회성 증진을 위해 놀이의 가치를 이해하여 가정에서 유아의 놀이를 지원해야 한다. 이를 위해 유아 교육기관에서는 부모참여, 간담회, 워크숍, 상담 등 다양한 기회를 마련하여 유아사회교육을 위해 부모의 역할을 지원할 필요가 있다. 또한 지역사회는 유아의 다양한 경험을 지원하는 풍부한 자원이다. 따라서 유치원과 어린이집에서는 유아들이 지역사회의 여러 기관이나 장소를 직접 경험하면서 지역사회에 관심을 가질 수 있도록 지원해야 한다.

3) 시대 흐름에 따른 교사의 교육형태 변화

교사는 유아의 놀이와 배움을 지원하는 교육과정의 주체이자 유아와 함께 배우고 성장하는 전문가이다. 이전에는 교사가 무엇이든 유아에게 가르쳐주어야 하는 존재였다면 이제 교사는 유아가 즐겁게 놀이하며 스스로 배울 수 있도록 놀이를 지원해주는 존재이다. 따라서 교사는 첫째, 유아가 흥미와 관심에 따라 놀이에 자유롭게 참여하고 즐기도록 한다. 둘째, 유아가 놀이를 통해 배우도록 한다. 셋째, 유아가 다양한 놀이와 활동을 경험할 수 있도록 실내·외 환경을 구성한다. 넷째, 유아와 유아, 유아와 교사, 유아와 환경 간에 능동적인 상호작용이 이루어지도록 한다. 다섯째, 유아사회교육에 있어 5개 영역의 내용이 통합적으로 유아의 경험과 연계되도록 한다. 여섯째, 개별 유아의 요구에 따라 휴식과 일상생활이 원활히 이루어지도록 한다. 일곱째, 유아의 연령, 발달, 장애, 배경 등을 고려하여 개별 특성에 적합한 방식으로 배우도록 한다.

4) 유아의 놀이 지원

교사는 놀이에 대한 이해를 바탕으로 유아가 주도하는 놀이를 지원할 수 있어야 한다. 유아가 주도하는 놀이는 성인의 간섭과 통제가 최소화되고 유아가 다양한 놀이 환경과 만날 때 활발하게 나타난다. 따라서 실내의 제한된 흥미 영역에서 교사가 미리 준비한 놀이를 선택하게 하는 방식보다는 유아가 자유롭게 놀이하며 즐기는 방식으로 바꾸어 갈 필요가 있다. 교사는 유아가 주도하는 놀이에 내재된 의미와 가치를 파악하고 그것을 이해하는 과정에서 유아사회교육에 있어 유아에게 무엇을 지원해 줄 수 있을지를 발견할 수 있다. 교사는 놀이 상황과 맥락에 따라 새롭게 생성되는 유아의 놀이를 존중하고 이해하면서 유아가 필요로 하는 놀이자료, 놀이 공간, 놀이 규칙과 안전 등을 고려하여 필요한 지원을 할 수 있다.

5) 유아 중심 교육계획 수립

계획안에는 교사가 기관과 학급 수준에서 유아의 놀이를 지원하기 위해 필요한 사항을 미리 생각하여 준비하는 모든 과정이 포함될 수 있다. 2019 개정 누리과정에서는 계획안 수립에 있어서 유아교육기관과 교사의 자율성을 강조하였다. 따라서 계획안을 작성할 때에는 유아의 경험이 교육적 가치를 가지도록 놀이를 중심으로 기록하고 교사의 지원 방안을 기술할 필요가 있다. 이에 교사는 기존에 활용하였던 연간, 월간, 주간, 일일 계획안을 기관 및 학급의 특성에 적합하게 변경하여 사용할 수 있다. 그러나 기존 계획안에서 자유선택활동, 대·소집단활동, 바깥 놀이 등의 정해진 형식에 맞추어 기술했던 것을 개정 누리과정 계획안에서는 유아가 실제 놀이한 내용 및 놀이를 지원하는 내용을 포함하여 기술하도록 한다.

2. 유아 놀이 관찰

놀이 중심 유아사회교육을 위해서는 유아를 중심으로 하는 시선에서 시작하여야 한다. 먼저 교사는 유아사회교육에 있어 유아가 알아야 할 내용과 유아가 알고 싶어하는 내용을 나누어 본다. 이후 유아가 알아야 할 내용에 대해서는 교사가 미리 준비를 하되 유아가 알고자 했던 내용에 대해서는 유아를 관찰함으로써 주제를 찾아낼 수 있다. 즉, 관찰을 통해 유아사회교육의 내용을 찾아보고 이를 통해 계획하는 것이다.

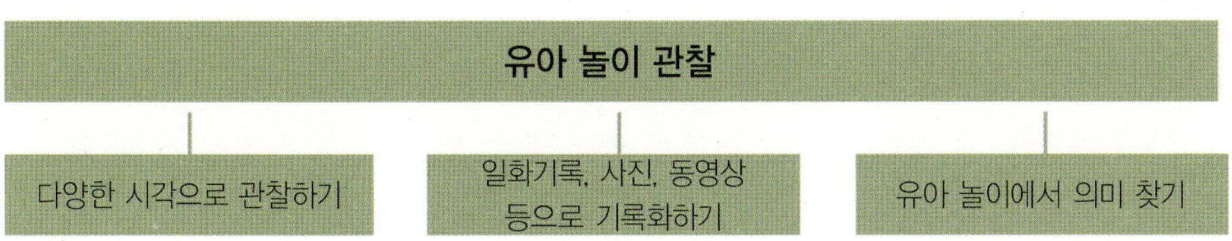

1) 다양한 시각으로 관찰하기

유아가 무엇을 가지고 어떻게 놀이를 하는가에 대한 관찰을 통해 교사는 유아의 관심사를 알아낼 수 있다. 또한 놀이가 지속되는지 하루 이틀 만에 끝나는 놀이인지에 따라 유아의 흥미도를 알아볼 수 있다. 이때 교사가 가지는 편견에 따라 주제의 중요도를 결정짓지 않는다. 유아가 중심이 되는 활동의 주제는 각양각색이므로, 때로는 너무 크기도 하고 때로는 너무 작다고 생각할 수도 있지만 유아의 시선에서는 가장 중요한 과제일 수 있으므로 유아의 선택을 존중한다. 평범하고 의미 없어 보이는 놀이 주제가 오히려 유아로 하여금 깊고 심오한 주제가 될 수 있다. 또한 유아가 하는 모든 활동이 주제가 되어야 하는 것은 아니므로 유아에게 의미 있고 교육적 가치가 있는 것, 유아의 흥미가 지속되어 연계성을 이루는 활동을 위주로 주제를 선정하도록 노력한다.

2) 일화 기록, 사진, 동영상 등으로 기록화하기

교사는 유아 관찰에 대해 긴장감을 갖고 살피기보다는 유아의 놀이 흐름을 관찰할 필요가 있다. 유아의 놀이를 기록화함으로써 단편적으로는 의미 없어 보이던 놀이가 기록과 사진을 통해 연결되면서 의미를 찾을 때가 있다. 놀이관찰에 대한 기록은 긴 흐름의 주제놀이로 이어지기도 하고, 때로는 짧은 놀이 이야기들을 만들어내기도 한다. 따라서 유아가 놀이에 몰입되어 있는 순간에 대해 기록으로 남겨놓으면 놀이에 대한 원인과 결과를 알아갈 수 있다. 또한 관찰을 통해 교사가 혼자서는 볼 수 없었던 놀이의 내용을 찾아내는 방법으로 동료교사와의 협업이다. 동료교사와 유아의 놀이를 통해 주제를 잡고 사회교육과 연계된 내용을 찾고자 할 때 더 쉽게 놀이의 핵심을 찾을 수 있는 경우가 있다.

3) 유아 놀이에서 의미 찾기

유아사회교육에 있어 놀이의 경험은 교사와 유아 모두에게 의미 있는 변화를 가져온다. 이에 놀이기록을 통해 놀이의 의미를 읽어내고 해석함으로써 유아들의 삶을 더욱 깊이 이해하여 배움과 성장을 지원하는 과정이 '놀이 속 의미 찾기'이다 '유아가 왜 이런 이야기와 행동을 하는 걸까?', '이 놀이는 유아에게 어떤 의미가 있을까?', '유아가 이전에 경험한 것과 어떤 관련이 있을까?' 등의 의문을 가지고 교사가 유아의 놀이를 관찰하는 것이 필요하며 놀이관찰에 대한 기록화를 통해 이러한 의문을 풀기 위한 방법을 찾는 노력이 필요하다. 따라서 교사는 유아가 만들어가는 놀이의 흐름 속에서 유아와 함께 놀이 속 의미를 찾아가는 것이 필요하다.

3. 주제 선정

주제는 유아의 일상적인 놀이에서 시작되기도 하고 유아의 경험을 서로 나누는 과정에서 이루어지기도 하며 주제에 대해 깊이 있는 탐구를 해볼 만한 가치가 있다고 판단될 때 교사의 권유로 시작될 수도 있으므로 주제 선정 및 출발의 계기는 다양하다.

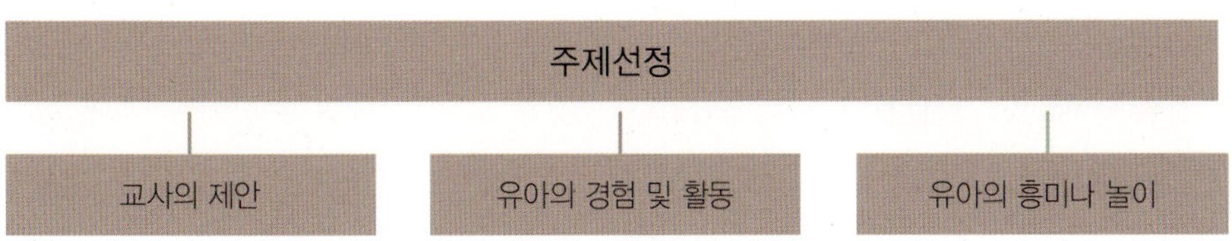

1) 교사의 제안

주제를 선정할 때 교사는 학습의 가능성을 풍부하게 담고 있거나 유아가 꼭 경험하거나 알아야 할 내용에 대해 유아에게 주제를 제안할 수 있다. 유아사회교육에 있어 유아가 알아야 할 역사적 사건과 같이 유아가 일상적인 경험이나 놀이로는 알 수 없는 내용의 주제를 교사가 제안할 수 있다.

2) 유아의 경험 및 활동

유아가 주제를 선정하는 데 있어 유아가 직접 경험했던 여행이나 새로운 활동들을 제시할 수 있다. 유아가 주제를 선정한 때에는 다양한 의견이 나오기 때문에 교사는 중재자의 역할을 하게 된다. 유아가 원하는 몇 가지의 주제를 추린 후 가장 재미있으면서 교육적인 주제를 유아가 선정할 수 있도록 돕는다. 또한 교사가 들려준 동화나 이야기에 관심을 보일 때에도 유아의 의견에 따라 동화를 주제로 선정하거나 이야기의 내용을 주제로 선정할 수 있다. 유아가 경험하는 다양한 활동들을 주제로 선택하고자 할 시에도 유아가 주제의 주된 선택자가 되어 주제를 선정할 수 있다.

3) 유아의 흥미나 놀이

하나의 놀이 속에는 수많은 의미가 담겨 있으므로 교사는 놀이 속 가치와 의미 발견을 통해 몇 가지의 주제를 제안할 수 있다. 교사는 적절한 지원을 통해 놀이를 확장시키기도 하고, 교사는 그 의미를 찾아 놀이를 지원하면서 주제를 확장시켜 나아가기도 한다. 이렇게 선정된 주제는 유아가 스스로 놀이를 의미 있게 여기며 자율적이고 주도적으로 펼쳐 나아가기에 용이하다.

4. 주제에 따른 놀이 계획

유아 교육기관에서는 기관의 교육철학, 가정과 지역사회의 특성, 유아의 요구 등을 반영하여 자율적으로 계획을 수립할 수 있다. 교사는 기존에 활용하였던 연간, 월간, 주간, 일일 계획안을 학급의 특성에 맞게 변경하여 사용할 수 있다. 예를 들어, 매년 작성하는 연간 계획 이외에 월간과 주간, 주간과 일일 계획을 통합하거나 학급 특성에 따라 간단한 일지 등을 활용하여 계획안을 작성할 수 있다. 그러나 부분적으로 유아가 주도하는 놀이는 예측하기 어려우므로 교사는 유아가 놀이하며 경험한 내용을 중심으로 계획안을 기술할 수도 있다(교육부, 보건복지부, 2020).

이러한 계획안은 유아가 실제 경험한 놀이 내용과 그에 따른 교사의 놀이 지원 계획을 기술하는 형식으로, 기존의 방식에 비해 사전 계획을 최소화하여 계획을 수립한다는 특징이 있다. 교사는 필요에 따라 안전과 관련된 사항, 유아 특성에 따라 개별적으로 지원해야 하는 사항 등을 계획할 수 있다. 이를 통해 교사는 계획안을 자율적으로 작성하고, 사전 계획을 최소화함으로써 교사는 유아가 주도하는 놀이를 적극적으로 지원할 수 있다.

1) 연간 교육 계획안

교육계획안 작성은 유아 교육기관에서 실시하는 연간 교육 계획안을 기초로 이루어진다. 생활주제에 익숙한 교사가 연간 주제를 모두 유아의 놀이를 통해 세운다는 것은 쉬운 일은 아니다. 따라서 교사가 생활주제 및 교육적 의미를 가지는 주제를 연간 계획으로 세운 후 서서히 유아가 흥미로워하고 즐거워하며 교육적으로 의미 있는 주제를 선정하여 배치하도록 한다.

〈표 6-1〉 연간교육계획안 예시

<table>
<tr><th>월</th><th>생활주제</th><th>주</th><th>소 주 제</th><th>유아 놀이 주제 선정 방법</th></tr>
<tr><td rowspan="4">3</td><td rowspan="3">유치원과 친구</td><td>1</td><td>새로운 반</td><td rowspan="3">유아의 적응과정에서 나타나는 놀이관찰</td></tr>
<tr><td>2</td><td>새로운 친구들</td></tr>
<tr><td>3</td><td>약속과 규칙</td></tr>
<tr><td rowspan="2">유아 놀이 주제 (재활용품의 변신)</td><td>4</td><td>재활용품의 변신</td><td rowspan="2">놀이관찰을 통해 주제 제안</td></tr>
<tr><td rowspan="4">4</td><td>1</td><td>재활용품과 찰흙의 만남</td></tr>
<tr><td rowspan="3">봄</td><td>2</td><td>따스한 봄에 자라는 꽃</td><td rowspan="3">봄을 기초로 하는 활동 중 개미나 식물 등 관심을 보이는 유아들을 중심으로 주제 선정</td></tr>
<tr><td>3</td><td>봄의 동물과 식물</td></tr>
<tr><td>4</td><td>봄 소풍 즐기기</td></tr>
<tr><td rowspan="4">5</td><td rowspan="2">유아 놀이 주제(개미)</td><td>1</td><td>개미는 꽃을 먹어요</td><td rowspan="2">봄에서 파생된 주제 지속</td></tr>
<tr><td>2</td><td>개미는 어디에 살아요?</td></tr>
<tr><td rowspan="3">소중한 나와 가족</td><td>3</td><td>소중한 나</td><td rowspan="3">유아의 놀이관찰</td></tr>
<tr><td>4</td><td>함께 하는 우리 가족</td></tr>
<tr><td rowspan="4">6</td><td>1</td><td>다양한 형태의 가족</td></tr>
<tr><td rowspan="3">우리 동네 / 유아 놀이 주제</td><td>2</td><td>소중한 우리 동네</td><td rowspan="3">중심이 되는 주제와 유아 놀이 주제 병행</td></tr>
<tr><td>3</td><td>우리 동네에서 볼 수 있는 것들</td></tr>
<tr><td>4</td><td>다양한 직업</td></tr>
<tr><td rowspan="3">7</td><td rowspan="3">여름</td><td>1</td><td>여름 날씨의 특징과 변화</td><td rowspan="3"></td></tr>
<tr><td>2</td><td>여름철 음식</td></tr>
<tr><td>3</td><td>여름철 생활과 건강</td></tr>
<tr><td rowspan="3">8</td><td rowspan="4">유아 놀이 주제(물)</td><td>2</td><td>물놀이하는 곳</td><td rowspan="4">유아 경험을 통한 주제 선정</td></tr>
<tr><td>3</td><td>물로 할 수 있는 놀이</td></tr>
<tr><td>4</td><td>물은 어디로 가나요?</td></tr>
<tr><td rowspan="4">9</td><td>1</td><td>물을 아껴 써야 하는 이유</td></tr>
<tr><td rowspan="3">교통기관과 안전</td><td>2</td><td>교통기관의 변화와 종류</td><td rowspan="3"></td></tr>
<tr><td>3</td><td>교통기관에서의 안전</td></tr>
<tr><td>4</td><td>교통기관의 안전한 생활습관</td></tr>
</table>

월	생활주제	주	소 주 제	유아 놀이 주제 선정 방법
10	우리나라 / 가을	1	가을의 여러 가지 곡식과 열매	우리나라에 관련된 활동 중 자랑거리, 놀이 등 관심을 보이는 유아들을 중심으로 주제 선정
		2	우리나라 사람들의 생활	
		3	우리나라의 문화	
		4	우리나라의 자랑거리	
11	**세계 여러 나라 / 유아 놀이 주제**	1	세계 여러 나라 사람들	중심되는 주제와 유아 놀이 주제 병행
		2	세계의 문화	
		3	세계 여러 나라의 전통의상	
		4	함께하는 세계	
12	겨울	1	따뜻한 겨울	
		2	겨울 날씨의 특징	
1	**유아 놀이 주제 (아쿠아리움)**	1	아쿠아리움	유아 경험을 통한 주제 선정
		2	아쿠아리움에 있는 모든 것	
		3	물고기는 어디서 왔나요?	
		4	교실 속 아쿠아리움	
2	초등학교에 가요	1	나는 성장 했어요	
		2	즐거웠던 우리반	

2) 주제 예상안(월간 계획안)

생활주제에 따른 교육과정에서는 연간 교육계획안을 기초로 한 월간 계획안이 작성되어야 하지만 유아 놀이를 통한 주제는 반드시 기간을 월간으로 정할 수 없기 때문에 월간 계획의 주제가 한 가지일 수도 있고 2~3가지의 짧은 주제로 이루어질 수도 있다. 따라서 월간 계획안이라는 개념보다는 주제 예상안으로 생각하는 것이 바람직하다. 각 유아 교육기관의 특성에 따라 월간 계획안은 다양한 형태로 구성될 수 있다. 여기에서는 기존 월간 계획안이 아닌 주제 예상안으로 월간 계획안을 대체하였다. 주제 예상안을 월간으로 넣을 경우 예시는 다음과 같다.

〈표 1-2〉 주제 예상안 예시

<table>
<tr><td>주제</td><td>재활용품의 변신</td></tr>
<tr><td>예상
활동기간</td><td>2019. 3. 25. ~ 2019. 4. 5. (약 2주간)</td></tr>
<tr><td>주제
선정
이유</td><td>3월 초 새로운 곳에서 유아들은 낯설어하기도 하고 친구에게 어떻게 다가가야 하는지에 대한 고민이 있었던 것으로 관찰되었다. 그중 서로 친해지는 계기를 만들 수 있었던 것은 다양한 재활용품들이었다. 유아들은 재활용품으로 무엇인가를 만들어내어 친구에게 자신이 만든 것을 간단하게 소개하기도 하였고 친구에게 선물로 만들어주기도 하면서 서서히 관계를 형성해 나아가는 것으로 보였다. 이러한 재활용품 만들기는 한 주를 걸쳐 지속적으로 이루어졌으나 유아가 만드는 것들에 대한 이름을 명확하게 붙이지 못하는 부분이 관찰됨에 따라 교사는 재활용품의 다양한 변화를 통해 만들어진 작품에 대해 깊이 알아가는 것이 교육에 도움이 될 것이라 생각하여 주제로 선정하고자 하였다.</td></tr>
<tr><td>예상
주제망</td><td>문제: 빈칸에 주제 단어를 적어보세요.

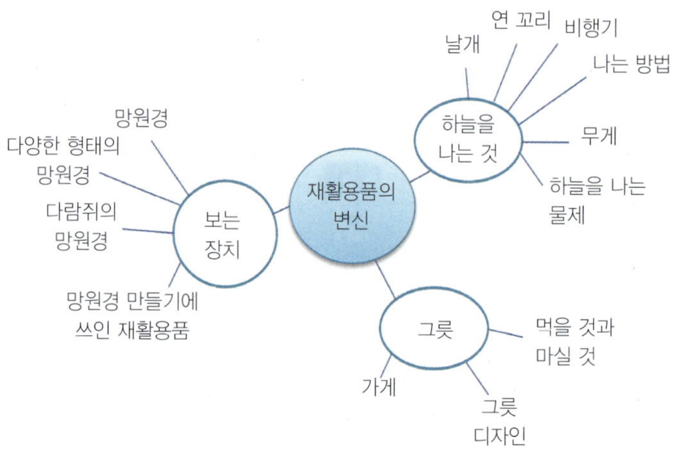
</td></tr>
<tr><td>교사의
질문 및
가설</td><td>1. 유아들은 왜 재활용품을 통해 상호작용하는가?
2. 보는 장치란 망원경을 뜻하는 것일까?
3. 하늘을 나는 원리에 대해 유아가 알게 되면 직접 시도해볼 것인가?</td></tr>
</table>

재활 용품의 변신 목표	1. 지식 – 다양한 작품의 실제 사물 명칭을 안다. 2. 기술 – 재활용품을 활용하여 다양한 작품을 만들 수 있다. 3. 태도 – 재활용품을 통해 다양한 작품을 만들 수 있다는 긍정적인 태도를 갖는다.	
지원 목록	**[1차적 자원]** 실물 : 실물 그릇, 다양한 종류의 망원경, 모형 비행기, 연 등 사람 : 그릇가게 주인, 스튜어디스 등 견학 : 천문대, 공항, 그릇가게 등 **[2차적 자원]** 책 : 『다람쥐 망원경』, 『임금님의 신기한 망원경』, 『누가, 손전등이야? 망원경이야?』, 『천체 망원경은 처음인데요』, 『갈릴레이의 망원경』, 『네 개의 그릇』, 『할머니의 식탁』, 『비행기 타는 날』, 『비행기가 부응부응』, 『나뭇잎 연날리기』 등 사진 : 다양한 망원경, 그릇, 비행기, 연 등 동영상 : 500만 원짜리 망원경으로 별 구경하기 https://youtu.be/69N-KFJVlFA 제주국제공항 비행기 이착륙 https://youtu.be/y6vyeWfWUUg 연날리기 https://www.youtube.com/watch?v=-ZLK5XJo_9A	
예상 활동 주제	재활용품의 변신	재활용품과 찰흙의 만남
활동 예상안	**재활용의 변신** **음률 선택** 〈새 노래〉 연날리기, 비행기 〈신체활동〉 연어 날아가는 모습 **이야기 나누기** • 다양한 사물명칭 • 다양한 그릇의 디자인 • 망원경의 사용법 **게임 실외활동** 〈게임〉 날아간다 날아가 〈실외활동〉 안녕하기 망원경 보기 **동화 동시 동극** 〈동화〉 다람쥐의 망원경, 네 개의 그릇 〈동시〉 비행기 〈동극〉 다람쥐의 망원경 **조형 및 감상** 〈조형〉 재활용품 만들기 〈감상〉 백남준의 비디오아트 **관찰 및 요리** 〈관찰〉 하늘에 뜨는 원리 〈요리〉 꼬지 **현장견학(전문가초빙)** 〈견학〉 전문대, 공항 〈전문가〉 그릇가게주인, 스튜어디스 **가정연계** • 재활용품 모으기 • 연, 비행기, 그릇, 망원경 관련자료 조사	

가정연계	– 그릇, 비행기, 망원경, 연에 대해 소개를 하고자 합니다. 이와 관련이 있는 책을 원에 보내주시면 감사하겠습니다. – 재활용의 변신을 위해 집에 있는 재활용을 가지고 다양한 작품을 만들어보세요 – 재활용품과 관련된 직업 및 그릇과 관련된 직업을 가지신 분께서는 전문가로 지원해주셔서 유아들의 활동에 도움을 주시면 감사하겠습니다.
활동 평가	재활용품을 활용하여 만든 작품 전시 – 형님반과 동생반 초대 – 작품 및 포트폴리오 전시

3) 주간 교육계획

월간교육계획이 주제 예상안으로 대체된 것과 같이 주간교육계획도 각 원의 상황에 따라 다양한 형태로 작성될 수 있다. 각 원에 따라 주제 예상안을 주간교육계획안에 일부 포함시켜 작성하기도 한다. 만약 주제 예상안을 주간교육 계획안에 작성할 경우 예상 주제망이나 활동 계획을 주간교육계획안에 작성하고 필요한 내용을 첨부하거나 수정·보완하여 사용하도록 한다. 이외에도 각 원에 따라 주간계획만 제시하는 것이 아니라 한 주에 걸쳐 진행하였던 활동기록을 함께 작성하여 제시하기도 한다. 이에 대한 예시는 다음과 같다.

〈주간교육계획안 예시〉

주간교육계획안

만들기 영역 : 재활용품의 변신

현재 만들기 영역의 매체의 주된 매체는 재활용품들이다. 야쿠르트병, 휴지심, 과자박스, 종이, 테이프, 쥬스병, 계란판,, 그리고 함께 주어진 자료로는 테이프, 다양한 색의 사인펜, 매직, 크레파스, 색연필, 파스텔, 연필, 지우개 등이 있다. 이 자료들을 이용한 어린이들의 만들기 방식 역시 다양하지만, 그 중에서도 어린이들 사이에서 유행하는 만들기 용품은 다음과 같다.

- 야쿠르트병이나 휴지심을 이용한 '망원경'처럼 생긴 '보는 장치'
- 주스, 김밥 등의 음식물을 담는 그릇/용기로 사용되는 플라스틱병과 종이상자
- 비행기나 연 등을 만들면서 날 수 있는 날개, 연의 꼬리 만들기

세 가지 흐름 모두 다루어 봄직한 가능성을 가지고 있지만, 그 중에서도 용기 만들기는 만들기 영역에서 찰흙영역으로 확장해 볼 가치가 있는 것으로 보인다. 기능에 따라 서로 다른 형태를 지니고 있는 용기를 디자인하고 찰흙으로 직접 만들어 봄으로써 덩어리를 이용해 공간을 만드는 책략에 대해 문제의식을 가져볼 계획이며, 비행기와 연 등의 나는 물체의 구조를 알아보고 어떻게 이 물체들이 날 수 있는지에 대해 다루어 볼 예정이다.

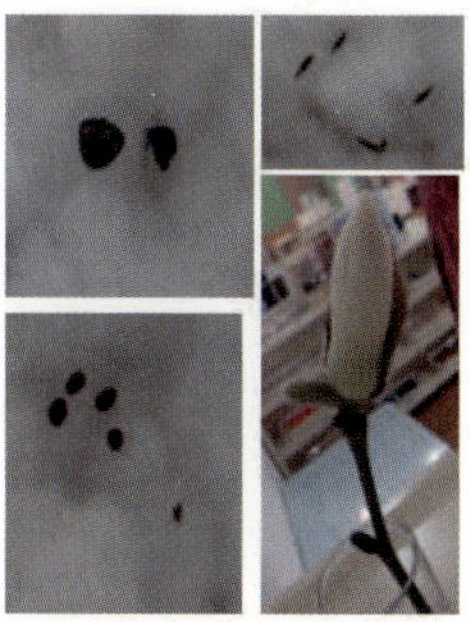

라이트테이블 영역 : 씨앗에서 싹이 나올 수 있는 건...

씨앗관찰하기... 씨앗 심기를 한 후 씨앗을 좀 더 관찰할 수 있도록 씨앗을 제공해 주었다. 유아들은 씨앗을 만져보거나 돋보기를 이용하여 씨앗을 관찰한다. 처음에는 돋보기가 왜 제공되었는지 궁금해 하던 유아들은 씨앗을 관찰하며 "선생님, 이걸로 보면 크게 볼 수 있어요. 이것 봐요."라며 돋보기의 기능을 자연스럽게 익혔다. 그것에 그치지 않고 돋보기 위에 씨앗을 놓고 보기도 하고 씨앗을 손으로 들어 올려 손에 올려놓은 후 거리에 따라 씨앗을 관찰해 보기도 한다.

새싹에는... 유아들은 씨앗 속에 입과 눈이 있어서 씨앗이 물을 먹으면 새싹이 돋아난다고 생각하고 있다. 이에 솜을 깔고 그 위에 물을 주어 씨앗이 어떻게 물을 먹는지 관찰해 보기로 하고 씨앗을 관찰 중에 있다. 씨앗의 변화과정을 함께 지켜보며 유아 각자가 갖고 있는 가설이 서로 영향을 주며 새로운 변화해 가는지 지켜보며 서로 원활한 대화를 나눌 수 있도록 중재할 것이다. 이와 관련하여 교실 앞에 핀 목련에 관심을 가지 잎새반 유아들이 목련이 봉우리에서 어떻게 꽃이 피어나가는지 관심을 가지고 계속 지켜 보고 있습니다.

알려드립니다

1. 4월 21일(목)은 **봄소풍**입니다.
   자세한 내용은 'OO의 모든 부모님'을 참고해 주세요.
   도보로 등원하는 유아는 9시까지 등원할 수 있도록 협조 부탁 드립니다.

2. 4월 22일(금)은 현OO(남)어린이의 생일잔치가 있는 날입니다.
   생일인 유아는 잎새반 17명의 유아가 먹을만한 크기의 떡케익을 준비하여 주시고,
   나머지 유아는 2,000원 상당의 생일선물을 준비하여 주시기 바랍니다.

기본생활습관	입에 음식물이 있을 때에는 이야기하지 않아요	자 료	재활용품
이번 주 언어전달	재활용품으로는 무엇을 만들 수 있을까?		

4) 일일 교육계획

일일교육계획안은 각 원에서 사용하는 형태의 계획안을 사용하도록 하며 유아의 놀이에 따라 융통성 있게 조절한다. 만약 교사가 준비한 활동을 끝내지 못했을 경우 평가 부분에 간단하게 메모를 하여 다음날 활동을 진행하도록 한다. 또한 놀이를 지원해주는 과정에서 어떻게 지원할 수 있었는지에 대해 명확하게 기술해놓으면 다음 놀이 지원에 도움이 된다.

〈일일교육계획안 예시〉

<table>
<tr><td colspan="2" rowspan="2">2019년 4월 5일(금요일)</td><td>지도교사</td><td>원 장</td></tr>
<tr><td>(인)</td><td>(인)</td></tr>
<tr><td>주 제</td><td colspan="3">재활용품의 변신</td></tr>
<tr><td>목 표</td><td colspan="3">재활용품으로 다양한 작품을 만든다.
재활용품으로 만든 작품의 실제 물건 명칭에 관심을 갖는다.</td></tr>
<tr><td>활 동 명
(시 간)</td><td colspan="2">활 동 내 용</td><td>자료 및 평가</td></tr>
<tr><td>~9:00
등원
하기</td><td colspan="2">[활동 목표]
– 인사예절에 대해 안다.
[활동 내용]
– 선생님 친구들과 반갑게 인사하기
– 소지품 바르게 정리하기</td><td></td></tr>
<tr><td>9:00
~ 9:20
일과
계획하기</td><td colspan="2">[활동 목표]
– 일과의 흐름을 안다.
[활동 내용]
– 인사 노래 부르기
– 출결석 알아보기
– 날짜 알아보기
– 일과 알아보기</td><td></td></tr>
</table>

<table>
<tr>
<td>9:20
~
11:00
놀이
및
정리</td>
<td>
[활동 목표]
– 유아 대 유아 간 상호작용을 잘한다.
– 다양한 재활용품으로 만들 수 있다.
[활동 내용]
– 다양한 보는 도구 만들기
– 그릇 용도에 따라 다른 디자인하기
– 날 수 있는 작품 만들기
<table>
<tr><th></th><th colspan="2">영역</th></tr>
<tr><td rowspan="3">조형</td><td>유아
놀이
의미
탐색</td><td>원재와 영우 다은과 유빈이 동진이 그리고 도원이가 조형영역에서 재활용품을 가지고 만들기를 한다. 원재가 종이와 털실을 가지고 온다. 원재는 종이에다가 털실을 붙인다. 그리고는 휴지각으로 종이를 붙인 다른 곳에 붙인다. 동진이가 원재를 바라보자 연 날리는 모습을 연출한다.</td></tr>
<tr><td>질문
및
가설</td><td>사전의 경험에서 자신이 만들고 싶어하는 연을 만든 것은 아닐까?</td></tr>
<tr><td>지원</td><td>바깥놀이를 나갔을 때 원재가 만들었던 연을 날려보면 좋을 것 같다.</td></tr>
<tr><td>참여
유아</td><td colspan="2">최원재, 김영우, 이단은, 최유빈, 이동진</td></tr>
<tr><td rowspan="3">역할</td><td>유아
놀이
의미
탐색</td><td>당근과 야채를 가스레인지 위에 놓고 끓이는 모습, 데워먹을 수 있는 음식을 구분하는 것을 구분하였다. 정우와 미혜가 투명 그릇이 위에 모형 과일을 놓아둔다. 지윤이가 “이거 한 번 먹어 봐.”라고 그러자 정우가 먹는 척을 한다. 옆에 있던 미혜가 와서 같이 먹는다.</td></tr>
<tr><td>질문
및
가설</td><td>유아가 음식점에서 있었던 일을 재구성하는 것 같다.</td></tr>
<tr><td>지원</td><td>더 많은 유아가 참여해서 놀이 안에서 다양한 상호작용이 일어날 수 있도록 지도해야겠다.</td></tr>
<tr><td>참여
유아</td><td colspan="2">임정우, 박미혜, 백지윤</td></tr>
</table>
</td>
<td>[지원]
재활용품
및 미술도구

[평가]</td>
</tr>
</table>

<table>
<tr><td rowspan="4">9:20
~
11:00
놀이
및
정리</td><td rowspan="3">라이트
테이블
(비즈,
천)</td><td>유아
놀이
의미
탐색</td><td>환경의 변화를 경험하기 위한 방법으로 다양한 씨앗을 라이트테이블에 제공하였다. 유아는 씨앗을 만지거나 돋보기로 관찰하였다. "돋보기로 보면 이렇게 크게 보여요." 등의 이야기와 함께 돋보기 사용법을 익히는 아이들의 모습이 보였다. 또한 씨앗이 어떻게 변할지에 대해 각자 가지고 있는 가설을 그림으로 표현해보았다.</td><td rowspan="4"></td></tr>
<tr><td>질문
및
가설</td><td>씨앗이 어떻게 변할까?에 대한 질문에 대해 유아는 자신의 생각을 펼치는 것으로 보였다. "씨앗에서 행복 구름이 나올 거야."라는 상상을 하는 유아와 "씨앗에서는 새싹이 나와."라고 이야기하는 관찰 중심의 유아 등 다양한 이야기와 가설을 통해 씨앗이 빨리 싹 트기를 기다린다.</td></tr>
<tr><td>지원</td><td>다양한 씨앗을 경험할 수 있도록 지원하고 각 새싹의 특징에 대해 제시하고자 한다.</td></tr>
<tr><td>참여유아</td><td colspan="2">허예성, 이건준</td></tr>
<tr><td>11:00
~
11:30
이야기
나누기</td><td colspan="3">[활동 목표]
– 재활용품으로 만든 작품을 소개한다.
– 작품에 대한 실제 명칭을 안다.
[활동 내용]
– 유아가 자신의 작품을 소개한다.
– 실제 사용되는 명칭으로 소개한다.
– 실제 사용되는 물건과 자신의 작품에 대한 차이를 설명한다.
– 다른 친구의 작품을 감상한다.</td><td>[준비물]
유아 개별
작품

[평가]</td></tr>
<tr><td>11:30
~
12:00
생일
축하</td><td colspan="3">[활동 목표]
– 생일 맞은 친구를 축하한다.
– 생일선물 및 그림카드를 선물한다.
[활동 내용]
– 생일판과 케이크를 준비하면 생일 맞은 친구가 앞에 나와 앉는다.
– 친구들은 자신의 선물을 가지고 자리에 앉는다.
– 생일 축하 노래를 불러준다.
– 친구들의 축하와 선물을 받는다.</td><td>[준비물]
생일판, 축하
노래, 선물,
케이크

[평가]</td></tr>
</table>

12:10 ~ 12:20 손 씻기 및 화장실 다녀오기	- 손을 깨끗이 닦고 점심 식사 준비를 한다. - 식판을 가지런히 놓고 점심 식사를 받는다.	
12:20 ~ 1:20 점심	[활동 목표] - 급식 방법과 정리 방법을 알고 실천한다. - 식사 예절을 지키며 먹는다. [활동 내용] - 즐거운 마음으로 점심을 먹는다. - 음식을 골고루 먹는 습관을 가진다.	[준비물] 밥, 국, 반찬 3가지, 케이크 [평가]
1:20 ~ 1:40 동화	[활동 목표] - 동화의 내용을 안다. - 그림책 읽기를 즐긴다. [활동 내용] - 『다람쥐의 망원경』 그림책 제목을 알아본다. - 동화를 듣는다. - 동화의 내용을 회상한다. - 동화 속 망원경에 나타난 다양한 동물들을 안다.	[준비물] 다람쥐 망원경 [평가]
1:40 ~ 2:00 평가 및 귀가 준비	[활동 목표] - 자신의 경험, 느낌 등을 말할 수 있다. [활동 내용] - 일과 회상하기 - 하루 지낸 경험 말하기 - 귀가 인사 나누기 - 인사 노래 부르기	
2:00 하원	[활동 목표] - 안전규칙을 지키며 귀가 차량에 승차할 수 있다. [활동 내용] - 소지품 · 가방 챙기기 - 귀가 차량 안전하게 승차/보호자 기다리기	

5. 대•소집단 활동

대·소집단 활동은 유아의 놀이 활동을 중심으로 정해진 주제에 따라 예상되는 활동을 적은 것으로 활동예상안을 중심으로 유아의 발달 수준에 맞게 제시하도록 한다. 예를 들어 의사소통 영역인 동화, 동극, 동시 활동과 예술경험 영역인 음률, 신체, 조형, 및 감상, 신체·운동건강 영역인 게임 및 실외활동, 현장견학, 자연탐구 영역인 관찰 및 요리 사회관계 영역인 가정연계 및 전반적인 활동 예상안은 다음과 같다.

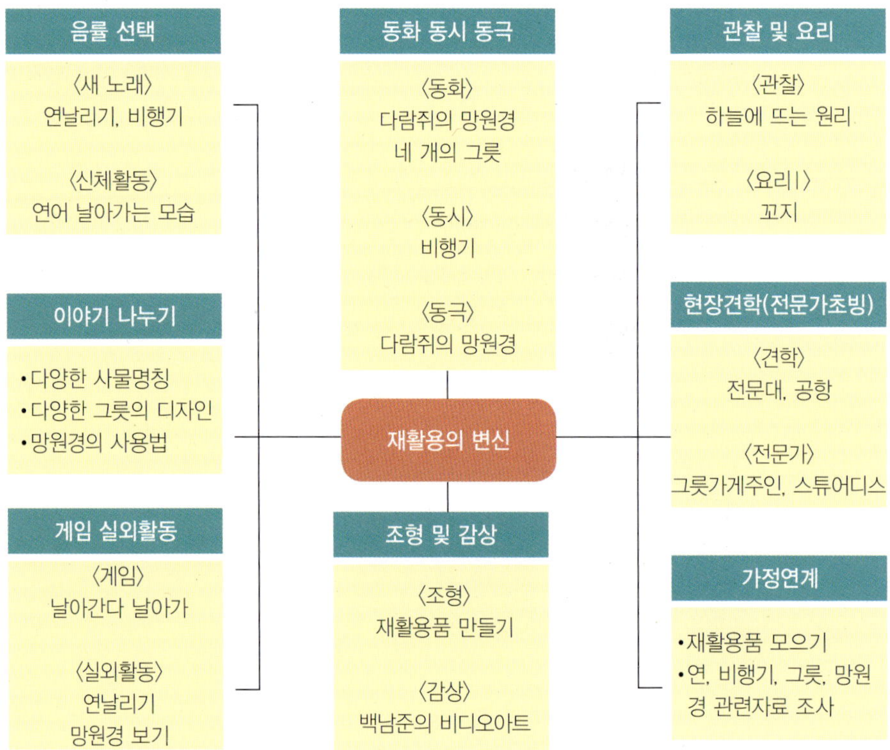

1) 대집단 활동(Large Group Activity)

대집단 활동은 전체 유아를 동시에 가르칠 수 있는 장점이 있지만 관심사가 다른 유아들을 대집단으로 이끄는 것은 상당한 부담으로 작용한다. 그렇기 때문에 교사는 유아 전체가 관심을 갖는 활동을 중심으로 대집단 활동을 이끌어가며 교사 목소리의 크기, 음조, 속도 등에 적절히 변화를 주어야 한다. 말의 속도가 빠르면 음조가 올라가게 되고, 교사나 유아 모두 쉽게 피곤해진다. 대집단 활동 시 교사가 계속 진행해야 하는 것은 아니므로 유아의 의견을 듣거나 생각을 유도하는 과정에서 기다려주는 기법도 필요하다. 시청각 자료를 제시하거나 손유희 등을 함으로써 유아들의 호기심을 자극하고, 지속적인 주의집중을 유도하도록 한다.

2) 소집단 활동(Small Group Activity)

소집단 활동은 유아의 상호작용을 활발하게 하므로 놀이를 지원하는 측면에서 용이하다. 소집단 활동은 유아의 놀이에 따라 수준별 또는 개별지도를 할 여유를 갖게 된다. 대집단 활동에 비해 유아가 주도적으로 활동할 수 있으며 다른 사람의 생각이 자신과 다름을 알고 의사소통하는 능력을 기를 수 있는 기회가 된다. 이때 교사는 통제자의 역할보다는 안내하고 조정해 주는 지원자의 역할을 하게 된다.

6. 놀이 지원하기

유아의 놀이를 배움으로 이어주기 위한 방법도 수없이 다양하다. 교사는 배움으로 연결하는 여러 통로들을 생각해보며 다양한 방법으로 배움과 성장을 지원해야 한다. 이러한 놀이지원을 위한 방법은 다음과 같다(교육부, 보건복지부, 2019).

1) 자유롭게 참여하고 즐기도록 한다

교사는 유아가 자신의 흥미와 관심에 따라 자유롭게 참여하고 자신만의 방식으로 자유롭게 이끌어가는 놀이를 할 수 있도록 지원한다. 교사의 간섭과 통제를 최소화하고 교사가 미리 준비한 놀이를 선택하게 하는 방식보다는 유아가 자유롭게 놀이하며 즐기는 방식으로 바꾸어 갈 필요가 있다.

2) 놀이를 통해 배우도록 한다

유아의 놀이는 교사의 지원을 통해 더욱 유의미한 배움이 될 수 있다. 교사는 유아의 놀이를 배움의 과정으로 이해하고 유아의 놀이를 지원함으로써 유아가 놀이를 통해 배우고 성장할 수 있도록 돕고 지원하는 역할을 해야 한다. 교사가 활동을 운영할 때 유아가 주도하는 놀이의 내용과 연계하여 유아사회 교육적 요소를 유아가 즐겁게 배울 수 있도록 지원하는 것이 중요하다. 유아가 자신이 하고 있는 놀이를 친구들에게 소개하기, 놀이 규칙 정하기, 특정 관심사에 대해 함께 알아보기 등 상황에 따라 이야기를 나누는 것, 유아의 흥미나 관심과 관련된 동화 듣기, 노래 부르기, 요리하기, 게임 등을 제안하여 즐겁게 놀이하는 방식으로 활동을 할 수 있다.

3) 지속적인 상호작용을 통해 지원한다

교사가 유아의 놀이를 존중한다는 것은 유아의 놀이를 바라만 보거나 방관하는 것이 아니라, 유아의 배움에 필요한 지원 내용을 생각하고, 때로는 놀이와 연계되는 유아사회교육 활동을 준비하고, 지원하는 과정을 모두 포함한다. 따라서 교사는 유아의 특성, 안전, 놀이 환경, 자료, 날씨, 기관의 상황 등을 고려하여 놀이를 지원해야 한다. 교사는 유아가 놀이하며 배울 수 있도록 상황에 따라 필요한 교육적 판단을 자율적으로 할 수 있어야 한다.

4) 자유로운 실내외 환경을 구성한다

유아가 놀이하는 실내외 모든 공간과 놀이자료를 포함한다. 유아가 보고 듣고 만지며 자유롭게 표현할 수 있는 놀이 환경은 놀이가 다양하게 이루어지도록 하는 중요한 교육적 자원이다. 교실의 흥미 영역은 유아들이 가장 좋아하는 놀이를 중심으로 구성하는 것이 좋으며, 유아들이 흥미를 보이지 않는 영역은 다른 영역과 통합하여 재구성하거나 다른 영역으로 대체하는 것도 가능하다.

5) 풍부한 자료를 지원한다

교사는 유아에게 일상의 평범한 사물, 자연물, 악기, 미술재료, 그림책, 재활용품 등을 적절히 제공할 수 있으며 계절이나 행사, 국경일과 관련된 자료는 시기에 맞게 제공할 필요가 있다. 이러한 자료는 국경일과 관련하여 유아사회교육이 이루어질 수 있는 기회가 된다. 또한 비구조적인 열린 자료를 풍부하게 제공하여 유아가 자신만의 방식으로 활용할 수 있도록 지원하며 유아가 찾아낸 새로운 놀이자료나 창의적인 놀이 방식을 인정하고 존중해야 한다.

7. 평가

평가 방법은 평가의 목적과 대상에 따라 달라질 수 있다. 따라서 평가는 지역특성, 각 기관 및 학급의 상황과 요구를 고려하여, 교육과정의 운영을 개선할 수 있도록 자율적으로 평가 계획을 수립한다.

1) 유아 평가

유아 평가는 유아의 개별 유아에 대한 이해를 높이고 전인적 발달을 지원하는데 그 목적이 있으므로 성취중심의 결과 평가보다는 변화 과정을 진술하는 평가가 이루어지는 것이 바람직하다. 교사는 개별 유아에 대한 평가를 또래 간의 놀이나 활동 등 유아들이 일상에서 놀이하며 배우는 자연스러운 상황에서 이해하도록 한다. 유아의 배움이 나타나는 놀이, 일상생활, 활동에서 유아가 가장 즐기고 잘하는 것, 놀이의 특성, 흥미와 관심, 친구 관계, 놀이를 이어가기 위한 자료의 활용 등에 주목하여 유아 놀이를 관찰하고 이를 포트폴리오로 정리함을 통해 평가가 이루어질 수 있다. 이러한 과정을 통해 유아의 인지적 측면을 평가함과 동시에 유아의 사회성도 평가할 수 있는 기회가 된다.

따라서 유아를 평가할 때 특정 활동이나 영역에 초점을 맞추기보다 일과 전반에 걸쳐 관찰한 것에 기초하여 평가하는 것이 바람직하다. 즉, 놀이, 대·소집단 활동, 급·간식 및 정리·정돈, 등원 및 귀가 등 일상생활 전반을 고르게 관찰하고 체계적으로 자료를 수집하여 평가한다. 관찰, 활동 결과물 분석을 통해 종합적으로 평가하고 결과를 기록화한다. 이러한 유아 평가결과는 부모 면담자료로 활용하여 유아에 대한 정보를 가정과 공유하고, 가정에서도 일관성 있게 지도하여 유아 교육기관과 가정이 연계하여 유아의 전인 발달을 지원하도록 한다.

2) 교육과정 평가

교사는 놀이를 중심으로 한 활동을 통해 유아에게 긍정적인 지원을 하였는지에 대해 평가할 수 있다. 교사가 던지는 질문, 지원자료에 따라 유아의 관심 및 놀이는 급격하게 변화할 수 있다. 따라서 교사는 자신이 유아에게 긍정적인 지원을 하고 있는가에 대한 질문을 끊임없이 해야 한다. 유아는 독특한 개인으로, 개인 내에서도 발달 영역 간의 차이가 있고 기질, 학습 속도, 부모의 양육 방식, 병력 등 여러 가지 측면에서 유아 간에 서로 다르다. 교사는 이러한 차이를 존중하고 수용적인 태도를 지닌다. 따라서 같은 놀이에 있어서도 교사의 지원과 유아의 인지발달 정도에 따라 다르게 나타나며 접근 방법에 따라 유아의 활동에 대한 관심이나 몰입도 달라진다. 따라서 유아가 활동을 주도적으로 탐색하며 활동 참여를 흥미로워하고 즐겁게 지속하도록 하는 것이 바람직하다. 이를 위해 자발적이고 자유롭게 선택한 놀이는 유아의 학습과 경험을 의미 있게 이끄는 주요한 매개 역할을 하였는지 평가한다.

평가 시 놀이를 위한 환경은 유아가 접하는 실내외 시설 및 공간, 현장학습 장소를 포함한 기관 외 공간, 시간 등을 포함한다. 이를 통해 유아의 활동 결과물과 기록, 놀이의 의미가 발견되고 유아가 놀이에서 의미를 찾을 수 있도록 지원하며 지속적인 상호작용과 의사소통을 통해 교육의 질을 높이도록 한다.

토론

1. 내가 유아와 해보고 싶은 주제를 생각해보고 어떻게 진행하고 있는지 전반적으로 제시하세요.

주제	나의 주제	친구의 주제
활동방법		

1. 역사교육
2. 경제교육
3. 지리교육
4. 환경교육
5. 다문화교육
6. 통일교육
7. 양성평등교육
8. 민주시민교육

PART II

실 제

놀이중심 유아사회교육 실제

PART II CHAPTER 1

1. 역사교육

생각해보기

나의 유아교육기관, 초등학교, 중학교, 고등학교, 대학교 시절 나의 삶에 대해 적어보세요.

1. 역사교육의 개념

목표

역사교육에 대해 알고 지도할 수 있다.

■ 관련자료

[교육부] 역사자료

인간은 유아에서 노년에 이르기까지 자신이 어디에서 왔으며 어디로 가는지에 대한 관심을 가진다. 특히 유아들은 자신과 연관성이 있는 과거에 대해 호기심을 가지고 끊임없이 의문을 갖는다. 한국에 사는 유아일 경우 유아가 한국인으로서의 정체성을 확고히 하고 세계 여러 나라의 사람들과 조화를 이루면서 살기 위해서는 역사교육이 필요하다.

역사교육을 생각할 때 일반적으로 한국의 역사, 세계의 역사에 대한 부분만을 생각할 수 있겠으나 사실 역사란 어제와 오늘을 통해 이루어지는 모든 것이 역사이다. 나의 시간이 우리 가족의 역사가 되고 우리나라 역사가 되며 세계 역사의 일부가 될 수 있다. 따라서 유아사회교육의 역사교육 범위는 나를 비롯하여 우리 가족, 우리나라, 세계의 역사까지 포함된다. 이와 같이 유아 역사교육은 유아를 대상으로 한 역사 관련 교육활동으로 시간, 변화, 인과관계, 생활의 연속성에 대한 것이다(Melendez, Beck,& Fletcher, 2000; Seefeldt, 2005).

그러나 자연스럽게 형성되는 역사와 역사의식은 엄연히 다르다. 역사 인식을 하고 있을 때 나의 지난 역사와 우리 가족의 역사, 우리나라의 역사에 대한 정체성을 가질 수 있다. 역사 인식은 타고나거나 우연히 길러지는 것이 아니라 장시간에 걸친 체계적인 교육을 통해서 얻을 수 있으므로 유아가 역사 인식을 할 수 있도록 자신의 역사적 사건을 통해 역사교육을 할 필요가 있다. 따라서 과거의 경험은 자신의 뿌리와 근원에 대해서 알고 현재를 이해하는 데 기초적인 역할을 하므로, 유아를 대상으로 하는 역사교육은 역사에 대한 유아의 흥미와 관심을 유발하고, 과거, 현재, 미래의 삶이 변화하는 것을 이해하는 것에서부터 출발해야 한다.

2. 역사교육의 목적 및 목표

역사교육은 과거를 통해서 현재의 삶을 지혜롭게 이끌어 갈 수 있으며 과거와 현재를 발판으로 미래를 향해 나아갈 수 있는 원동력이 된다. 또한 역사를 통해 국민 통합을 이룰 수 있다. 따라서 유아 역사교육의 목적은 과거에 대한 이해를 통해 통찰력을 기르고 현재를 바로 인식하여 바람직한 역사적 가치관과 태도를 기르는 것이다.

역사교육의 목적에 따른 목표는 다음과 같다. 첫째, 나 자신의 역사적 사실을 탐구할 수 있다. 둘째, 우리나라의 유적지나 박물관을 방문하여 역사적 사건 및 인물에 대해 알아볼 수 있다. 셋째, 역사의 흐름을 인식하고 인식의 폭을 넓혀 세상을 바로 보는 능력을 증진시킬 수 있다.

3. 역사교육의 내용

유아의 흥미와 호기심을 불러일으킬 수 있는 것으로부터 출발하여 기존의 교육과정에 통합하여 전개할 수 있는 것을 선정한다. 자신의 과거에 대한 탐구를 통해 역사에 대한 친근감과 호기심을 형성하고 현재 행동이나 사건의 발생 이유에 대해 이해할 수 있다. 나의 과거에 대해 알아보는 과정은 자신의 뿌리와 기원을 알아가는 과정이며 나의 삶과 다른 사람의 삶에 영향을 준 사건들에 대해 아는 과정이다. 특히 시간 개념이 약한 유아에게 역사적 시간에 대해서 다룰 때에는 시, 분, 초 개념으로 접근하기보다 현재, 과거, 아주 오래된 과거로 구분하여 다루는 것이 유아의 이해를 도울 수 있다. 이를 통해 역사적 인물의 삶에 대해서 공감해 보거나, 과거와 현재와 비교해보는 탐구적 문제해결을 통해 역사적 사고발달을 증진시킬 수 있다.

이외에도 유아들이 직접 만져보거나 눈으로 볼 수 있는 자연의 변화, 역사적 자료를 활용할 수 있는 내용을 선정하는 것이 좋다. 예를 들어 봄, 여름, 가을, 겨울과 같이 변화하는 자연의 과정과 역사 인물 관련 박물관 견학, 실생활에서 자주 먹었던 김치에 대해 알 수 있는 김치 박물관 견학은 보다 생생한 역사교육이 이루어질 수 있는 현장이므로 유아들이 역사적 내용에 친밀감을 느끼도록 하는 데 도움이 된다.

이외에도 역사적 사건이나 인물을 소재로 한 문학이나 기사를 통해 알아볼 수 있으며 직접 유아가 역사와 관련된 문제를 인식하고, 필요한 정보를 모으고, 관찰하고, 자료들을 분석, 추론하여 결론에 도달하는 방법도 가능하다.

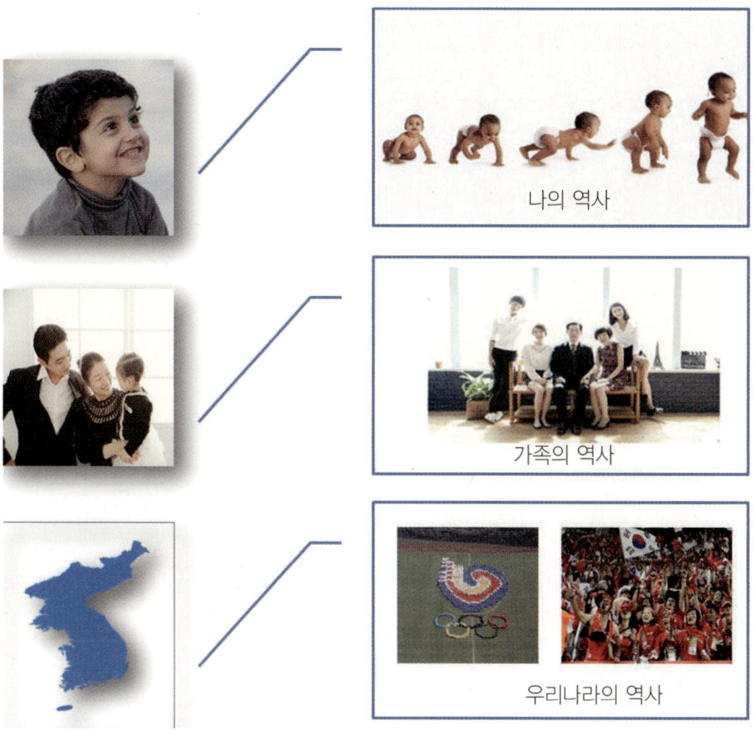

1) 시간

현재와 가까운 시간이나 먼 시간에 일어난 사건을 순서 지어봄으로써 과거와 현재의 흐름을 알고 그에 따른 결과를 이해할 수 있다. 시간개념에 대한 경험으로는 유아들의 하루 일과와 생활에서 주기적으로 되풀이되고 계속적인 사건에 근거할 때 의미를 부여하게 된다(Seefeldt, 2005). 또한 시간의 흐름에 따른 변화와 관계성을 이해함으로써 가정과 지역사회, 국가와 세계 속에서 자신의 존재를 인식함으로써 정체감을 형성할 수 있다.

개념	목표	내용
시간	• 과거, 현재, 미래 구분하고 어휘 사용하기 • 시간의 흐름과 순서에 대해 이해하기 • 과거와 현재의 연계과정 이해하기 • 시간의 흐름과 관련된 단어와 구절 이용하기 • 시간의 측정과 경과를 이해하기	• 일상생활을 통한 시간의 감각 • 하루를 순서대로 설명 • 주기적 성장(생장과정) • 개인적 시간과 연대적 시간 • 시간의 흐름 측정 • 시간과 관련된 어휘 사용 • 시점 구분(과거, 현재, 미래)

출처: 이봉자(2014). 역사적 사고력 증진을 위한 유아 역사교육프로그램 개발 및 적용효과

2) 변화

삶을 살아가는 과정에 있어 변화를 받아들이고 적응하는 것은 매우 중요하다. 변화는 역사교육의 가장 기본이 되는 개념으로 생활 속에서 끊임없이 계속적으로 일어나는 것이다(김한종, 2008). 유아 자신과 가족, 이웃의 변화 등을 통해 유아는 변화를 수용하고 변화에 적응하는 방법을 배울 수 있다. 또한 변화는 삶의 일부이고 끝이 없으나 두려운 것이 아니라는 것을 유아들에게 실제 경험이나 최근 또는 옛날 이야기에 관심을 가지므로써 유아들이 역사를 인식할 수 있다(Melendez, Beck, & Fletcher, 2000).

개념	목표	내용
변화	• 자신의 변화와 가족, 이웃의 변화에 관심 갖기 • 시간에 따른 주변 변화 탐색하기 • 변화의 계속성 이해하고 수용하기 • 변화의 결과와 영향에 대해 알기	• 변화와 변천과정(나, 유치원, 도시, 사물 등) • 전개적 상황(연표학습활동) • 과거와 현재 생활방식에 차이 • 연관 짓기 • 계속적인 사건에 근거 • 변화의 기록

3) 생활의 연속성

인간 생활의 연속성을 갖는다는 것은 그들의 실제 경험을 통해 유아들에게 가르칠 수 있고 역사교육을 통해 유아는 과거의 사건이 현재의 생활에 주는 영향에 대해 이해하게 된다(Dewey, 1966). 구체적 경험 내용으로는 가족의 역사나 명절의 유래, 우리가 지금 사용하는 것의 기원의 탐구를 통해 연속성 개념으로 받아들일 수 있다(Seefeldt, 2005).

개념	목표	내용
생활의 연속성	• 과거와 현재의 생활을 비교하고 지속성 이해하기 • 각 세대의 삶을 통해 이루어온 문화의 연속성 이해하기 • 공휴일을 통해 문화적 유산 경험하기 • 과거와 현재의 연속성을 통해 미래를 상상하기	• 가계도, 가족 역사, 친척개념 • 명절과 공휴일, 기념일 참석 • 조부, 조모와의 만남 • 시간이 흘러도 지속되는 것 • 과거 사람들

4) 인과관계

과거의 모든 사실이나 사건에는 원인이 있고, 이에 따라 현재에 이르게 되는 것으로, 과거와 현재에 이르기까지의 과정에 대한 이해는 유아로 하여금 인과관계를 인식하게 되며 이는 역사 개념으로 이어질 수 있다. 이를 통해 과거의 역사적 사실을 알고 과거와 현재, 현재와 미래의 관계를 추론할 수 있으며 과거의 기록이나 문화유산, 가족사 등을 통해 옛 선인들의 생활사를 파악하고 현재 생활과의 연계성을 이해할 수 있다.

개념	목표	내용
인과 관계	• 과거의 사실이 발생한 원인과 결과의 특징 이해하기 • 과거의 사실과 사물이 현재에 미치는 영향 이해하기 • 현재의 사건이 미래에 미칠 영향 예측하기	• 과거의 사진을 보면서 원인과 결과 이야기 구성 • 과거 사진을 설명하기 • 사건에 대해 이유를 설명

5) 과거

유아들은 가까운 과거를 이야기하고 기록할 수 있다. 과거의 사람들은 자신의 생활에 대해 기록하였다. 기록이 있었기 때문에 현재를 사는 사람들이 과거에 대한 이해를 할 수 있을 것이다. 과거 사람들의 생활을 이해하기 위해 이야기나 옛날의 기록과 물건들을 다루면서 그들의 생활에 대해 이해할 수 있다.

개념	목표	내용
과거	• 과거의 사람과 사물, 사건에 관심 가지기 • 과거의 이해를 돕는 역사 자원 경험하기 • 과거 속에서 현재를 이해하기 공유된 과거의 전통에 관심 가지기 • 다른 시대의 다양한 삶의 방식을 확인하기 • 역사 이야기 이해하고 활용하기	• 시점 알기(과거, 현재, 미래) • 간접 경험을 위한 현장, 체험 학습 • 옛날과 현대의 물건 비교 • 과거와 현재의 연결하기 위한 역사 자원 활용 • 역사적 사건, 인물, 사물을 통해 과거의 영향력 • 과거를 다루는 내러티브에 대한 활동에 참여

4. 역사교육 프로그램

현은순(2014)은 생활사 중심의 유아 역사교육 프로그램은 유치원의 생활주제에 기초하고 활동내용의 단계를 고려하여 활동을 조직하고 내용을 구안하였다.

순서	생활주제	생활사 주제 중심의 유아 역사교육 내용 범주	활동명
1	유치원과 친구들	유아의 성장 모습	유치원에 가장 오래 계셨던 선생님
2		유아의 성장 모습	놀이터의 변화 출생과 성장
3		유아의 성장 모습	앨범으로 기록해요
4		유아의 성장 모습	옛날 서당 이야기
5		유아의 성장 모습	교육박물관
6		생활풍습	개구리 연적에 얽힌 이야기
7		생활풍습	태몽과 태교이야기
8	나와 가족	생활풍습	금줄치기와 삼신할머니 이야기
9		생활풍습	봇뒤창옷
10		생활풍습	돌잔치와 돌잡이
11		가사활동 생활환경과 적응방식	애기구덕
12		유아의 성장 모습	나의 성장 이야기
13		유아의 성장 모습 생활풍습	이가 빠지면 지붕 위로 던져요
14		생활풍습	물 길어 나르기
15		생활환경과 적응방식 가사 생산 활동	짚신을 신었대요.
16		생활환경과 적응방식 가사 생산 활동	공동 빨래터 이야기
17		생활환경과 적응방식 가사 생산 활동	채소는 어떻게 구했을까?
18		생활환경과 적응방식 가사 생산 활동	새참 먹기
19		생활환경과 적응방식 가사 생산 활동	물 길어 나르기
20		생활환경과 적응방식 가사 생산 활동	물허벅
21	우리 동네	소금 만들기, 자연재료 이용, 식생활의 변화	소금벌레
22		자연재료 이용, 정낭의 의사소통	정주목과 정낭
24	우리 동네	변소와 돗통, 주거 생활의 변화, 생활습관	변소와 돗통
24		민간신앙, 음식 나눔	똥떡이야기

5. 역사교육 실제

– 이름 프로젝트 –

유아가 자신의 이름에 관심을 갖고 친구들에게 이름 불리는 것을 좋아하는 모습을 보였다. 편지 쓰기를 하면서 다른 친구들의 이름에 관심을 가지고 이름 찍기와 쓰기 하는 모습이 보였고 이에 이름에 대한 활동으로 유아의 놀이를 확장시키고자 하여 이름에 대해 알아보았다.

1) 유아 놀이관찰

유아가 자신의 이름에 관심을 갖고 친구들에게 이름 불리는 것을 좋아하는 모습을 보였다. 편지 쓰기를 하면서 다른 친구들의 이름에 관심을 갖고 이름 찍기와 쓰기에 대한 모습이 관찰되었다.

이름 따라 쓰기에 내 이름 말고 다윤이도 있고, 준수도 있어요.
친구들 이름도 따라 써야지.
친구한테 편지를 쓰려고 해요.
선생님한테만 보여줄게요. (편지를 펼쳐보인다.)
"준수야 사랑해~"

2) 주제 선정

다양한 이름에 유아는 관심을 갖는다. 아이들은 교사에게 묻는다. "선생님 다은이랑 다윤이는 왜 이름이 비슷해요?", "선생님이랑 나는 앞에 글자가 같아요." 등의 질문을 하였다. 이름에 대한 것은 유아 자신의 정체성을 의미한다. 사물에 있는 이름도 각 사물의 정체성을 의미하는 것이므로 교사는 유아가 이름에 대해 관심을 갖는 것이 유아의 자아개념에 긍정적인 영향을 줄 것이라 여겼다. 이에 교사는 유아의 놀이에서 시작된 이름에 대해 알아보고자 주제로 선정하였다.

3) 질문 및 가설

- 이름은 왜 달라요?
- 이름이 꼭 있어야 하나요?
- 이름은 영어로 어떻게 써요?

– 왜 이름이 똑같은 사람도 있어요?

4) 주제 망

유아가 이름에 관심을 많이 가지고 있으므로 유아가 생각하는 이름에 대한 브레인스토밍을 실시하였다. 이에 유아는 첫째, 우리반 친구들 및 동생 이름을 제시하였고 둘째, 동물의 이름, 셋째, 식물의 이름, 넷째, 책의 이름이라고 생각되는 제목, 다섯째, 유아가 보는 건물의 간판을 이름으로 인지하고 있었다.

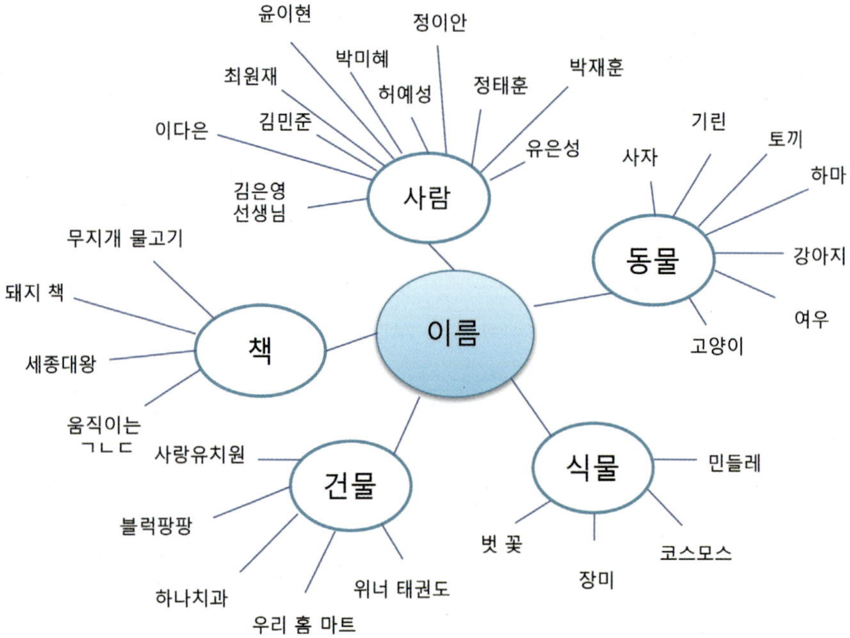

5) 목표

■지식 – 이름의 필요성에 대해 안다.
　　　– 이름의 뜻에 대해 안다.
■기술 – 각 이름을 불러줄 수 있다.
　　　– 이름을 붙여줄 수 있다.
■태도 – 이름의 소중함을 안다.
　　　– 이름의 정체성을 가진다.

6) 자원목록

역사에 대한 부분에 있어 교사가 예상되는 방향에 따라 1차적 자원과 2차적 자원을 다음과 같이 준비하였다.

[1차적 자원]
– 실물 : 잎새반 유아의 이름표, 간판 등
– 사람 : 네이밍 직업을 가진 사람
– 견학 : NOTSUN 마케팅부서

[2차적 자원]
– 책 : 『내 이름은 푸른점』, 『내 이름은 둘째』, 『이름이 같아도 우린 달라』, 『내 이름은 난민이 아니야』, 『내 이름은 자가주』, 『이름 짓기 좋아하는 할머니』, 『내 이름은 모모』, 『이름 보따리』 등
– 사진 : 이름 사진, 다양한 사물 그림 등
– 동영상 : 세계에서 가장 긴 이름
https://www.youtube.com/watch?v=yeRqH5CgyoE
아이 이름 어떻게 지을까? 요즘 시대 인기 많은 이름은?
https://www.youtube.com/watch?v=1P5adyDYI1M
유아 교육 과일 이름 배우기 한글 영어 공부
https://www.youtube.com/watch?v=iEOMREvZIpA

7) 유아사회교육 관련 내용

유아 놀이에서 시작된 주제 '이름'의 주제의 방향은 역사에 대한 부분에 있어 유아의 정체성에 맞추고자 하였다. 그러나 유아는 이름이 어디에서 왔는지 부모님의 부모님으로 관심을 가지기보다 이름의 다양성에 관심을 갖는 모습이 보였다. 교사는 유아의 흥미에 맞추어 이름의 다양성에 대한 부분을 지원해주었고 그 과정에서 이름의 디자인에 대한 부분에 있어 문자도를 제시해주었을 때 아이들은 문자도의 그림을 보면서 옛날에도 글자가 있었는가에 대한 부분에 관심을 갖게 되었다. 놀이가 진행되는 방향은 유아에게 달려 있다. 그러나 그 과정에서 교사가 어떻게 지원하느냐에 따라 유아의 놀이가 더 풍성해질 수 있다. 이에 따라 교사는 다시 놀이의 진행 방향이 역사에 속하는 내용임을 확인하고 지속적으로 지원할 수 있는 방법이 무엇인지, 역사에 있어 어떠한 요소를 중심으로 유아와 놀이를 하며 놀이를 지원할 수 있는가에 대해 고민할 수 있었다. 또한 이름을 통해 양성평등과 시민교육에도 긍정적인 영향을 줄 수 있다고 생각하여 양성평등과 시민교육에 대한 내용을 함께 고민하였다.

지리	역사	경제	환경	다문화	통일	양성평등	민주시민
	ㅇ						

8) 예상 활동안

예상 활동안은 영역별로 구성된다. 첫째, 의사소통영역에 속하는 이야기 나누기, 동화, 동시, 동극, 둘째, 자연탐구영역의 관찰 및 요리, 셋째, 신체 운동 건강영역의 게임, 실외활동, 현장견학, 넷째, 예술경험 영역의 음률, 신체, 조형 및 감상, 다섯째, 사회관계 영역의 전반적인 주제 내용 및 가정연계에 대한 부분을 기초로 다음과 같이 구성하였다.

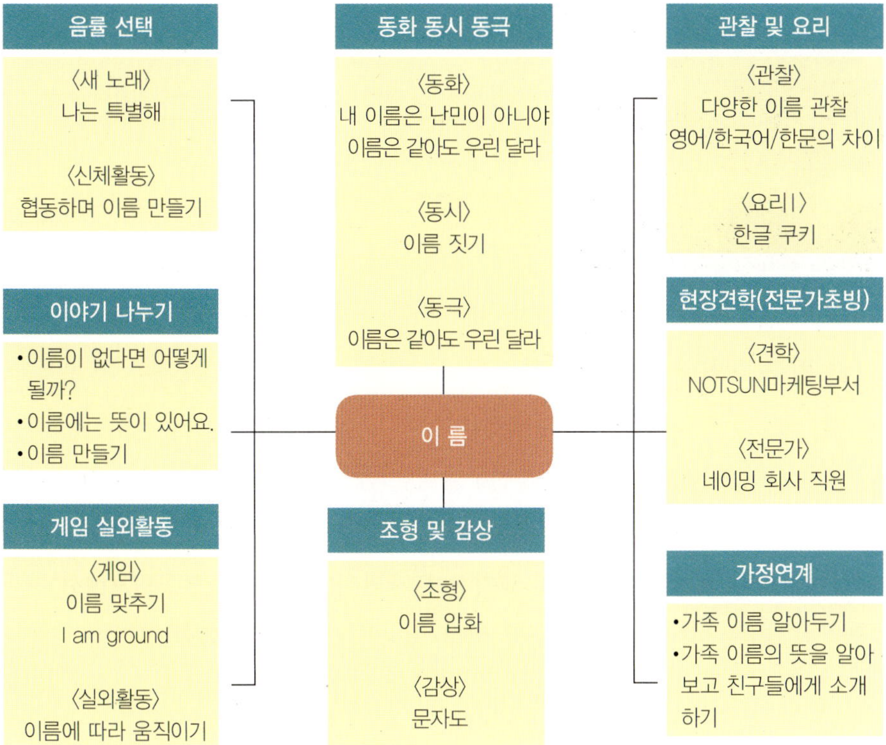

9) 놀이 활동 지원

(1) 친구들 이름 게임

친구의 이름에 관심을 갖게 된 유아들에게 친구의 이름과 자신의 이름을 가진 놀이를 할 수 있도록 I AM GROUND 게임을 제시하였다. 자신의 이름을 부르고 친구의 이름 뒤에 숫자를 붙여 부르면 해당하는 유아는 자신의 이름을 친구가 부른 숫자만큼 언급한다. 그리고 다른 친구의 이름을 같은 방식으로 불러준다.

네 이름을 두 번 하면 두 번 네 이름 '황준수', 황준수' 하고
임다윤 4 하는 거야.
박자에 맞추어서 해야 해.
나도! 내 이름 불러줘!! 내 이름~!!

(2) 친구 이름을 적어주세요

I AM GROUND 게임을 통해 친구들의 이름을 가지고 편지쓰기 외에도 재미있는 활동을 할 수 있다는 것을 알게 된 유아들은 교사에게 친구들의 이름을 작게 뽑아달라고 요청하였다. 이에 교사는 잎새반 유아의 이름을 프린트해서 제공하였다. 그러자 아이들은 친구들의 이름 중 뽑기를 하여 게임을 만들어 나아갔다.

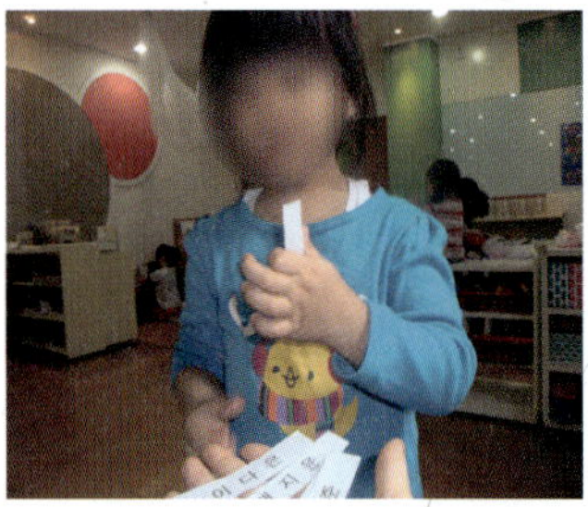

지원 : 선생님 친구들 이름을 적어주세요.
교사 : 이름이 왜 필요하니?
지원 : 이름을 가지고 친구들이랑 게임할 거예요.
교사 : 친구들의 이름이 모두 필요하니?
지원 : 친구들의 이름이 다 있으면 제가 뽑을 거예요.

이다은이 나왔네?
이다은한테 오늘은 무엇을 해줄까?
다은이한테 사랑한다고 해야지.

(3) 이름의 특별함

이름을 가지고 게임을 하던 유아들은 서로 자신의 이름 뜻을 알아와 뜻을 소개해주기 시작하였다. 친구들끼리 삼삼오오 자신의 이름 뜻을 알아가던 중 뜻을 알아오지 못한 아이들은 자신의 이름 뜻을 교사에게 알려달라고 하였다. 이에 교사는 가정 공지를 통해 각 유아의 이름에 대한 뜻을 소개해 줄 수 있도록 요청하였다.

내 이름은 바르고 아름답게 자라라고 정미야.
내 이름의 뜻은 바른 모습이 빼어나다고 준수라고 했어.
영어 이름은 Mathew인데 이거는 신의 선물이라는 뜻이야.
영어 이름도 있다고?
나도 영어 이름하고 싶다.

(4) 영어 이름 만들기

영어 이름도 있다는 친구의 말에 유아들은 자신도 영어 이름을 갖고 싶어하였다. 그리고 영어 이름을 자신들이 만들어도 된다는 것에 행복해하며 영어 이름을 만들기 시작하였다. 이에 교사는 영어 이름 선정을 위해 영어 이름과 뜻을 함께 가정으로 보내주었다. 다음날 유아들은 부모님과 함께 정한 영어 이름을 이야기하였고 교사는 유아에게 영어 이름과 한글 이름을 함께 적을 수 있도록 지원하였다.

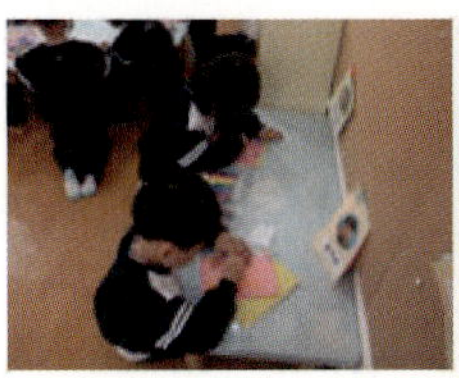

영어 이름을 적던 아이들이 갑자기 교사를 찾으며 당황했다. 이유는 영어 이름이 같다는 것이다. 부모님과 함께 정한 이름이 같은 친구들은 우리 이름이 똑같은데 어쩌죠? 하며 대안을 필요로 하였다.

내 이름은 영어로 D가 들어가는데 D가 어디 있지?
음~ 여기 있다.

(5) 이름은 같아도 우린 달라

교사는 이름에 대한 활동을 준비하면서 찾아 놓았던 『이름이 같아도 우린 달라』라는 책을 들려 주었다. 책의 내용은 이름이 똑같은 퍼핀 스티브가 자신의 주장을 하는 내용이다. 이름은 같을 수 있다. 그러나 자신만 그 이름을 해야 하는 것은 아니다. 같은 뜻의 같은 이름을 가질 수 있다는 것, 서로 존중해야 한다는 것을 일깨워주는 책이다. 이것을 본 아이들은 같은 이름을 가질 수도 있다는 것에 자연스럽게 인정하는 모습을 보였다. 그리고 오히려 놀이 과정에서 같은 이름을 가진 유아끼리 서로 같은 이름이라고 챙겨주는 모습이 관찰되기도 하였다.

저자: 모랙 후드/역자: 고영이
사파리(2018)

내가 이 책에 먼저 나왔는데!! 겨우 한쪽 먼저 나온 거잖아!!
내 생일이 더 빠르니까 내가 형이야. 내가 일등 스티브라고!
발이 엄청 못생긴 스티브! 구구 구린내 지독한 스티브!
그런 과정을 지나 화해할 무렵 또다른 스티브가 등장한다.
애들아 안녕 나는 스티브야!!

(6) 내 이름이 여기 있어!!

아이들은 잎새반에 붙어 있는 이름을 찾기 시작하였다. 가방 걸이, 서랍장, 출석표 등 자신의 이름이 붙어 있는 곳이 몇 군데 있는지 알아보고는 하늘에 이름이 날아다니면 좋겠다는 의견을 내었다. 잎새반 하늘에 이름이 붙어 있어야 하는 이유에 대해 아이들은 잎새반이 자신의 반이니까 이름이 있으면 좋겠다고 하였고 교사는 나뭇가지를 가져와 이름을 달아주기로 하였다.

내 이름은 여기 빙그르르 돌았어.
내 이름은 여기에 있는 것 같아.
잘 안 보여~ 나 먼저 보고 내려올게.
여기 많이 달아놓을까?

(7) 문자도

이름을 달아놓은 아이들은 더 예쁘게 이름을 적으려 하였다. 그래서 교사는 한글 이름과 영어 이름을 가지고 놀이하는 유아에게 교사는 이름을 활용한 문자도 그림을 제시하였다. 유아는 한문으로 쓰여진 문자도를 감상하고 자신의 이름을 활용하여 문자도를 만들어 보면서 자신의 이름이 이렇게 예뻐졌다고 좋아하였다. 더 나아가 자신의 이름뿐만 아니라 다른 글자를 적어가면서 문자도를 만드는 모습이 보였다.

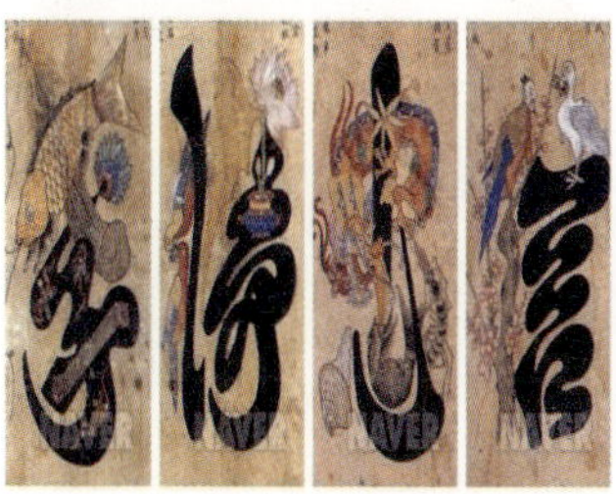

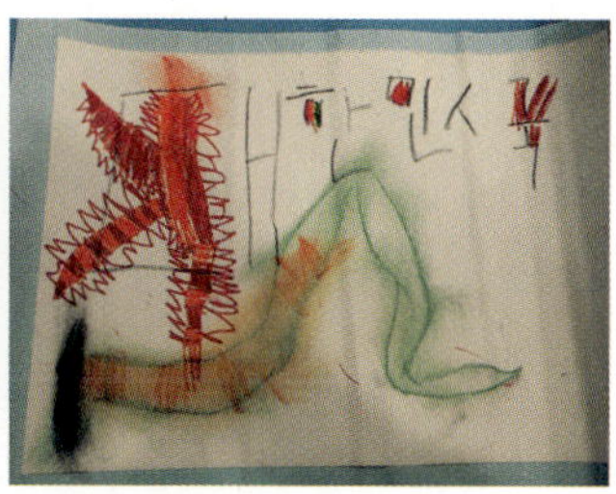

출처: https://blog.naver.com/kiz_m/220288704160

(8) 이름은 옛날부터 있었나요?

문자도를 보며 활동을 한 유아들은 옛날부터 이름을 썼는지에 대해 궁금해하기 시작하였다.

문자도는 아주 옛날 그림 같아요.
옛날에도 이름이 있었어요?
글자가 있었어요?
세종대왕님이 만들었어.
이름을? 아니 글자를~

(9) 세종대왕이 누구야?

아이들은 세종대왕이 글자를 만들었다는 말에 자연스럽게 세종대왕에 대해 관심을 갖게 되었다. 세종대왕님이 누군지 알고 있던 윤지는 세종대왕에 대해 이야기를 해주었으나 사실 윤지도 세종대왕에 대해 많은 지식을 가지고 있었던 것은 아니었기 때문에 교사는 세종대왕에 대해 이야기 나누기를 하기로 하였다.

한글날은 우리 생일 같은 거야.
세종대왕님이 있어서 우리가
이름을 쓸 수 있는 거네~
선생님 한글은 레고 같아요.

아이들은 이름에서 나아가 한글을 가지고 다양한 글자를 만들어보며 레고와 같이 맞추는 것마다 글자가 달라진다는 것을 친구들에게 보여주기 시작하였다. 이름에서 시작된 프로젝트는 자신의 이름을 넘어 한글이라는 것과 세종대왕님이 한글을 만들었다는 데에 자부심을 가지는 것으로 보였다.

(10) 영어는 누가 만들었어요?

아이들의 한글에 대한 관심은 영어로 지속되었다. 영어는 누가 만들고 한문은 누가 만들었는지에 대해 의문을 가진 유아들은 영어와 한문이 어떻게 만들어졌는지 알아오기로 하였다. 그 결과 영어는 고대 페니키아어에서 왔다는 것을 알게 되자 아이들에게는 또 질문의 생겼다.

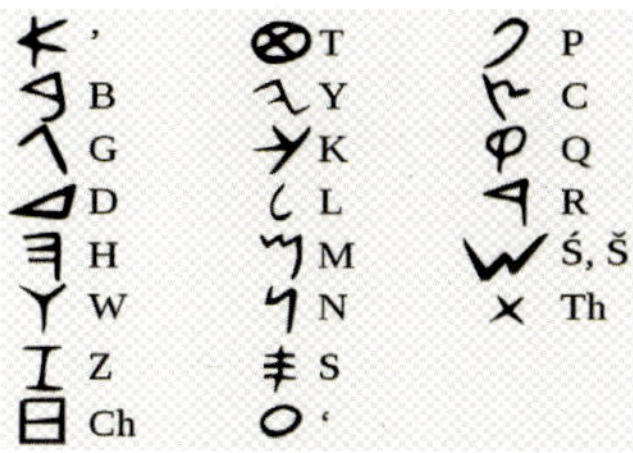

선생님 고대 페니키아어는 누가 만들었어요?

출처: 네이버 지식백과

(11) 고대 페니키아어는 누가 만들었어요?

영어 또한 우리나라와 같이 누군가가 만들었을 것이라고 생각하던 아이들에게 고대 페니키아어에서 유래한 것이 영어라는 것은 새로운 발견이었다. 고대 페니키아어가 변해서 영어가 되었다는데 신기해하던 아이들은 고대 페니키아어는 대체 누가 만들었는지에 대해 관심이 쏠리기 시작하였다. 아이들에게 제시한 고대 페니키아어를 보고 아이들은 글자를 찾아보기 시작하였다. 그와 함께 또 하나의 질문이 생겼다.

여기 E랑 같은 거가 있어.
이거는 H랑 같아!!
근데 선생님 왜 글자를 돌에 써놓았어요.
글자는 종이에 써야지!!!

출처: https://blog.naver.com/whdrbs3000/80114009985

(12) 종이가 아닌 곳에 글자 쓰기

실제 아이들은 글자나 그림은 보통 종이에 그리고 적어왔다. 돌에 적힌 글자라니… 아이들이 왜 힘들게 돌에 글자를 적었는지 궁금해하였다. 종이가 없었을 때 글자를 어디에 적었을까 하는 궁금증을 가지고 아이들이 찾은 것은 다양한 나무, 돌, 식물 잎사귀 등이었다. 교사는 다양한 나무, 돌, 천 등을 지원하였다.

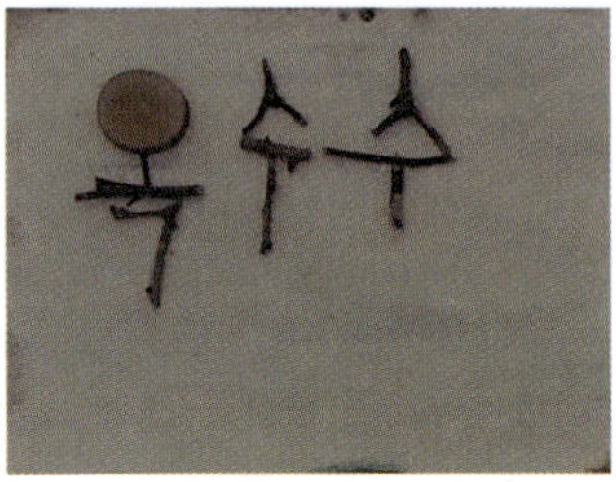

유아의 이름에서 시작된 활동은 한글과 영어로 관심이 확장되고 옛날 사람들이 살았던 시대와 오늘날의 차이에 대해서도 알아가는 시간이었다. 아이들은 자신의 이름에 대한 자존감 형성, 다른 사람들과의 관계 형성에 필요한 이름 및 같은 이름과 다른 이름 등 친구의 이름을 불러주는 것이 상대를 존중하는 마음이라는 것을 통해 민주시민으로서의 자질을 기르는 시간이었다. 이외에도 종이에 대한 활동을 지원함으로써 놀이가 지속될 수 있었다. 글자에 대한 역사 인식 및 자긍심을 고취하고 세계시민으로서 영어에 대한 궁금증을 통해 고대 문자와 종이의 역사에 대해 알아가는 시간이었다.

PART II CHAPTER 2

2. 경제교육

생각해보기

집에서 다섯 정거장 거리에 있는 유치원에서 실습을 마치고 집에 돌아가는 길이에요. 대중교통을 이용하여 빨리 집에 갈까요? 아니면 걸어가는 대신 올○○영에 들려 립스틱을 하나 살까요?

1. 경제교육의 개념

목표

- 경제교육에 대해 알고 지도할 수 있다.
- 금융 및 중소기업에 대해 한다.

■ 관련자료

[교육부] 경제자료

경제란 경세제민의 줄임말이며, 사람이 살아가기 위해 의식주인 입고, 먹고 자는 것, 즉 생활에 필요한 재화와 용역을 소비하는 모든 활동을 의미한다. 따라서 경제 활동이란 재화와 용역을 지속적으로 생산, 분배, 소비를 반복하는 일이다. 재화란 옷이나 음식, 물건 등 눈에 보이는 필요한 것이고 용역이란 재화를 만드는 일, 판매하는 일과 같은 생산과 소비를 의미한다. 또한 경제 활동 중 돈이 필요할 경우 금융권에서 돈을 융통하게 되는데 이러한 개념을 금융이라 한다. 금융은 화폐나 통화를 융통하는 것으로 이러한 활동을 하는 곳은 금융기관이다. 금융기관에는 대표적으로 은행이 있다.

이러한 개념을 기초로 하는 경제교육이란 경제 지식을 바탕으로 일상생활에서 일어나는 경제문제에 있어 합리적인 의사결정을 통해 경제 활동을 할 수 있는 능력을 길러주는 교육이다. 어렸을 때 미리 경제교육을 하지 않고 잘못된 경제습관이 생기게 되면 성인이 되어도 잘못된 습관을 고치기 힘들 수 있다. 전문가들은 어려서부터 경제 교육과 용돈관리 습관을 조금씩 시작하는 것에 대해 긍정적으로 평가하고 있다. 일상생활에서 유아가 기본적인 능력과 태도를 습득할 수 있도록 지원하는 것처럼 유아 경제교육도 다양한 활동들 안에서 올바른 경제 활동의 경험을 할 수 있는 환경을 마련해 주는 것이다.

2. 경제교육의 목적 및 목표

경제교육은 올바른 경제 활동의 경험을 통해 유아가 경제 개념을 익히고 긍정적인 경제습관을 기르는 것이 경제교육의 목적이다. 경제교육 목표는 다음과 같다. 첫째, 일상생활에서 일어나는 여러 경제 현상을 이해하다. 둘째, 합리적인 의사결정을 통해 경제문제를 해결한다. 셋째, 자신의 경제 상태에 대해 알고 제한된 소득에서 만족스러운 생활을 한다.

3. 경제교육의 교육내용

경제교육의 내용은 제한된 자원, 소비, 생산, 돈의 사용과 가치가 있다. 제한된 자원이란 부족한 자원의 사용과 제한된 자원으로 인한 적합한 공급에 대해 인식해야 한다는 것이다. 생산부터 유통, 서비스, 소비하는 전 과정을 경제 활동이라 한다. 이외에도 제한된 자원에 대한 교육이 필요하다. 소비는 상품과 서비스를 사는 과정에서 원하는 것과 필요한 것을 결정하고 적절하게 소비하는 것을 알아가는 것이다. 생산은 상품과 서비스를 만들어 내는 많은 분들의 일과 수고를 아는 것이다. 이러한 과정에서 일차적으로 농부와 어부 외에도 중소기업에 대한 개념을 익히며 상품과 서비스를 구매하기 위해 돈을 사용에 대해 알 필요가 있다. 이러한 과정에서 돈은 교환의 매개체임을 이해하기 위해 돈의 사용과 가치를 아는 것이 금융교육이다.

(1) 소비

인간의 욕구를 만족시키기 위하여 재화와 서비스를 사용하는 것을 말한다. 계획적이고 합리적인 소비의 중요성을 알고 소비자의 권리와 책임을 이해하고 실천한다.

(2) 희소성과 선택

사람들이 살아가는 동안 원하는 것을 모두 충족시키기에는 자원이 부족하므로 선택을 하게 되며 하나를 선택하는 것을 통해 다른 것을 포기하게 되는 것이다. 사람마다 원하는 것이 다르고 필요로 하는 것이 다르기 때문에 희소성도 사람마다 다르며, 사람들은 서로 다른 선택의 문제에 직면하게 된다.

(3) 기회비용

기회비용이란 하나를 선택함으로써 포기하게 되는 차선의 선택으로부터 예상되는 이익이다. 무엇인가를 선택하는 상황에서 포기한 것에 대한 기회비용이 작은 것을 선택하는 합리적 선택을 할 수 있어야 한다.

(4) 합리적 의사결정

희소한 것일수록 가격이 비싸기 때문에 자신에게 가장 필요한 것이 무엇인지 우선순위를 정해서 구매하는 합리적인 의사결정을 통해 합리적이고 효과적인 결과를 얻을 수 있다.

개념	관련 개념	내용
소비	희소성과 선택 기회비용 합리적 의사결정	• 오랜 시간에 걸쳐 쓸 수도 있고 금방 써 버릴 수도 있다는 것 알기 • 원하는 것과 필요한 것의 차이 알기 • 물건을 선택(대안 찾기) 결정하기 • 선택의 결과 알아보기

(5) 화폐

화폐란 거래를 보다 쉽게 할 수 있는 방법으로 교환의 매개수단이다. 화폐는 국가의 경제가 원활하게 순환될 수 있도록 도와준다. 화폐의 가치란 화폐의 교환가치를 의미한다. 따라서 어떤 상품을 구매하기 위해 얼마만큼의 대가를 지불해야 하는지 알 수 있다.

(6) 교환

교환의 방법은 시대에 따라 변화해 왔는데, 교환의 가장 단순한 형태는 사람들 간의 직접적인 거래인 물물교환이다. 물물교환이 불편하기 때문에, 물물교환보다 편리하게 교환을 촉진시키기 위해서 화폐가 개발되었다.

(7) 가격

어떤 상품을 얼마나 많이 어떤 방법에 의하여 제품을 생산할 것인가를 결정하며, 누구에게 얼마만큼씩 돌아갈 것인가 하는 것 또한 결정한다. 시장 경제 체제에서는 바로 시장에서 결정되는 시장 가격을 바탕으로 하여 경제 주체들의 소비, 생산 및 교환에 관한 의사결정이 이루어진다.

개념	관련 개념	내용
돈	화폐 교환 가격	• 물건의 가격 • 사물과 돈의 구별 • 교환 매체로서의 돈 인식 • 동전의 이름 및 모양 변별 • 사용할 수 있는 돈의 양의 제한

(8) 시장

시장이란 어떠한 물건이 거래되는 장소라는 개념을 넘어 거래가 이루어지는 시스템을 폭넓게 가리킨다. 시장에서 물물교환이나 상품 및 서비스의 직접 교환은 선사시대부터 나타나기 시작하였다. 시간이 흐름에 따라 교환하는 상품의 양이 증가하면서 시장에서는 가격이 형성되고 발달하였다.

(9) 상품

상품은 손으로 만지거나 눈으로 볼 수 있는 물건이다. 상품은 사람들의 경제적 욕구를 충족시킬 수 있는 것으로 손으로 만지거나 눈으로 볼 수 있는 물건이다. 예를 들어, 음식, 신발, 장난감, 책과 같은 것이다.

(10) 서비스

서비스는 다른 사람을 위해 하는 행동이나 활동이므로 손으로 만지거나 눈으로 볼 수 없다. 서비스는 사람들의 경제적 욕구를 충족시킬 수 있는 것으로 다른 사람을 위해 하는 행동이나 활동이다. 예를 들어, 병을 고치는 것, 머리를 자르는 것, 가르치는 것과 같은 것이다.

(11) 무역

무역은 나라와 나라끼리 상품을 사고파는 것이다. 각 나라마다 자원이 다르고 기술 수준이 다르기 때문에 각 나라에서 무역을 통해 서로 이익을 얻게 된다.

개념	관련 개념	내용
시장	상품 서비스 무역	• 물건 사기 • 물건의 가격 알고 지불하기 • 물건과 돈을 교환하는 과정(거스름돈) 알기 • 산 물건의 소유에 대해 알기 • 물건의 출처(유통) 알기

(12) 직업

다양한 직업에 종사하면서 생산 활동을 하는 사람들을 '생산자'라고 하며 생산 활동의 대가로 돈을 지불받고 이것이 곧 수입이 된다.

(13) 생산

다양한 상품이 만들어지는 과정을 의미한다. 점심시간 밥이 만들어져 나에게 오기까지, 장난감이 나에게 오기까지의 과정을 이해하고 생산요소와 유통과정을 알고 누구나 생산자인 동시에 소비자임을 이해한다.

(14) 저축

저축은 미래의 소비를 위해 현재 소비를 줄이는 행위이며 저축에 대한 보상으로 받는 것이 이자이다.

개념	관련 개념	내용
직업	생산 저축	• 생산의 과정 • 물건의 생산자 • 여러 가지 다른 직업의 종류 • 돈과 일(직업)의 관계 • 은행과 하는 일 • 저축하기

4. 경제교육 프로그램

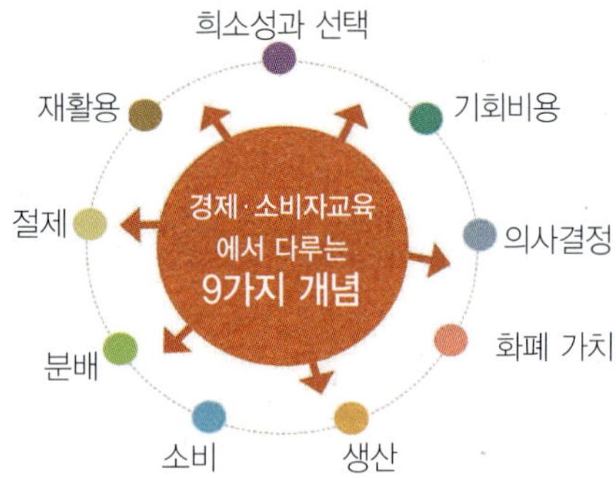

교육과학기술부(2004)에서는 유아의 경제·소비자 교육을 위하여 유아기에 경제지식을 바탕으로 경제문제를 올바르게 이해하고 합리적인 의사소통을 통해 결제활동을 할 수 있는 능력을 길러주기 위하여 경제·소비자 교육 프로그램 자료를 개발하였다. 내용은 다음과 같다.

순서	경제 개념	활동명
1	기회비용	하나는 선택하고 하나는 포기하고!
2	절제	전기요금을 절약해보아요!
3	의사결정	절약된 전기요금으로 무엇을 할까요?
4	분배	한 번 더 절약하여 이웃을 도와요
5	희소성과 선택	시간은 왜 소중할까요?
6	절제	시간을 알차게 사용하기 위한 우리 가족의 약속
7	의사결정	제품설명을 확인해보아요!
8	기회비용	물건을 사기전에 생각해야 하는 것은?
9	생산	과대포장된 물건을 찾아보아요
10	화폐가치	가격을 비교해보아요
11	의사결정	찾았다! 탄소 성적표지!
12	소비	산 물건에 문제가 생겼을 때에는.
13	절제	우리 가족이 모은 적립금은?
14	희소성과 선택	더 필요한 사람에게로!
15	재활용	쓰레기를 잘 버리는 것은 중요해요

5. 경제교육 실제

– 시장놀이 –

시장에 가면 다양한 것들을 보고 살 수 있어서 아이들은 시장놀이를 즐겨한다. 시장놀이는 아이들에게 어떤 의미일까? 무엇인가를 담고 사고 하는 과정에서 유아들은 어떤 기분을 느낄까?에 대한 궁금증을 가지고 과연 유아들이 시장에 대해 얼마나 아는지 알아보고자 하였다.

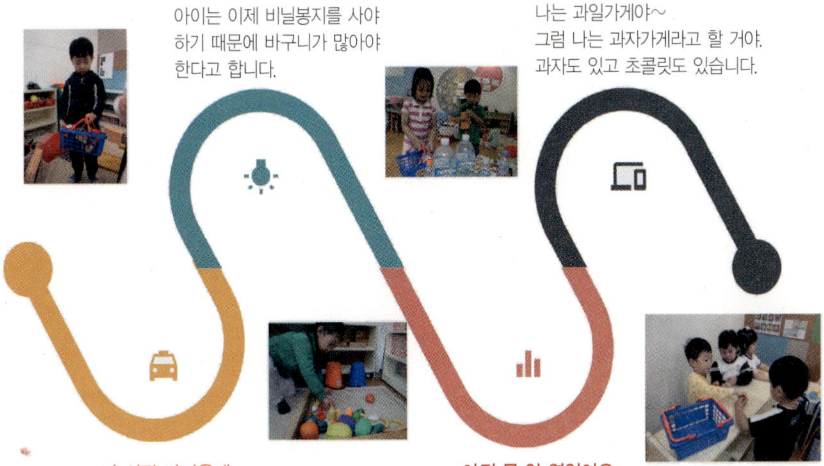

01 나 시장 다녀올게~
요즘 아이들은 마트나 슈퍼마켓에 갑니다. 우리 동네에는 큰 시장이 있어. 시장에 갑니다.

02 아직 문 안 열었어요.
어느새 시장 가게 주인아줌마가 되어 있는 친구는 가게 문을 안 열었다고 기다리라고 합니다.

03 나는 많이 사야 하니까 바구니가 두 개 필요해,
바구니를 꼭 들고 가야 한다는 아이는 이제 비닐봉지를 사야 하기 때문에 바구니가 많아야 한다고 합니다.

04 어떤 가게인데?
너는 어떤 가게인데? 나는 과일가게야~ 그럼 나는 과자가게라고 할 거야. 과자도 있고 초콜릿도 있습니다.

1) 유아 놀이 관찰

아이들이 가게 놀이를 즐거워하며 다양한 이야기를 나눈다. 시장놀이와 가게놀이가 혼용되어 쓰이는 이 놀이에서 아이들은 바쁘고 즐겁다. 시장에 가서 무엇을 하는데 시장에 가는 것이 좋은지 교사가 묻자 아이들은 저마다 자기가 봤던 것, 즐거운 이유를 이야기하기에 바빠졌다. "이건 오렌지에요", "가지랑 당근도 있어요", "돼지모양이에요". "이건 집이에요". "이건 하트예요". 아이들이 꾸준히 하는 시장놀이에는 어떠한 매력이 있는 것일까?

2) 주제 선정

아이들의 놀이에서는 무조건 자신의 바구니에 많이 담는 것으로 보였는데 나름 자신이 원하는 것들로 바구니를 채운 것으로 보인다. 그래서 아이들에게 교사가 지원해줄 수 있는 것은 무엇인가 생각해보기로 하였다.

3) 질문 및 가설

- 왜 유치원 끝나고 꼭 슈퍼마켓을 들려야 하는 것일까?
- 시장놀이와 가게놀이는 차이가 있는가?
- 초콜릿을 사려면 돈이 얼마가 있어야 하는가?
- 돈이 생기는 방법은 무엇이 있을까?
- 카드는 왜 필요할까?

4) 예상 주제망

교사가 제시한 예상 주제망은 다음과 같다.

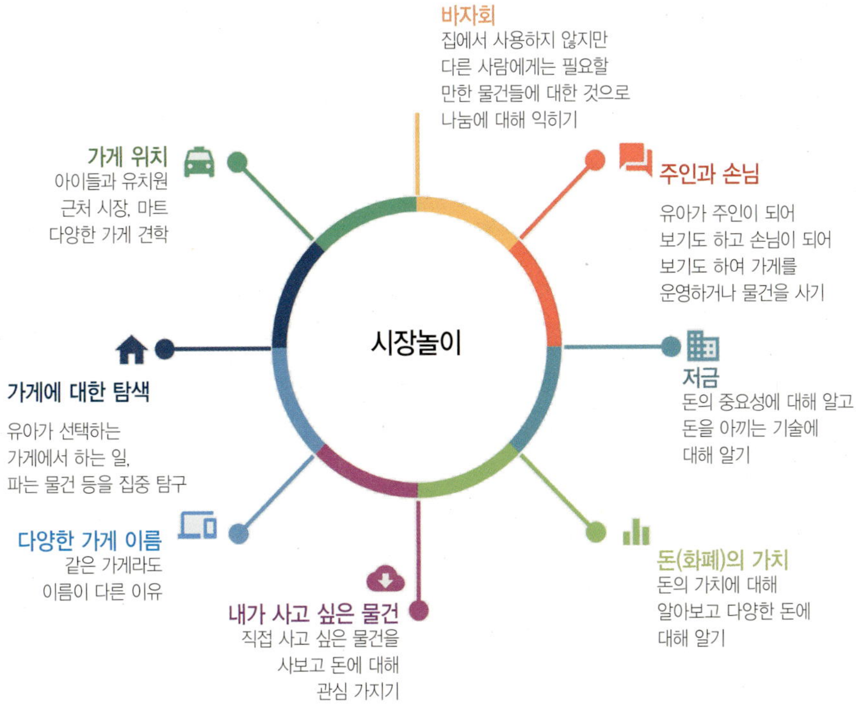

5) 목표

- ■지식 – 시장에 대해 안다.
  – 시장에서 하는 일에 대해 안다.
- ■기술 – 올바른 소비를 할 수 있다.
  – 가게의 손님이 되거나 가게 주인이 될 수 있다.
- ■태도 – 돈의 가치를 알고 아끼는 마음을 가진다.
  – 다양한 가게 주인분들께 감사한 마음을 갖는다.

6) 자원목록

경제에 대한 부분에 있어 교사가 예상되는 방향에 따라 1차적 자원과 2차적 자원을 다음과 같이 준비하였다.

[1차적 자원]
- 실물 : 생선, 고기, 장난감, 과자, 과일, 신발 등
- 사람 : 시장에서 일하시는 분, 유치원 근처 가게 주인
- 견학 : 가게, 시장

[2차적 자원]
- 책 : 『마법 시장』, 『세계의 시장』, 『벼룩시장』, 『강둑의 맞춤 옷가게』, 『신기한 씨앗가게』, 『신기한 우산가게』, 『도토리 마을의 모자 가게』 등
- 사진 : 물건을 팔고 사는 사진, 다양한 물건, 가격표 사진 등
- 동영상 : 딩동댕 유치원 – 시장놀이 https://www.youtube.com/watch?v=8pQ-N09WDtY
  수학이 야호 – 시장 놀이 https://www.youtube.com/watch?v=-zKnw6L_KK8
  구름빵 – 재미있는 벼룩시장 https://www.youtube.com/watch?v=FnLUm9Sjxv0

7) 유아사회교육 관련 내용

시장놀이는 유아가 좋아하는 놀이 중 하나이다. 시장놀이는 사회교육에 있어 경제에 속하는 내용임을 확인할 수 있다. 또한 경제에 있어 어떠한 요소를 중심으로 유아와 놀이를 하며 놀이를 지속적으로 지원할 수 있는가에 대해 고민할 수 있었다.

지리	역사	경제	환경	다문화	통일	양성평등	민주시민
		o					

8) 예상 활동안

아이들의 시장과 가게 개념을 잡아주기 위해서는 전반적인 시장과 가게의 차이 및 견학이 중요하게 다루어져야 한다. 또한 돈을 통해 물건을 사고파는 법, 교환환불 등의 내용을 다루고자 하였다. 따라서 예상 활동안은 다음과 같다.

9) 놀이 활동 지원

(1) 이야기 나누기

아이들이 시장놀이를 하면서 유아는 손에 집히는 것을 아무거나 팔고사는 모습이 관찰되었다. 한 사람이 장난감도 팔고 과일도 팔고 다양한 것을 한자리에서 사고팔며 무조건 장바구니에 담는 아이들에게 가게에 대한 개념을 가질 수 있도록 보드게임을 만들어서 시장놀이를 준비하였다. 아이들은 분류의 개념을 익히면서 각 가게의 물건들을 진열해보기 시작하던 아이들은 각 가게의 물건들을 익숙하게 정리한 후 아이들은 각 그림 자료를 자신의 시장놀이에 활용하였다.

각 가게에서는 무엇을 팔까요?
가게에서 파는 물건들을 찾아
주세요.

(2) 견학

놀이시간 유아들은 가게 놀이를 하면서 물건을 가방이나 바구니에 마구 담거나 단지 물건 하나를 주고받는 것으로 지나쳤지만 아이들과 이야기를 나누며 아이들의 관심을 가게의 물건에 있는 것인지? 돈을 주고받는 것인지? 시장의 골목골목을 누비는 것을 좋아하는 것인지 궁금해지기 시작했다. 그래서 교사는 아이들을 데리고 밖으로 나가보기로 하였다. 그리고 교사는 가게놀이를 하면서 활동의 구체화가 필요하다고 생각되어 유아와 함께 가게에 직접 방문하였다.

〈동네 가게 견학〉
여기는 한살림이야
우리 엄마는 여기에서 과일을 사고 파도 사.
나도 가봤어.
나도 엄마한테 가자고 할 거야.

〈시장 견학〉
쭈꾸미가 물속에서 날아다니는 거 같아.
여기에는 새우가 뛰어서 밖으로 떨어졌어!!!

(3) 견학 후 활동

가게와 시장의 같은 점과 다른 점은 무엇이었을까? 시장에는 우리가 유치원 근처를 돌아다니며 있었던 많은 가게들이 한꺼번에 모여 있었다. 그리고 가게에 따라 문을 열고 들어가야 하는 가게가 있었던 반면 시장에는 거의 모든 가게들이 문을 열고 진열대에 많은 것들을 놓고 팔고 있었다. 아이들은 시장과 가게의 차이를 알아가기 시작하였다.

나는 시장이 좋아. 시장에 가면 많이 살 수 있잖아.
가게는 사고 싶은 거를 사려면 찾아가야 해.
나는 자동차 파는 곳이 제일 좋아.
나는 인형~

(4) 가게 놀이에서 시장놀이로의 변화

가게와 시장을 다녀온 아이들은 문을 열고 들어가야 하는 가게보다는 시장에 더 관심을 갖기 시작하였다. 사람이 없는 곳에 문을 열고 들어가는 것보다 시장이 더 즐거웠던 것으로 보인다. 이와 함께 자신이 물건을 정리하는 시간 동안은 아직 안 열었다고 하거나 기다리라고 하는 아이들이 생겨나고 아이들의 사고파는 물건들이 다양해지기 시작했다.

아직~ 문 안 열었어요.
과일 정리해야 해요 기다리세요.
여기는 물도 팔고 과자도 파는 곳입니다.
물 하나 사러 왔어요.

(5) 장바구니 동극

아이들의 시장놀이를 동화에서 찾아보고자 교사는 동극 활동을 준비해보았다. 아이들에게 장바구니라는 창작동화를 만들어 들려주고 동극 활동을 하였다.

동화 내용

"마리, 가게에 좀 다녀오렴.
가서 간식으로 먹을 바게트 빵 4개 사 오너라."
마리는 장바구니를 들고 가게로 갔어요.
커다란 나무 한 그루를 지나, 풀숲 사이를 지나,
울타리 옆을 지나, 가게에 다다랐어요.

"아주머니, 바게트 빵 4개 주세요."
"엄마 심부름 왔니? 착하구나.
여기 바게트 빵 4개 줄게. 모두 다해서 4000원이란다."
마리는 엄마가 주신 4000원을 가게 아주머니께 드렸어요. "조심히 가렴."
마리는 간식으로 먹을 바게트 빵 4개를 샀어요.

그러고 나서 마리가 가게에서 나오는데 곰 한 마리가 나타났어요.
"안녕 마리. 너한테서 달콤한 냄새가 난다. 바구니에 무얼 가지고 있니?"
"안녕 곰아! 나한테 맛있는 바게트 빵이 있어."
"나 하나만 주지 않을래? 나한테 달콤한 사과가 있는데 이거랑 바꾸자." "그래 좋아!" "고마워 마리"
곰과 마리는 빵과 사과를 서로 교환했어요.
마리는 장바구니를 들고 서둘러 집으로 갔어요.

마리가 울타리 옆을 지나는데 닭 한 마리가 다가왔어요.
"안녕 마리. 너한테서 달콤한 냄새가 난다. 바구니에 무얼 가지고 있니?"
"안녕 원숭이야! 나한테 맛있는 바게트 빵이 있어."
"나 하나만 주지 않을래? 나한테 맛있는 달걀이 있는데 이거랑 바꾸자."
"그래 좋아!" "고마워 마리" 닭과 마리는 빵과 달걀을 서로 교환했어요.
마리는 장바구니를 들고 서둘러 집으로 갔어요.

마리가 풀숲 사이를 지나는데 토끼 한 마리가 뛰어 나왔어요.
"안녕 마리. 너한테서 달콤한 냄새가 난다. 바구니에 무얼 가지고 있니?"
"안녕 토끼야! 나한테 맛있는 바게트 빵이 있어."
"나 하나만 주지 않을래? 나한테 신선한 당근이 있는데 이거랑 바꾸자."
"그래 좋아!" "고마워 마리" 토끼와 마리는 빵과 당근을 서로 교환했어요.
마리는 장바구니를 들고 서둘러 집으로 갔어요.

마리가 커다란 나무 한그루를 지나는데 원숭이 한 마리가 내려왔어요.
"안녕 마리. 너한테서 달콤한 냄새가 난다. 바구니에 무얼 가지고 있니?"
"안녕 원숭이야! 나한테 맛있는 바게트 빵이 있어."
"나 하나만 주지 않을래? 나한테 부드러운 바나나가 있는데 이거랑 바꾸자."
"그래 좋아!" "고마워 마리" 원숭이와 마리는 빵과 바나나를 서로 교환했어요.
마리는 장바구니를 들고 서둘러 집으로 갔어요.

마리가 커다란 나무 한그루를 지나는데 원숭이 한 마리가 내려왔어요.
"안녕 마리. 너한테서 달콤한 냄새가 난다. 바구니에 무얼 가지고 있니?"
"안녕 원숭이야! 나한테 맛있는 바게트 빵이 있어."
"나 하나만 주지 않을래? 나한테 부드러운 바나나가 있는데 이거랑 바꾸자."
"그래 좋아!" "고마워 마리" 원숭이와 마리는 빵과 바나나를 서로 교환했어요.
마리는 장바구니를 들고 서둘러 집으로 갔어요.

(6) 돈이 필요해!!

아이들은 시장놀이를 하면서 자연스럽게 주인과 손님으로 나뉘게 되었고 돈에 관심을 갖게 되었다. 이전에는 "그냥 줬다고 해~" 하던 아이들이 돈을 만들어 달라고 한다. 그리고 물건에도 돈을 붙이고 싶다고 한다. 교사는 종이를 주면서 아이들에게 돈을 만들어 보자고 하였다. 돈(화폐)의 가치에 대해 과연 아이들이 알고 있을까? 하는 궁금증과 함께 교사는 아이들이 만든 돈을 확인해보았다. 아이들은 자신들이 가능한 한 동그라미를 많이 넣어 단위가 높은 돈을 만들고 싶어했다. 그러다 보니 아이들은 진짜 돈 같지 않다고 이야기를 하였고 진짜 돈에 관심이 생겼다.

이건 진짜 돈 같지 않다.
선생님 이거는 돈이 아닌 거 같아요.
진짜 돈은 더 커야 하고 동전도 있어야 하는데~

(7) 돈의 가치를 알아요

아이들에게 돈을 보여주고 돈의 가치에 대해 알아보고자 하였다. 돈의 유형에 대해 알아보고 지폐와 동전 오만 원, 만 원, 오천 원, 천 원 등의 화폐 가치에 대해 알게 되었다. 아이들은 화폐의 가치에 대해 인식하는 시간이 되었다.

돈은 종이랑 동전인 줄 알았는데 지폐라고 하는구나!
우리 아빠는 지폐가 많아.
뒤에 동그라미가 많으면 많을수록 돈이 많은 거야.
지폐가 더 좋은 거야.
왜?
지폐에 동그라미가 많잖아.

(8) 시장놀이 확장

아이들이 시장놀이가 조직화되고 구체적으로 변화하는 것이 보이기 시작하였다. 시장놀이에 대한 자신의 생각과 경험을 공유하며 같이 알아가면서 우리 친구들은 돈이라는 매개체를 이용하여 자신이 살 것을 계획하고 돈을 내주며 물건을 주고받게 되었다.

선생님 우리 이거 교구장 사용해도 되요?
시장에도 막 이런거(교구장을 가리키며)에 넣어 놨던데~
선생님 물건이 모자라요.
선생님 집에서 가져오면 어때요?

아이들은 돈에 대한 문제가 끝나기 무섭게 물건에 관심을 쏟는다. 가게에는 장에 물건이 진열되어 있었다며 교구장을 사용하여야 겠다는 아이들, 그래도 물건이 모자라다고 집에서 가지고 오겠다는 아이들을 보며 교사는 교실을 시장으로 확장시키기로 하였다.

저도 교구장 하고 싶어요.
나도 이거 교구장 할래.
너랑 나랑 같이 이거 가게 할래?
그럼 나랑 같이 가게 할 사람 여기로 와.

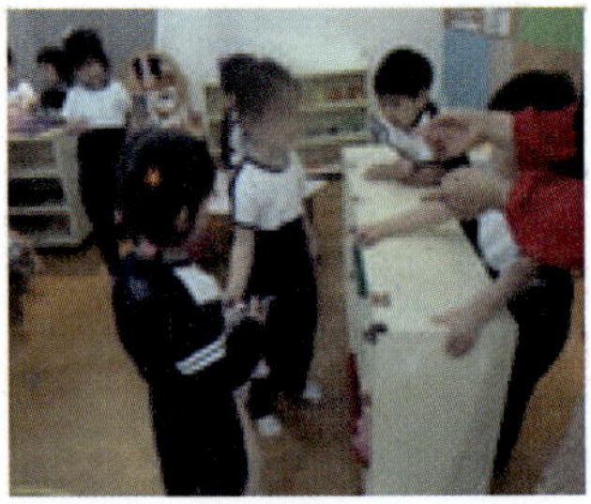

(9) 시장이 된 잎새반

교구장을 자유롭게 시장의 가게로 활용해도 된다는 교사의 허락에 유아는 교구장을 맡느라 바쁘다. 교구장을 가지지면 곧 가게를 갖는 것으로 생각하는 아이들은 인형가게, 과일가게 등 다양한 가게를 꾸미려 하였다. 교구장을 맡지 못한 아이들은 책상을 점하고 물건을 팔기로 하였다. 또한 집에서 쓰지 않지만 다른 친구들이 가지면 좋겠다고 생각되는 물건들을 가져와서 팔기로 하였다.

물건 사세요.
이게 얼마예요?
이건 5천 원이에요.
물건이 많아서 뭔지
모르겠네~
난 다 샀어.

(10) 이거 안 하고 싶어졌어

시장놀이를 하면서 아이들은 다양한 물건들을 사고팔았다. 이러한 물건들을 사고파는 동안 어떤 아이는 자신이 산 물건이 이내 마음에 안 들어 바꾸고 싶다거나 안 사고 싶어하는 모습을 보였다. 아이들은 곧장 그 가게에 가서 물건을 주고 돈을 달라고 하기도 하고 그냥 물건을 주인에게 주기만 하는 친구들이 보였다. 교사는 아이들이 마음에 안 드는 물건을 샀을 때 어떻게 해야 하는지에 대해 이야기해주고 싶어졌다. 교환과 환불은 어떻게 해야 하는 것일까? 교환은 자신이 산 물건을 다른 물건으로 바꾸어 오는 것이며 환불은 자신이 샀던 물건이 마음에 들지 않지만 사용하지 않았을 때 돈으로 바꾸어주는 것을 의미한다.

저는 이 물건을 환불할래요.
그럼 물건이 깨끗한지 볼게요.
자~ 여기 돈 있어요.
나는 교환할래요.

(11) 선생님 돈이 남았어요

시장놀이를 한 후 돈이 남은 친구들도 있고 돈을 다 써버린 친구들도 있었다. 돈이 남은 친구들은 교사에게 돈이 남았기 때문에 시장놀이를 더 해야겠다고 하기도 하고 어떤 친구는 더 이상 사고 싶은 것이 없다고 이야기하기도 하였다. 교사는 남은 돈을 어떻게 하면 좋을지 아이들과 의논하기로 하였다. 그러던 중 한 아이가 저금을 해야 한다는 말에 저금을 하고 있던 친구들은 자신도 저금을 한다고 하기도 하고 저금을 모르는 친구들은 궁금해하기 시작하였다.

저건 우리 집에도 있어요.
우리 엄마는 은행에 가서
저금하라고 했어.
엄마가 통장 만들어 줬거든.
나도 통장이 있으면 좋겠다.

(12) 키자니아 견학

교사는 시장에 대하여 즐거움을 느끼는 유아에게 더 많은 시장과 가게를 경험하도록 돕기 위하여 키자니아 체험을 신청하였다. 키자니아에 간 유아는 다양한 가게(베스킨라빈스, 롯데리아, 슈퍼마켓 등) 다양한 가게와 직업, 중소기업에 대한 이해를 할 수 있었다. 그중 키자니아에 있는 은행에서 은행에 관련된 지식 놀이를 할 수 있었다. 유아 모두 키자니아의 통장을 만들고 돈에 대해 알아보았다.

은행에서는 돈을 이렇게 모아놓는대요.
은행은 좋겠다. 돈이 많이 있어서~
나도 통장 만들었지!!!
이거는 여기서만 쓸 수 있는 거야?

(13) 진짜 나의 통장

교사는 키자니아 견학 후 소비와 저축의 중요성에 대해 이야기를 나눈 후 은행에 가기로 하였다. 그리고 시장놀이에서 나온 수익금 중 일부를 유아의 통장에 넣어주고 다음부터는 유아가 직접 돈을 모으기로 하였다. 이러한 과정을 통해 유아는 자신이 직접 은행에 저금함으로써 돈을 다 써버리기보다는 저금을 하는 것에 대해 의미를 찾게 되었다.

저는 여기에 저금을 해서 돈을 많이 모을 거예요.
나도 돈이 많이 있었으면 좋겠다.
시장놀이 많이 해서 돈이 많이 많이 생기면 좋겠다.

아이들은 시장놀이를 통해 가게와 시장에 대해 알아봄으로써 시장과 가게의 규모에 대해 알게 되었다. 직접 가게를 꾸리고 돈을 주고받으며 활동한 시장놀이를 통해 돈의 수입과 지출에 대한 개념, 교환과 환불에 대한 개념을 형성하였고 키자니아와 은행 견학을 통해 저금에 대한 개념을 확립할 수 있는 시간이었다.

PART II CHAPTER 3

3. 지리교육

생각해보기

친구들과 함께 자신이 살고 있는 동네의 장점과 단점에 대해 이야기해 보세요.

1. 지리교육의 개념

목표

지리교육에 대해 알고 지도할 수 있다.

■ 관련자료

신리행(2016). 공간탐색 중심 유아지리교육 프로그램 개발 및 효과
(지리에 대한 자료는 교육부 자료가 없으므로 신리행(2016) 논문의 활동을 제시하였음)

지리란 유아가 주변 환경을 탐색하고 사물을 구별하며 인식하고 경험하게 됨으로써 자신이 속한 장소, 공간에 대한 이해에 대한 개념이다. 유아들이 일상생활 속에서 경험하는 다양한 장소에 관심을 가지고 유아 스스로 다양한 장소에 대한 공간의 특징, 변화 등 나름의 이해를 하게 된다. 유아 지리교육에는 공간, 방향 및 위치, 지역, 지도가 있다. 첫째, 공간개념이란 유아가 공간개념을 형성하기 시작하는데 한 사물에 대한 간격, 거리에 관련되어 있다. 둘째, 방향 및 위치는 향하고 있는 쪽이나 방위를 나타낸다. 셋째, 땅의 위치, 지형, 기후, 자원 등 물리적 특성이다. 마지막으로 지도를 볼 수 있다는 것은 지도의 방향, 기호, 등의 지도에 나타나는 지리적 요소를 이해하는 것을 의미한다. 따라서 지도는 필수적인 지리적 도구, 사회교육에서 학습하여야 할 중요한 상징체계라 할 수 있다.

지리교육은 사물과 장소에 대한 인식과 감각이 발달할 수 있으며 세상의 아름다움에 대한 경이감, 각 지역에 따른 변화의 차이를 경험할 수 있다. 환경에 대한 책임감과 환경에 따른 적응 및 조절 감각을 획득하며 생활에 필요한 정보를 획득함으로써 다양한 문제해결을 위한 소양을 갖출 수 있다.

2. 지리교육의 목적 및 목표

유아 지리교육의 목적은 공간에 대한 경험을 통해 지리 개념을 형성하고 자신을 둘러싼 환경에 대한 책임감을 갖고 세상의 아름다움에 경이감을 갖는다.

지리교육을 통해 유아들은 첫째, 우리가 살고 있는 공간에 대해 관심을 가진다. 둘째, 유아가 살아가는 장소에 대한 방향, 위치, 기호 등 기본개념을 익힌다. 셋째, 지도에 대한 기초적 지식을 쌓는다. 넷째, 생활에 필요한 정보를 얻고 환경에 대한 책임감을 증진시킨다. 다섯째, 세상의 아름다움에 경이감을 갖는다.

3. 지리교육의 내용

유아의 지리교육 내용에는 방향과 위치로 세부적으로는 위, 아래, 앞, 뒤, 옆, 오른쪽, 왼쪽 등 방향과 위치 용어 알기가 있으며, 위치나 장소를 나타내기 위해 지도 사용, 우리가 살고 있는 지역에 대해 관심을 가지고 우리가 사는 지역의 자연적이고 물리적인 특성을 인식하는 것, 기후와 환경에 따라 생활방식이 다름에 대해 알기 등이 있다.

유아 지리교육을 위한 활동은 통합적으로 적용되어야 한다. 예를 들어 유아 교육기관의 공간에 대한 활용, 주기적인 공간 변화, 집에서 유아 교육기관까지 오는 길과 그 길의 왼쪽, 오른쪽에 있었던 다양한 가게 들에 대해 관심 가지지 등의 다양한 방법으로 이루어질 수 있다. 또한 지리 개념을 익힐 수 있는 동화책 활용, 현장견학, 종이 지도, 지구본, 인터넷 지도 등 다양한 도구와 재료를 토대로 지리교육이 이루어질 수 있다.

(1) 생활 장소

땅과 물, 태양계, 지구 등 우리가 살고 있는 총체적 환경을 의미한다.

(2) 방향과 위치

공간 안에서 신체의 감각을 외부 공간과의 접점을 찾는 것으로 동, 서, 남, 북은 상대적인 위치를 나타내는 것이다. 자신에서 바라보는 관점, 타인이 바라보는 관점에 따라 방향과 위치는 달라질 수 있다. 따라서 유아는 공간 속에서 자신의 신체를 움직여봄으로써 방향과 위치를 알 수 있다. 또한 지도는 위치나 장소를 나타내기 위한 것이다. 유아가 방향과 위치를 익히는 데 활용하기 좋은 도구이며 주변 환경을 종이에 옮기는 높은 수준의 표상 활동이라 할 수 있다.

(3) 장소

각 지역의 기후나 지리적 특성에 따라 환경은 다르게 구성된다. 인간과 환경이 어떠한 관계를 맺고 환경에 적응하는지, 또는 환경을 변화시키고 적응하는지에 대한 부분이다. 유아들은 여러 지역을 이루는 여러 장소를 경험하면서 다양한 특성을 알 수 있다. 예를 들어 공원과 산의 차이, 계곡과 하천의 차이 등을 통해 같은 지역에 있다 할지라도 장소에 따라 차이가 있음을 안다.

(4) 공간 내의 상호작용

사람들, 사물, 정보 등이 움직이는 패턴으로 환경을 넘어 사람과 사람이 상호작용을 위한 방법이다. 다른 지역에 사는 사람들과 교류하고 서로 관계 맺으며 살아가는 가운데 사람의 이동, 생산물의 이동 등을 알 수 있다. 예를 들어 전화기나 인터넷 등을 통해 다른 나라 사람과 소통하는 것, 비행기를 타고 미국에서 우리나라에 오는 것 등이 될 수 있다. 또한 사람과 환경 간에 상호의존적인 관계를 맺고 있음을 알 수 있다.

(5) 지역

공통의 어떤 것을 가지는 장소로 동남아시아, 유럽, 오세아니아 등 공통적인 특징을 가진 지역끼리 묶어놓은 것을 의미한다. 이러한 지역은 물리적 특성과 인위적 특성을 가진다. 물리적 특성은 땅의 형태와 기후, 서식하는 동, 식물의 특성이 결정되고 인위적 특성은 그곳에 사는 사람들의 언어, 의상, 건축양식 등의 특성이 나타난다.

개념	내용	예시
방향과 위치	인간과 사물이 세상에서 차지하는 자리가 있다.	위도, 경도, 왼쪽, 오른쪽, 위, 아래
장소	물리적, 인위적 특성에 따라 다양한 장소가 있다.	아파트, 단독주택, 동물원, 수목원
공간 내의 상호작용	사람, 생산물, 정보는 이동패턴이 있다. 인간은 환경에 의존하거나 적응하고, 환경을 변화시킨다	수상가옥, 너와집, 간척지, 환경 보호 운동/각종 교통수단
지역	위치, 장소, 인간과 환경의 상호작용, 이동 등을 종합하여 유사한 특징을 보이는 장소가 있다.	기후, 지형, 식물분포에 따른 물리적 지역, 문화적 역사적 연속성을 갖는 문화적 지역

4. 지리교육 프로그램

신리행(2016)은 공간능력과 지리 개념을 향상시키기 위하여 공간탐색 중심 유아지리교육 프로그램을 개발하였다. 내용은 다음과 같다.

순서	공간범위		지리교육 활동명
	구분	하위구분	
1	유치원 실내 환경	복도	다양한 길이 있어요
2		화장실	화장실 지도를 그려요
3		급식실	급식실로 이동해요
4		옆 반과 우리반 교실	유치원 교실들을 비교해보아요
5		현관	현관에 있는 물건의 위치를 표시해요
6		교실	우리 교실을 터널로 바꿔요
7	유치원 실외 환경	모래놀이터	모래놀이터에서 만들어요
8		대문	대문은 어떤 곳일까요?
9		최종 대피로	불이 나면 어디로 가야 할까요
10		유치원울타리	유치원을 위에서 내려봐요
11		유치원마당	비 오는 날 변하는 땅
12		실외놀이터	보물지도에 보물을 표시해요
13	우리 동네	유치원주변	유치원으로 오는 길
14		우리 동네의 옛 지명	옛날에 이곳에는 마을이 있었데요
15		우리 동네 표지판	우리 동네 이름을 소개해요
16		동네 가게	우리 동네 가게를 돌아봐요
17		우리 동네 지표물	입체지도가 되었어요
18		우리 동네 시작과 끝	우리 동네 지도를 그려요
19	우리 지역	우리 지역 지도	내가 사는 지역이에요
20		칠보물 테마파크	물놀이하러 가는 길이에요
21		호동골 감자	감자가 태어나서 우리에게 오기까지
22		자연생태 박물관	우리지역의 생태환경을 알아봐요
23		장군봉	산봉우리에서 내려봐요
24		우리 지역	우리지역을 홍보해요

5. 지리교육 실제

- 초대 프로젝트 -

친구들에게 선물이라는 용어를 사용하면서 스티커나 그림을 그려주는 모습을 통해 과연 아이들은 선물에 대해 어떻게 인식하고 있는가에 대한 질문이 생겼다. 이러한 모습을 보던 교사는 유아에게 선물이라는 단어의 개념이 어떻게 자리 잡고 있는지 알고 조부모 행사와 연결지어 활동을 진행할 수 있을지 고민을 하였다. 과연 선물이란 무엇일까?

1) 유아 놀이 관찰

세희: 스티커를 친구들을 향해 잠깐 보여주고 이야기한다.
은혜: 어~ 스티커네.
세희: 이거 보석이야~
상희: 나 하나만~
세희: 음~ 그래~ 선물이야.

아이들은 '선물'이라는 단어에 관심을 두고 있었다. 2~3주째 친구들에게 선물이라는 용어를 사용하면서 스티커나 그림을 그려주었다. 이와 함께 아이들은 "나랑 친한 친구할래?"라는 이야기를 하거나 "너 위해서 그린 거야."라는 문장을 쓰기 시작하였다. 또한 여기서 중요하게 언급되는 것은 "내가 만든 것을 누군가에게 주었다."는 것이다. 내가 이렇게 만들었고 나의 노력이 들어간 어떤 것을 타인에게 주었다는 의미가 강조되어 있다.

2) 주제 선정

선물에 대해 유아의 관심이 지속됨에 따라 교사는 유아에게 선물에 대한 개념을 찾고자 하였다. 어떤 의미에서 선물을 주고받는지, 왜 선물을 주는지에 대해 알아가는 과정은 유아가 실제 선물에 대한 개념 형성을 통해 대인관계 및 상호작용에 영향을 줄 것이라 생각하였기 때문이다. 또한 선물의 의미를 탐색하는 가운데 조부모 행사까지 확장하여 조부모에 대한 사랑도 선물에 포함될 수 있다고 생각되어 선정하게 되었다.

3) 질문 및 가설

- 선물을 무엇일까?
- 왜 선물을 나누어 주는 것이지?
- 선물은 언제 주는 것일까?
- 선물은 과연 무엇이 선물일까?

4) 예상주제망

유아의 놀이를 통해 교사가 예상한 주제망은 다음과 같다.

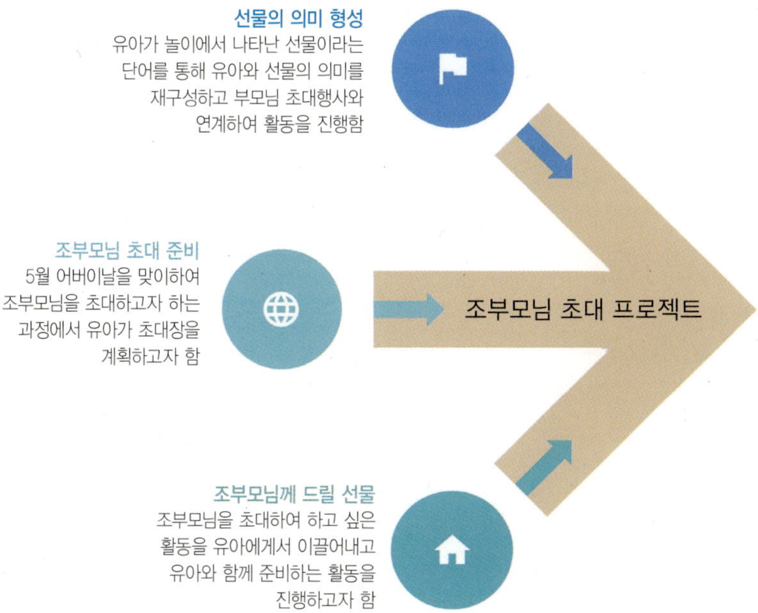

5) 목표

■지식 – 지도에 대한 개념을 안다.

■기술 – 아이들이 선물을 준비할 수 있다.
　　– 지도보는 법에 대해 안다.

■태도 – 타인을 소중하게 생각하는 태도를 갖는다.
　　– 우리 원에 오는 길에 대해 관심을 갖는다.

6) 자원목록

지리에 대한 부분에 있어 교사가 예상되는 방향에 따라 1차적 자원과 2차적 자원을 다음과 같이 준비하였다.

[1차적 자원]
–실물 : 유아 놀이를 통해 다양한 선물로 제공되었던 자료, 지도, 선물상자 등
–사람 : 할머니 할아버지
–견학 : 우체국, 버스정류장 등

[2차적 자원]
–책 : 『선물』, 『꽃을 선물할게』, 『오늘은 내 생일』, 『투명하고 말랑말랑한 선물』, 『즐거운 크리스마스 선물 찾기』, 『창문으로 넘어온 선물』, 『이보다 멋진 선물은 없어』, 『영차 영차 커다란 선물』, 『멋쟁이 낸시와 최고의 선물』, 『할머니가 선물한 마지막 단어』 등
–사진 : 다양한 선물 사진, 물건, 사랑을 표현하는 모습 등
–동영상 : 18가지 멋진 DIY 선물 아이디어 https://youtu.be/6sEf4KQf3L4
　　언박싱하는 펭귄은 처음일걸?! https://www.youtube.com/watch?v=snCxxQCyYk0

7) 유아사회교육 관련 내용

유아 놀이에서 시작된 주제 '선물'은 처음부터 지리에 포함된 것은 아니었다. 유아의 대인관계에 초점을 맞추어 시민교육으로 들어갈 것이라고 예상하였으나 유아는 선물로 조부모님 초대 및 조부모님께 유치원 오는 길을 알려주어야 한다는 것에서 지리의 내용으로 넘어가게 되었다. 따라서 유아의 주제 진행 방향이 지리에 속하는 내용임을 확인하고 지속적으로 지원할 수 있는 방법이 무엇인지, 지리에 있어 어떠한 요소를 중심으로 유아와 놀이를 하며 놀이를 지속적으로 지원할 수 있는가에 대해 고민할 수 있었다.

지리	역사	경제	환경	다문화	통일	양성평등	민주시민
o							o

8) 예상 활동안

예상 활동안은 보통 영역별로 구성된다. 하지만 초대프로젝트에서는 상호작용에서 지도에 대해 알아가는 과정으로 유아의 놀이를 중심으로 이루어졌으므로 교사가 활동을 전개하기보다 유아의 놀이 흐름에 따라 교사는 이야기나누기를 중심으로 주제를 이끌어가고자 하였다. 따라서 본 초대 프로젝트는 첫째, 활동 선물에 대한 의미형성, 둘째, 조부모님 초대 준비, 셋째, 조부모님께 드릴 선물로 진행하고자 하였다. 여기에서는 선물의 의미형성 및 조부모님 초대 준비과정을 예시로 제시하였다.

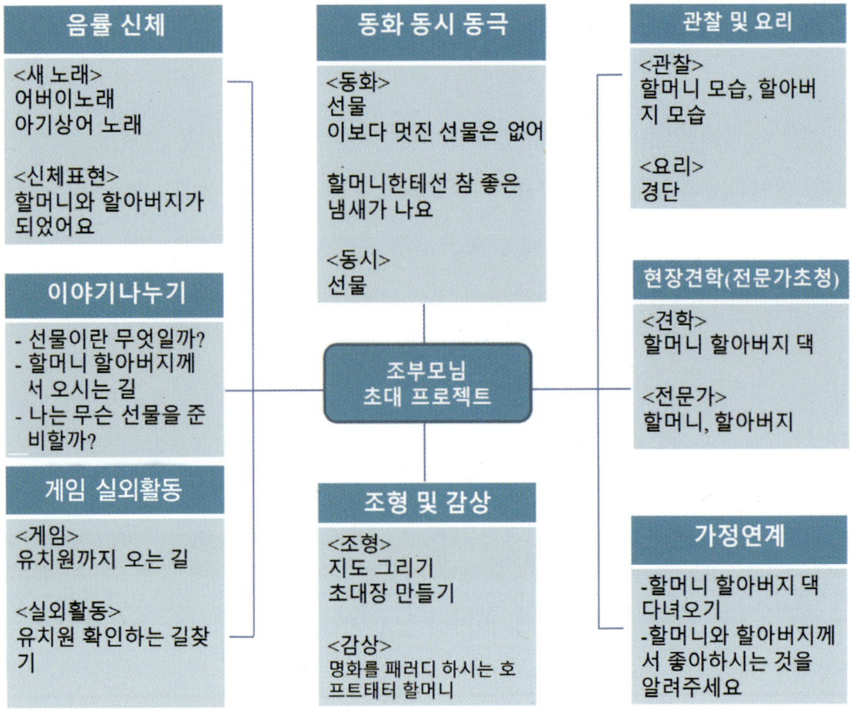

9) 놀이 활동 지원

(1) 선물이란 무엇인지 의미 찾기

선물을 주고받는 행위가 지속됨에 따라 선물의 개념은 다양한 범주로 나뉘기 시작하였다. 기록화 작업을 통해 의미를 탐색하고 범주화한 결과, 첫째, 관계 형성을 위한 나눔, 둘째, 자기만족으로의 선물, 셋째, Give & Take로의 선물, 넷째, 선물에 대한 갈등으로 나누어 볼 수 있었다.

① 관계 형성을 위한 나눔

어진이는 자신이 만든 것을 함께 놀이하던 혜경이에게 주며 '우리 친한 친구하자'라고 이야기하였다.

상황: 자유선택활동 시간에 성현, 용석, 어진, 혜경, 지수가 미술영역에서 놀이를 하고 있다.

어진: (자신이 만든 것을 부는 시늉을 하다가 혜경이에게 주면서)

혜경아! 이거~

혜경아! 우리 이제 친한 친구할까?

혜경: (혜경이가 고개를 끄덕인다.) 나 비행기 만들었어.

어진: 종이비행기?

혜경: 아니 그냥 비행기~

〈4-12 관찰기록〉

관찰해석 관계 형성을 위한 선물로는 의진이의 스티커를 보고 달라고 하자 의진이는 먼저 의도하지는 않았지만 친구들에게 '선물이야.'라고 하면서 스티커를 건네게 되었고 이로 인하여 또래 관계에 있어 스티커로 인한 호감을 갖는 계기가 마련되었다. 또한 어진이는 자신이 만든 것을 혜경이에게 자신이 만든 비행기를 주며 '우리 친한 친구하자.'라고 이야기함을 통해 관계를 형성하려 하는 모습을 보였다. 관계 형성에 있어서 선물은 친한 친구가 되어 가는 과정을 의미하기도 하고 직접적인 언어 자체를 사용하는 것을 볼 수 있었다. 또한 선물은 함께 놀이를 하고 있지 않은 친구에게 다가가기 위한 수단이 되었다.

② 자기만족으로의 선물

하늘이 해율이에게 자유선택활동시간에 만든 그림 편지를 선물이라며 주자 그림을 그리고 있던 해율이는 하늘이를 보지 않고 자신이 하던 것을 계속하며 자신의 가방에 넣어달라고 하였고 하늘이는 해율이 가방을 찾아 넣으며 선생님에게 자신이 선물을 친구에게 두 개나 준다며 보여주었다.

하늘: 선물이야~

해율: 응 고마워. (자신이 하던 것을 하면서) 가방에 넣어줘.

하늘: (선생님을 보면서) 내가(선물을) 두 개나 했어요.

〈4-21 관찰기록〉

관찰해석 유아에게 선물을 주는 그 행위 자체가 즐거운 일로 보였으나 선물을 주는 유아는 자신이 누군가를 위해 무엇을 하고 있다는 그 사실 자체가 즐거운 것으로 생색을 내며, 자신이 만든 것에 대한 자기만족으로의 선물이었다. 유아의 이름은 자신을 드러내는 표시로 선물에 꼭 들어가는 요소 중 하나였다. 때로는 자신이 만든 것 뒷장에도 자신의 이름을 하나 더 썼다고 이야기하면서 자신이 주는 것임을 명확히 하였다. 선물은 '내가 했다'는 자신의 능력 과시로 이러한 과정을 통해 만들기에 대한 자신의 능력 향상을 경험하는 것으로 보였다.

③ Give & Take로의 선물

어진이가 지혜에게 망원경을 만들어 주고 '선물이야.'라고 이야기를 했다. 이후 지혜에게 "내 선물이야?"라고 물어보았으며 지혜는 "응"이라고 대답하였다.

상황: 자유선택활동 시간에 어진, 혜경, 지수, 하늘이가 미술영역에서 놀이를 하고 있다.
어진: (원통을 자신의 눈에 갖다 대면서 교사에게) 이건 망원경이에요.
　　어? 앞이 잘 안 보인다. (돌리면서) 이렇게 보는 망원경이에요.
　　지혜 선물이에요. (지혜에게 건넨다.) (몇 분이 흐른 후~)
어진: (지혜가 뭔가 만드는 것을 보면서) 이거 내 선물이야?
지혜: 응.

〈4-26 관찰기록〉

관찰해석 유아에게 선물이 일방적으로 단지 주는 것으로 끝나는 것이 아니라 주었으면 또는 받았으면 다시 오고가야 한다고 생각하는 것과 같은 행동을 볼 수 있었다. Give & Take 개념의 선물로 보이는 상황은 또래 간 선물을 주고받으면서 자신에게 선물을 주는지 확인하는 모습, 선물을 받지 못했을 때의 서운함, 주기만 하는 것의 서운함 등으로 나타났다. 더 나아가 자신이 받게 될 선물에 대한 강한 관심을 보이기 유아는 친구에게 무엇을 만들고 있는지, 어떤 것을 줄 것인지에 대해 구체적으로 질문하는 모습이 보였다.

④ 선물에 대한 갈등

대원이는 하늘이에게 무엇을 받고 싶은지 물어보았다. 대원이는 하늘이에게 질문을 하고 카카를 그리기 시작하였다. 하늘이가 카카 싫다고 하였지만 대원이는 자신이 좋아한다고 하면서 계속 카카를 그렸다. 또한 대원이는 하늘이에게 핑크를 좋아하는지 물어보고서는 파란색, 검정색, 갈색, 초록색으로 계속 카카를 그렸다. 이후 하늘이에게 그림을 주자 하늘이는 "이거 안 예 예쁜 것 같아."라고 이야기하였다.

자유선택활동 시간에 대원이와 하늘이가 미술영역에서 활동을 무엇을 그릴지 이야기하고 있다.

대원: 너 뭐 받고 싶어?
대원: 카카
하늘: 나 카카 싫어하는데.
대원: 난 좋아하는데.
하늘: 난 카카 이렇게 많은 거 싫어해. 박 대원, 이렇게 큰 거 좋아해?
(모서리에 연속한 형태를 그리고 있다.)
대원: 응.
(완성 후 대원이가 하늘이에게 그림 그린 것을 주자.)
하늘: 이거 안 예쁜 것 같아.
대원: 예쁜데.
하늘: 많이는 예쁜데 쪼금은 안 예쁜 것 같아.

〈4-28 관찰기록〉

관찰해석 선물을 받았지만 마음에 들지 않는다는 표현을 뾰로통한 표정과 그림을 탁탁 치는 행동으로 드러내긴 했으나 선물을 준 친구를 앞에 두고 아주 마음에 들지 않는다고도 할 수 없는 유아의 언어는 "마음에 들지만 쪼금 마음에 들지 않아요." "많이는 예쁜데 쪼금은 안 예쁜 것 같아."와 같은 문장으로 나타났다. 물론 자신의 선물이 상대의 마음에 흡족하지 않다는 것에 대하여 선물을 주는 유아도 만족스럽지 않은 모습이 보였다. 상대의 마음을 헤아리지 않고 자신의 마음대로 선물을 주는 행위가 비록 선물을 주었음에도 불구하고 또래 간의 갈등을 초래하는 상황이었다.

(2) 선물에 대한 정의

교사는 아이들의 '선물'이라는 단어에 초점을 맞추고 이야기 나누기를 통해 선물의 의미를 찾아보고자 하였다. 선물은 대체 무엇일까? 교사가 선물을 언제 주고받는지에 대해 물어보자 유아 대부분이 크리스마스, 어린이날, 생일과 같이 특정한 날을 제시하였다. 교사가 유아에게 선물을 받았던 것을 상기시키고 특정한 날인지에 대해 물었을 때 아이들은 다시 선물에 대한 개념을 형성하기 시작하였다.

교사: 선물은 언제 주고받는 거니?
주아: 크리스마스 때~
진성: 어린이날에~
세경: 자기 태어날 때~
용석: 생일.
하늘: 아빠 사랑해요.
한비: 좋아하는 사람이 죽었을 때~
혜경: 카드도 만들어주고… 그리고 씨앗반 때~
교사: 씨앗반 때 언제 선물을 줬었니?
주아: 생일날이 돼서 선물을 친구들에게 줬어요.
혜경: 선생님 그런데 5월 5일에도 선물을 받아요.
교사: 5월 5일이 무슨 날이야?
진성: 어린이날.
교사: 그럼 선물은 왜 주는 거니?
성현: 슬플까 봐~
하늘: 기분이 좋으라고.
용석: 선물을 받으면 기분이 좋아져요.
지수: 눈물이 나올 것 같아요.
교사: 선물은 꼭 어떤 날에만 주는 것일까?
교사: 그럼 너희는 특별한 날이기 때문에 선물을 주는 거니?, 선물을 주기 때문에 특별한 날인 거니?
지수: 특별한 날이라서 선물 주는 거예요.
주호: 엄마가 특별한 날에 친구들과 같이 과자 먹으라고 하셨어요.
교사: 너희들은 어제 친구들에게 선물을 줬었지? 그리고 어진이가 오늘 선생님한테 선물을 줬지? 그럼 어제와 오늘도 특별한 날이네~
유아: 아니요.

특별한 날에만 받는 선물이 아니라 누군가의 기분을 좋게 하기 위한 선물로 개념이 바뀌면서 아이들은 선물의 형태에 관심을 갖기 시작하였다. 뽀뽀와 같은 형태가 없는 선물과 장난감과 같은 형태가 있는 선물에 대해 재정의하고 상대방의 기분이 좋으면 그것이 선물이라는 개념을 형성하였다.

교사: 선물을 왜 줬어?
주아: 사랑해서~
지수: 친구들을 사랑해서~
교사: 친구들과 엄마가 선물을 받고 기분이 좋으면 너희 기분은 어떠니?
유아: 좋아요.
은율: 행복해.
교사: 너희는 기분이 언제 좋아?
해율: 지금. 유치원에 와서.
마루: 엄마, 아빠, 이모가 데리러 왔을 때~
주호: 엄마 안아줄 때~
혜경: 엄마 선물줄 때~
주아: 엄마 뽀뽀해 줄 때~
대원: 팽이할 때~
주아: 엄마 아픈 곳 반창고 붙여줄 때~
용석: 엄마 설거지 도와줄 때~
교사: 너희들이 말한 것들은 선물이라고 할 수 있을까?
주아: 비밀 선물.
해율: (친구에게 뽀뽀를 하며)자~ 선물~
마루: 선물을 뒤에 숨기고 눈을 감으면 비밀 선물이에요.

또한 두원이의 조부모님께서 유치원에 온 날 두원이가 기분 좋았던 이유는 할머니, 할아버지가 오셨기 때문이었다. 그리고 아이들은 그것이 선물이라고 정의하였다.

교사: 지난번에 할아버지, 할머니께서 유치원에 오셨을 때 두원이가 "앗싸"라고 이야기했던 것 기억나니?

아이들: 네.

교사: 왜 두원이가 "앗싸" 했을까?

두원: 같이 놀 수 있어서.

어진: 좋으니까~

혜경: 할아버지, 할머니가 선물이네~

한비: 선물?

두원: 선물이래.

할머니, 할아버지를 유치원에 초대하는 일은 오히려 아이들이 받는 선물이었다. 할머니, 할아버지께서 오시는 것이 좋은 아이들은 할머니, 할아버지에게 어떤 선물을 주면 좋을지에 대한 고민을 시작하였다. 그때 한 아이가 "할머니 할아버지가 어떻게 와?"라는 질문에 상기되었던 아이들의 얼굴은 만감이 교차하는 모습으로 바뀌었다.

(3) 유치원 오는 길

할머니, 할아버지가 유치원에 찾아오기 위해서는 뭐가 필요하지? '지도!! 지도가 필요해요.', '핸드폰이 있으면 돼요.' 등 다양한 방법을 이야기하였다. 지도에서 어떻게 우리 유치원을 찾을지에 대한 생각, 우리 유치원 이름을 알려주어야겠다는 생각 등 다양한 이야기를 하였다.

우리 할머니는 시골에 사시는데 어떻게 오지?
사진을 넣어주면 되잖아.
우리 할아버지는 여기 오는 길 몰라.
두원이네 할아버지는 유치원 아는데~
유치원 사진 보고 오면 돼.
우리 할머니는 알 것 같아.
17번, 4319번 버스를 타요. 나는 엄마랑 4319번 타고 왔는데~

(4) 초대장은 무엇일까?

교사는 미리 준비한 다양한 형태의 초대장을 지원하였다. 이를 통해 아이들은 다양한 초대장을 관찰해보고 비교해보면서 초대장에는 무엇이 있는지 탐색하는 시간을 가졌다. 그리고 아이들이 저마다 초대장을 만들기 시작하였다.

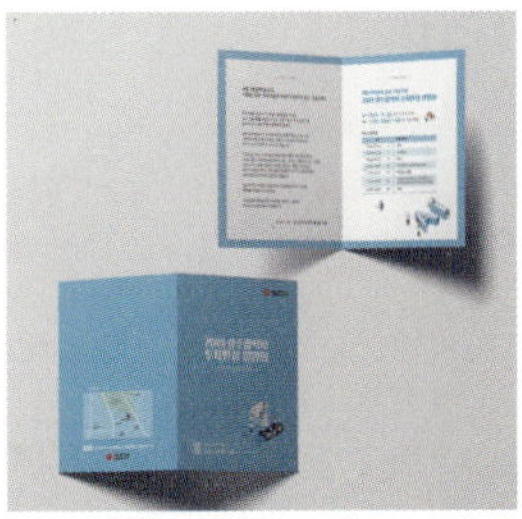

할머니, 할아버지한테 초대장을 주면 올 수 있을 거야.
꼭 OO 유치원 이름을 넣어야 해.
그래야 찾아오지.
언제 오는지도 알려줘야 해.
우리가 집에 가고 없는데 오면 어떡해.

(5) 초대장 만들기

다양한 초대장을 살펴본 유아들은 자신만의 초대장을 만들기 시작하였다. 초대장을 만들던 유아들은 초기 초대장의 '유치원에 오세요'에서 점차 시간 및 장소에 대한 약속에 대해서도 관심을 보이며 초대장의 요소를 갖추어 만들기 시작하였다.

초대장에 유치원 사진이랑 버스 번호를 넣어주자!!
우리 유치원 사진을 넣었어요.
초대장을 보고 기분 좋으라고 할아버지, 할머니 그림을 그려요.
내가 만든 거는 우리 할머니한테 줄 거야.
사랑한다고 써야 해요 보고 싶어요도~
17번, 4319번 버스도 꼭 써줘야지.
초대장에는 언제 오라고 해줘야 해요.
우리가 유치원에 없을 때 오면 어떻게 하지?
약속을 정해야 해!!

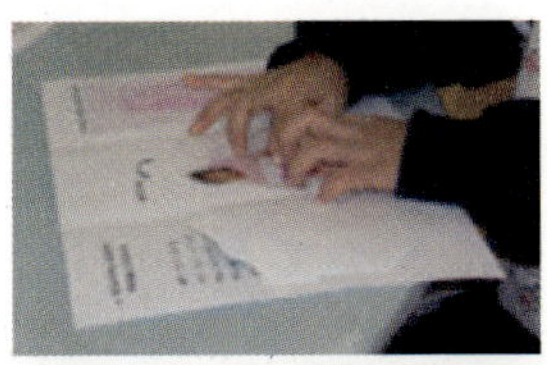

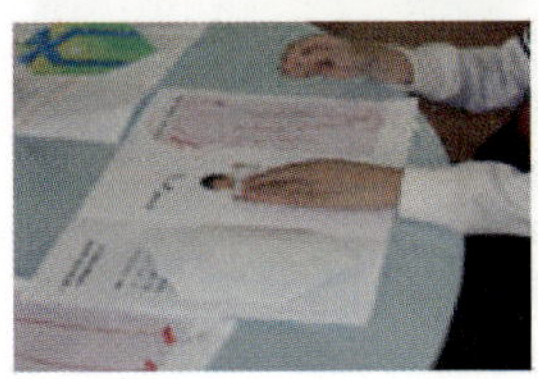

(6) 지도 만들기

초대장에 비중을 크게 차지하는 약도, 즉 지도를 보고 유아들은 자신의 집에서 유치원까지 오는 길을 그리기 시작했다. 하지만 지도 그리는 일은 그렇게 만만한 일이 아니었다. 아이들은 자신의 머릿속에 있는 길을 하나씩 되새겨 가며 그리기 시작하였다.

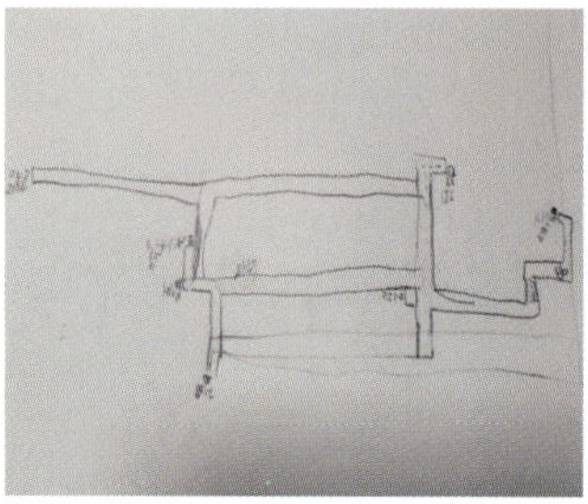

우리 집에서 유치원에 오는 길은~
쭈욱~~가서 옆으로 가서 쭈~~욱 온 다음에 또 조금만 옆으로 가면 나와.
음~ 이거 아닌 것 같아.
다시 여기로 쭈~욱. 이만큼인가?
이렇게 오면 유치원에 올 수 있을 것 같아.
지도는 그리기가 힘들다.

(7) 유치원까지 길 만들기

지도 그리기를 어려워하던 아이들에게 교사는 희망을 주고자 게임을 준비하였다. 유아가 직접 길을 만들어보고 길 마지막에는 유치원과 집을 놓을 수 있도록 하여 유치원 오늘 길을 만들어 볼 수 있도록 제안하였다. 그러자 아이들은 직접 길을 만들어보면서 지도에 대해 재미를 느끼기 시작하였다.

우리 집에서 앞으로 앞으로 앞으로
앞으로 옆으로 앞으로 음~
이렇게 오면 유치원에 도착!!!

(8) 우리 유치원 동네 탐색

유치원까지 오는 길 만들기 활동을 통해 다시 지도에 대해 관심이 높아진 유아들은 직접 유치원을 돌아보며 지도를 만들기로 하였다. 교사는 유아와 함께 유치원 근처 큰길에 있는 버스정류장에서부터 유치원까지 오는 길, 반대편에 있는 상가 등을 확인할 수 있도록 하였다.

여기에는 빵가게가 있어.
빵 먹고 싶다.
여기부터 우리 유치원은 쭈~~욱 가서 옆으로 꺾으면 나와.
별로 안 멀어.
지도에다가 GS25 편의점도 넣어야 해.

(9) 초대장 완성

초대장을 만들면서 유아는 지도에 대한 개념 및 시간에 대한 개념, 장소에 대한 개념을 형성하는 것으로 관찰되었다. 초대장의 앞면에는 자신이 그린 그림들이 들어가고 반대쪽에는 지도가 들어가도록 하였다. 아이들은 맨 앞장에 초대장이라고 쓰기도 하고 앞장에는 그림만, 안쪽에 내용을 적은 친구들도 있어 다양한 초대장이 만들어졌다.

이걸 보면 길을 찾아갈 수 있을 거 같아요.
유치원에 할머니랑 할아버지가 잘 올 수 있을 거야.
초대장이라고 앞에 써야지.
날짜랑 그런 거는 안에다가 쓸 거야.
빨리 오면 좋겠다.

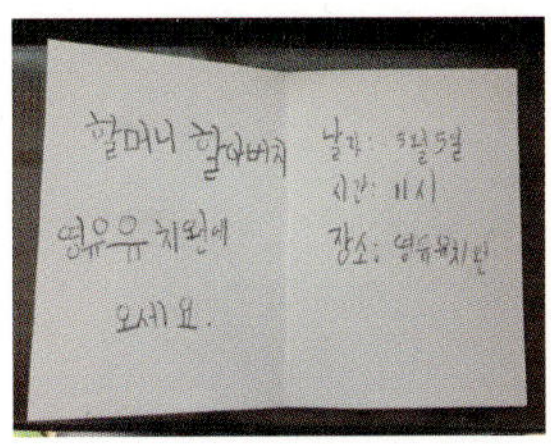

(10) 전달

초대장이 완성되자 어떻게 하면 전달할 수 있을지에 대해서 생각을 하였다. 고민하던 잎새반 친구들과 함께 우체통에 대해 이야기를 시작하였다.

어떻게 하면 초대장을 할아버지, 할머니, 아빠에게 전달할 수 있을까?
집에 갔다줘요.
우리 할머니네는 시골이야.
우체통에 넣어요.
우체통이 어디에 있어요?
너희가 지난번에 우체통에 넣으면 된다고 해서 선생님이 우체통이 있는지 찾아보았는데 우리가 지도를 그리기 위해 갔던 큰길에 가면 우체국이 있어.
와~ 신난다. 그럼 거기 가요.

아이들에게 선물이란 다양한 의미를 가진 개념이었다. 선물을 받았을 때의 기분 관계 형성, 선물을 만들어주었다는 자부심 등을 통해 유아는 자신이 가치 있으며 행복하고 기쁘다고 하였다. 이러한 경험을 조부모님 초대와 연결지어 눈에 보이지 않는 것, 행동도 선물이 될 수 있음을 인식하게 되었고 이 과정에서 나타난 지도를 통해 사회교육의 지리활동이 이루어질 수 있었다. 매일 유치원에 오는 길이지만 그냥 지나치던 길을 다시 한 번 보고 그림으로 나타내는 과정을 통해 유아는 지도 및 방향에 따른 감각을 기를 수 있는 시간이었다.

PART II CHAPTER 4

4. 환경교육

생각해보기

환경을 위해 내가 실제로 실천하고 있는 것이 있다면 친구들과 이야기 나누어보세요.

1. 환경교육의 개념

목표

환경교육에 대해 알고 지도할 수 있다.

■ 관련자료

[교육부] 환경자료

환경은 우리를 둘러싼 모든 것으로, 생물과 무생물로 나눌 수 있으며 구체적으로는 사람과 사람을 둘러싼 자연환경 및 생활환경으로 나눌 수 있다(홍지명, 2019). 자연환경과 생활환경은 서로 상호 관계를 가진다. 자연환경이란 인간이 만든 것이 아닌 자연 그대로의 것을 의미하며 물, 흙, 동식물과 같이 형태가 있는 것과 바람, 공기 등과 같이 형태가 없는 것을 예로 들 수 있다. 또한 생활환경이란 인간이 만든 것으로 건물, 도로, 집 등과 같은 형태가 있는 것과 문화, 법 등과 같이 형태가 없는 것으로 나누어 볼 수 있다. 환경이란 복잡성과 다양성을 가지고 있으며 환경을 구성하고 있는 모든 요소는 끊임없이 변화한다. 지금까지 경험해 온 바와 같이 인간과 환경과의 상호관련성에 대한 이해 부족으로 인해 자연을 훼손하고 중요시하지 않았던 부분을 바로 잡고 환경에 대한 한계성 및 희소성을 인식함으로써 환경의 중요성에 대해 알고 보존에 대한 당위성 유아에게 인식시킬 필요가 있다.

환경교육이란 자연에 대한 감수성과 인간에 대한 애정을 가지는 경이감에 대한 교육이다. 유아는 자신과 주변 환경과의 관계를 인식하고 환경 보전 태도 및 지식과 기능을 학습하며, 문제에 능동적으로 대처하는 실천력을 배양하는 방법을 배우는 것이다. 또한 환경에 관련된 문제점을 인식하고 발견하여 이를 해결하기 위하여 환경에 관한 지식, 기술, 태도를 증진시킴으로써 환경 보전을 위한 바람직한 가치관과 태도의 측면으로 강조점이 전환되고 있다(환경부, 2002).

2. 환경교육의 목적 및 목표

환경교육의 목적은 유아들이 자신과 주변 환경과의 관계를 바르게 인식하여, 환경을 보전할 수 있는 태도를 형성하고 지식과 기능을 습득하여 환경 보전에 힘쓸 수 있는 성인으로 자라도록 하는 것이다.

이를 위한 환경교육의 목표는 다음과 같다. 첫째, 환경에 대한 기본적인 이해를 도우며 환경에 대한 올바른 가치관을 형성한다. 둘째, 환경을 소중히 여기는 마음과 태도, 관심을 가지며 일상생활에서 환경을 보전하고 환경문제를 해결하고자 하는 태도를 형성한다. 셋째, 자연, 인간 및 문화 환경의 상호의존성을 이해하고 존중한다. 넷째, 환경의 아름다움을 인식하고 감상할 수 있다.

3. 환경교육의 내용

환경교육은 유아의 생활 전체와 관련되는 것이어야 한다. 환경교육의 내용을 크게 첫째, 환경개념, 둘째, 환경구성, 셋째, 환경문제 3가지의 영역으로 구분하여 볼 수 있다.

첫째, 환경개념을 통해 인간과 자연의 조화로운 삶을 이해하며, 자연 생태계로서로 협력과 상호의존의 관점에서 함께 공존하는 태도를 기른다.

개념	하위개념	내용
환경개념	환경과 인간	인간과 자연의 조화로운 삶을 이해하며, 협력과 상호의존의 관점에서 함께 공존하는 태도를 기른다.

둘째, 자연환경과 생활환경으로 나누어 생태계의 생명체에 대해 알고 동식물 보호하며 생활환경으로 사람에 의해 이루어진 환경을 인식하는 것이다.

개념	하위개념	내용
환경구성	자연환경	자연환경과 인간과의 관계를 알고 생태계 구성을 파악하며, 생태의 의미와 중요성을 이해하고 환경 체험 학습에 대해 관심을 가진다.
	생활환경	인간의 삶과 관련된 환경의 구성과 특징을 알고, 친환경적인 환경에서 살 수 있도록 노력하며 관심을 가진다.

셋째, 환경오염으로 주변 환경 깨끗이 하기로 오염, 훼손된 환경을 보호하는 방법을 알고 지키는 것이다.

개념	하위개념	내용
환경문제	공기	공기의 소중함을 알고, 공기가 오염되는 원인과 현상 및 대책을 파악하여 문제점을 개선하기 위해 노력하는 태도를 기른다.
	물	물의 소중함을 알고, 물과 바다가 오염되는 원인과 현상 및 대책을 파악하여 문제점 개선에 참여하는 태도를 기른다.
	흙	흙의 소중함을 알고, 흙의 오염 및 현상과 대책을 파악하며, 문제점을 개선하기 위해 노력하는 자세를 기른다.
	정화	자원순환의 처리 과정을 알고, 생활 속에서 오염이 발생되는 것을 최소화하려는 노력에 적극적으로 참여하는 태도를 기른다.
	소음과 진동	소음과 진동의 원인을 알고, 생활 속에서 소음과 진동을 최소화하려는 노력에 적극적으로 참여하는 의지를 기른다.
	자연재해	자연재해가 발생하는 원인과 현상은 및 사람에 의해 자연재해가 증대되고 있는 사례를 알고, 올바른 대책에 관심을 가진다.
	재활용과 에너지	자원의 사용과 재활용에 대해 알고, 신재생에너지 필요성을 이해하며, 자원과 에너지를 절약하고 효율적으로 이용하는 것을 실천하는 자세를 기른다.

4. 환경교육 프로그램

교육과학기술부(2012)에서는 국가와 지역사회의 지속가능한 발전을 목표로 환경을 보존하고 개선하는 데 중점을 두었던 교육에서 환경과 경제가 상호보완적으로 발전해 나아가기 위하여 녹색성장교육활동 자료를 개발하였다. 내용은 다음과 같다.

주제	순서	활동
녹색성장을 가정에서 실천해요	1	반지, 반순이, 초록이와 친구가 되어 보세요
	2	제철 식물을 이용한 요리를 해 보세요
	3	식물을 길러보세요
	4	과자 봉지에서 환경마크를 찾아보세요
	5	CO_2 다이어트 운동을 해보세요
	6	자전거 놀이를 해보세요
	7	우리 가족 환경 달력을 만들어보세요
	8	우리 집 탄소 발자국을 계산해보세요
	9	우리 집 전구 수를 세어 보세요
	10	하늘로 풍선을 날리지 마세요

출처: 교육인적자원부(2012). 유아 녹색성장 교육 프로그램

5. 환경교육 실제

– 개미 프로젝트 –

유아의 봄은 식물에서 온다. 마른 나뭇가지에서, 굳어 있던 땅에서 조금씩 피어오르는 새싹과 초록 잎들에서 유아는 봄을 느낀다. 초록빛에 관심을 보이던 아이들이 이내 개미를 발견했다. 개미를 발견한 어떤 아이들은 개미가 나타났다고 소리를 지르고 어떤 아이들은 개미를 밟기 시작한다. 아이들은 개미 밟고 있는 아이들을 하지 말라고 말리는 친구들도 보이고 어떤 친구는 개미가 가는 것을 유심히 보고 있다. 개미는 대체 어디로 가는 것인지 궁금하단다. 개미에 대해 알아보아야겠다.

1) 유아 놀이 관찰

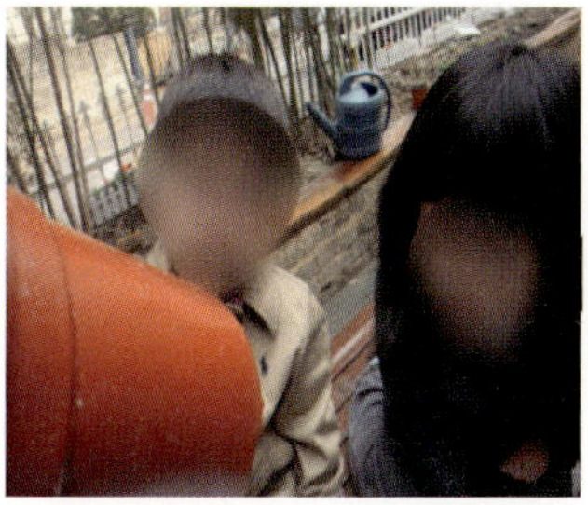

여기 개미 있다.
개미가 나타났다!!!
큰일 났어!! 개미가 나타났어!!
밟아!! 밟아!!

"개미를 왜 밟는 거니?"라는 교사의 물음에 유아는 이렇게 답한다. "개미가 꽃을 먹어요 그래서 개미를 죽여야 해요.", "개미가 꽃을 악하고 물을 수 있어요.", "왜 개미가 꽃을 악하고 물어?", "먹을라고요.", "개미는 꽃을 먹어?", "개미가 꽃을 먹어요.", "아니야 개미는 흙에 있으니까 흙을 먹지.", "아니야 나뭇잎을 먹어.", "개미는~ 아니야 꽃을 먹을라 그래~" 개미가 정말 꽃을 먹는 것인지에 대해알아 보아야겠다.

2) 주제 선정

개미는 대체 뭘 하고 있다가 아이들에게 발견된 것일까? 이러한 생각을 하다 보니 교사에게는 여러 생각이 든다. "아이들은 왜 왜 개미를 보면 소리를 지를까? 개미를 왜 발로 밟으려고 하는 것일까? 유아들에게 개미는 어떤 존재일까?" 교사에게 드는 질문과 유아의 궁금점을 함께 알아보고자 아이들과 주제로 선정하여 활동을 진행하고자 한다.

3) 질문 및 가설

- 유아들은 왜 개미를 보면 소리를 지를까?
- 왜 발로 밟으려고 하는 것일까?

– 유아들에게 개미는 어떤 존재일까?
– 개미는 꽃을 먹어요.
– 개미는 어디로 가는 거예요?
– 개미는 얼마만큼 커요?

4) 예상주제망

유아의 놀이를 통해 교사가 예상한 주제망은 다음과 같다.

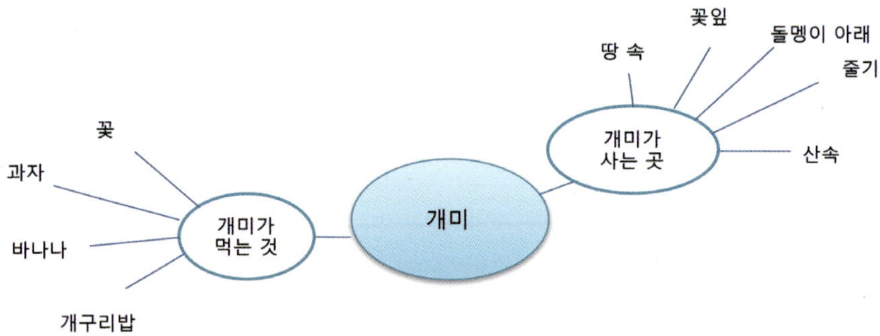

5) 목표

■지식 – 개미의 먹이에 대해 안다.
– 개미의 성장에 대해 안다.
■기술 – 개미가 가고 싶은 길로 갈 수 있도록 지켜볼 수 있다.
– 개미를 관찰할 수 있다.
■태도 – 생명에 대한 소중함을 가진다.
– 개미에 대해 관심을 갖는다.

6) 자원목록

환경에 대한 부분에 있어 교사가 예상되는 방향에 따라 1차적 자원과 2차적 자원을 다음과 같이 준비하였다.

[1차적 자원]
–실물 : 개미, 다양한 먹이 등
–사람 : 개미 박사, 개미를 기르는 사람
–견학 : 개미집 만드는 곳, 텃밭 산

[2차적 자원]
–책 : 『개미』, 『개미의 수박파티』, 『개미와 베짱이』, 『개미와 비둘기』, 『개미가 올라간다』, 『개미들의 소풍』, 『한밤중 개미요정』, 『개미와 물새와 딱다구리』, 『조금 남다른 개미』, 『7년 동안의 잠』 등
–사진 : 개미 모습, 개미 집 모습 등
–동영상 : 개미와 수박 https://cafe.naver.com/raonmoa/539
EBS 다큐프라임 – 비밀의 왕국 1부 – 제국의 탄생
#001 https://youtu.be/qnNdzldTayg

7) 유아사회교육 관련 내용

교사는 사회교육에 있어 환경에 속하는 내용임을 확인할 수 있다. 또한 환경에 있어 어떠한 요소를 중심으로 유아와 놀이를 하며 놀이를 지속적으로 지원할 수 있는가에 대해 고민할 수 있다.

지리	역사	경제	환경	다문화	통일	양성평등	민주시민
			ㅇ				

8) 예상 활동안

본 활동에서의 예상 활동안은 5개 영역별로 구성하였다. 첫째, 의사소통영역에 속하는 동화, 동시, 동극, 둘째, 자연탐구영역의 관찰 및 실험, 셋째, 신체 운동 건강 영역의 게임, 실외활동, 넷째, 예술경험 영역의 음률, 신체, 조형 및 감상, 다섯째, 사회관계 영역의 전반적인 주제 내용 및 가정연계에 대한 부분을 기초로 다음과 같이 구성하였다. 이외에 사회관계에 대한 내용 중 더불어 생활하기와 사회에 관심 가지기 부분을 강조하여 교육활동에 적용하고자 하였다.

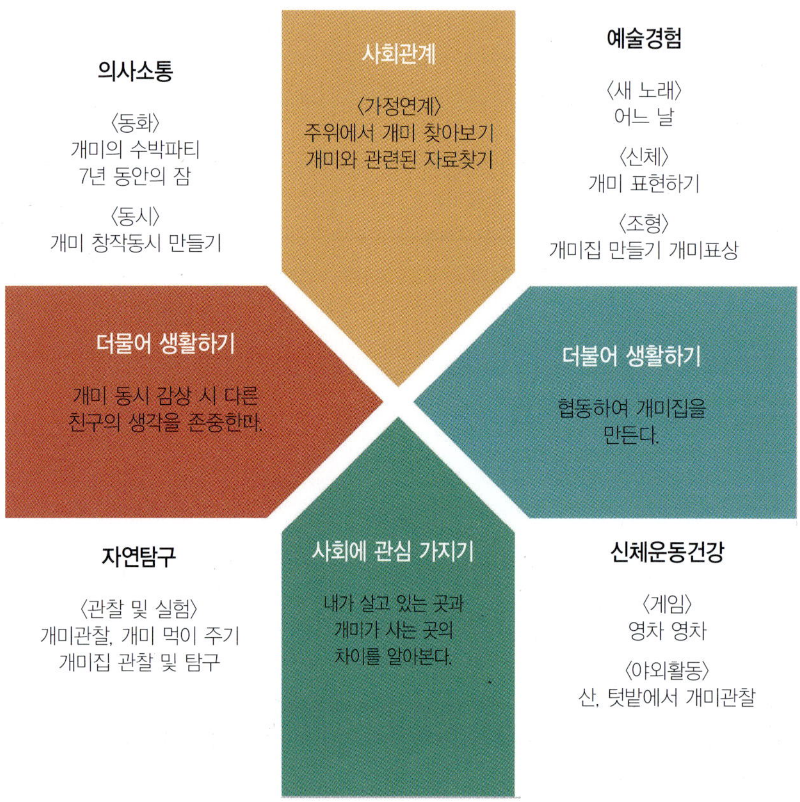

9) 놀이 활동 지원

(1) 개미를 찾아라

개미를 보기 위해 교사는 돋보기를 제공함으로써 유아들이 흥미를 가지고 개미를 찾도록 지원하였다. 개미를 찾기 시작하는 아이들은 개미를 땅에서도 발견하고 나무에서도 발견한다.

개미야 어디 있니?
여기 개미가 있어!!!

(2) 개미는 무엇을 먹을까?

개미가 무엇을 먹는지 알고 싶어한다는 교사의 생각은 개미에게 여러 가지 먹을 것을 제공하는 것이 필요하다고 생각하였다. "개미는 무엇을 먹는 것 같아?"라는 질문에 제시했던 꽃, 흙 등의 다양한 이야기를 참고하여 교사는 몇 가지 아이들에게 줄 것들을 생각해보았다. 개미를 잡아 관찰할 수 있는 박스를 먼저 제공하였다. 찾은 아이들은 개미가 무엇을 먹는지에 대해 이야기를 나누며 관찰을 시작한다. 선생님 개미가 무엇을 먹을까요?

꽃을 안 먹네~
나뭇잎도 안 먹어.
개미는 무엇을 먹을까?
개미한테 물어보고 싶다.
밥풀을 줄까?

아이들이 관찰한 결과 개미는 꽃잎도 나뭇잎도 먹지 않았다. 그러자 아이들은 난감해졌는지 개미에게 직접 물어보고 싶다고 이야기를 하였다. 이제 아이들이 생각했던 가설은 정리가 되고 다른 가설이 생겨났다. "개미도 우리처럼 밥을 먹는 것이 아닐까?" "올챙이는 우리가 밥을 주니까 그거 주면 되지 않을까?" "그럼 사과도 먹을 것 같아." 아이들은 우리가 먹는 것으로 옮겨 개미에게 다양한 먹이를 주고 싶어 했고 사과, 과자, 바나나 등 몇 가지의 먹이를 개미에게 주고 관찰하기 시작했다.

올챙이 밥을 먹을지도 몰라.
개구리한테 올챙이 밥을 줘보자.
사과줄까요? 빵을 줄까요?
과자도 줘 봐요.
난 바나나 주고 싶어요.

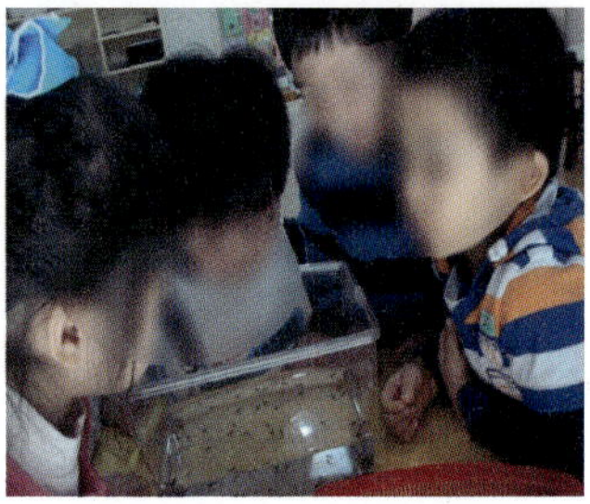

(3) 개미는 자기보다 큰 먹이도 가져가

아이들은 개미가 과자를 가져가는 모습을 보며 개미가 먹는 것은 과자 사과 바나나 등을 먹는다는 결론을 내렸다. 개미가 가장 좋아하는 것은 무엇일까?

개미가 빵을 가져간다.
엄청나게 큰 빵이야.

(4) 개미 동시 짓기

아이들은 어디를 가나 개미를 찾는다. 산에 오를 때도 텃밭에 나갈 때도 어딘가에 개미가 있다며 개미를 찾는 데 열중한다. 개미에 대해 알아온 내용들을 가지고 아이들은 개미에 대한 동시를 만들기 시작하였다. 다양한 개미 동시를 읊어보면서 다른 친구들의 생각을 공유하고 관심을 가져 주기로 함에 따라 유아들은 자신의 동시뿐 아니라 친구들의 동시에도 많은 관심을 보였다.

개미

가느다란 개미가
살금살금 먹을 것을
찾으러 간다.

먼지 같이 작고
잘 보이지 않는 개미

먹을 것을 옮기다가
집주인에게 들통났네.
야, 도망가자!
개미들은 사르르 사라진다.

개미의 특징을 잘 살려서 동시를 만들다 보니 개미가 스르르 사라져 어디로 갔는지 궁금하다. 개미가 어디로 간 것일까? 교사는 개미가 과연 어디로 간 것일지에 대해 유아에게 물었다. 이아들은 개미가 과연 어디로 간 것일까 하는 생각에 개미를 다시 찾아나섰다.

(5) 개미집 발견 및 관찰

개미야 어디 가니?
여기 개미가 엄청 많이 있어!!!

개미는 흙속에 산다. "우리가 유치원이 끝나고 집에 가는 것처럼 개미도 집에 갈 거야. 개미집은 어디 있지? 개미는 흙속에 사나? 땅속에 살아~ 개미집에 먹을 것이 많이 있나? 개미는 왜 땅속에 살지? 우리처럼 집을 짓고 살지."라며 개미집에 관심을 보였다.

(6) 개미집 관찰 및 표상

아이들이 개미집에 관심을 보임에 따라 교사는 아이들에게 개미집을 지원하기로 했다.

개미가 길을 만들고 있어.
개미집이야.
개미는 5층 집에 사네.
땅속에 살고 있는 거야.
그러니까 땅속 5층이라고!!

이후 관찰한 것을 직접 아이들에게 개미집을 꾸며보는 것은 어떤지 제안하였다. 그러자 아이들은 교사가 준비해 놓은 종이에 모래와 콩을 이용하여 개미집을 표현하였다.

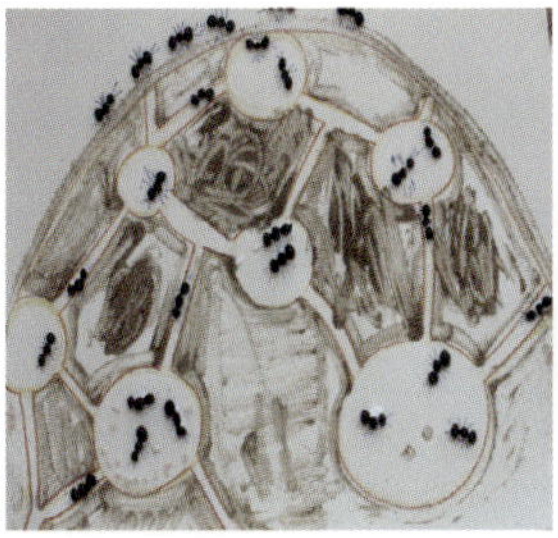

개미가 길을 만들은 거예요.
개미가 여기도 있고 여기도 있어.
여기는 아기 개미 방이야.
개미집은 방이 진짜 많아.

(7) 개미집 만들기

개미가 흙에서 살고 있는 모습을 본 유아들은 자신들도 개미집을 만들어보고 싶다고 하였다. 이에 교사는 개미집을 만들어보기 위한 흙을 준비하여 유아에게 제공하였다. 아이들은 개미 집을 만들기 위해 다양한 의견을 나누며 개미집을 만들고자 하였다.

개미는 흙에 사니까 흙으로 만드는 거야.
나무도 있지! 응.
꽃은? 응 꽃도 있어 산도~
산도 만들고 싶구나!
벽도, 벽도 세워야지.
벽 (손으로 벽을 표현하며) 이렇게 알도 있어야 돼요.
개미 알요. 방도 만들어요. 장난감~

실제 개미집을 만들어보고 개미를 흙 위에 놓았을 때 개미들이 흩어지는 모습을 보였다. 아이들은 우리가 지어준 집을 별로 좋아하지 않는다고 속상해 하기도 하고 어떤 친구들은 개미가 원래 자기 집이 있기 때문에 자기 집에 갔다고 이야기하기도 하였다.

(8) 개미가 집에서 하는 일은 무엇일까요?

개미가 집에서 잘 살기 위해서는 개미의 특성을 알아볼 필요가 있다. 아이들에게 개미가 집에서 하는 일을 물어보자 다양한 이야기가 나왔다. 유아는 자신들이 일상적으로 집에서 하는 활동들을 이야기하면서 이야기를 만들기 시작하였다.

개미가 싸우고 있어요.
형아 개미가 언니 개미랑 놀고 있어요.
개미가 괴물이랑 싸우고 있어요.

(9) 개미는 어떻게 자라나요?

교사는 개미에 대해 조금 더 관심을 가질 수 있도록 개미에 대해 알아보기를 제안하였다. 아이들이 개미에 대한 책을 통해 개미집에서 다시 개미에게 관심이 가는 것을 보게 되었다. 개미가 성장하는 과정과 개미의 특징에 대해 관심을 갖는 유아가 생기기 시작하였다. 교사는 개미에 대해 아이들의 이야기를 듣고 개미가 성장하는 과정에 대해 이야기를 나눈 후 개미 알에서 개미가 되어 가는 과정을 몸으로 표현해보았다.

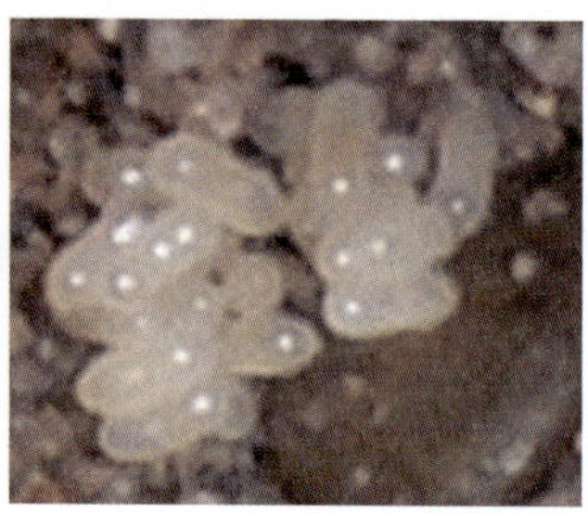

개미 알이 되었어요.

번데기가 되었어요.

개미가 되었어요.

(10) 개미의 변화 표상

개미를 표상하는 데 있어 기존에 색칠 자료를 주었다면 이번에는 입체를 구성할 수 있는 다양한 매체를 제공하였다. 아이들이 표현하는 개미는 아직 3등분으로 나뉘어 있기보다는 자신의 생각 속 개미를 표현하는 모습이 관찰되었다.

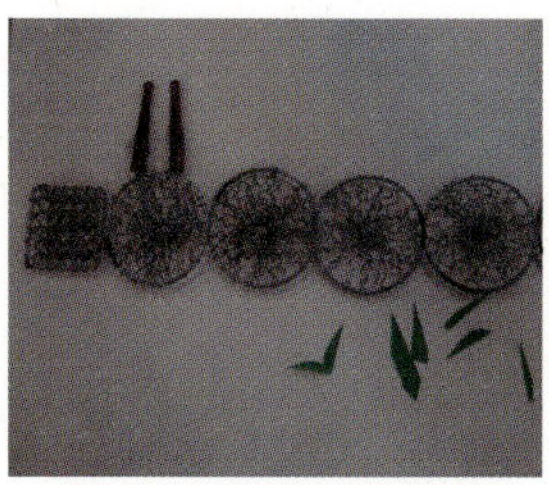
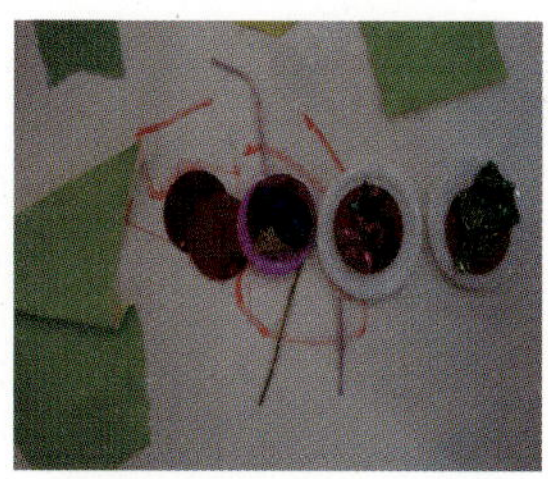

지속적인 입체 표상활동을 통해 아이들은 개미는 다리가 몇 개지? 그리고 개미는 어떻게 생겼어? 등의 질문을 통해 개미의 모습이 정교화되는 것을 볼 수 있었다.

개미 다리가 몇 개지?
찰흙에 구리선을 하니까 개미가 걸어가!!
개미 다리는 6개야.
그래? 개미를 보고 와야겠어!!

환경적인 측면에서 개미가 사는 곳과 우리가 사는 곳에 대한 비교 및 개미의 특성에 대해 알아보는 시간이 되었다. 아이들은 개미에 대한 프로젝트를 통해 개미가 먹는 것에 관심을 갖게 되었고 개미를 소중하게 생각하는 계기가 되었다. 이러한 개미를 소중하게 생각하는 과정에서 어떻게 하면 개미가 잘 살 수 있는 환경을 만들 수 있을지, 우리가 환경을 깨끗하게 함으로써 자연과 함께 살아가는 것이 얼마나 중요한지에 대한 생각을 해볼 수 있었으므로 아이들로 하여금 지속적으로 자연환경을 지킬 수 있도록 힘써야 하겠다.

PART II　CHAPTER 5

5. 다문화교육

생각해보기

이미을 가고 싶은 나라가 있나요? 그 나라에 이민을 가게 되었다는 가정하에서 내가 그 나라에 갔을 때 경험하게 될 미래에 대하여 우리나라에 이민 온 사람에 대한 경험에 비추어 이야기 나누어 보세요.

1. 다문화교육의 개념

목 표

다문화교육에 대해 알고 지도할 수 있다.

■ 관련자료

[교육부] 세계이해 및 다문화자료

다문화는 한 사회 안에 여러 민족이나 여러 국가의 문화가 혼재한 것을 이르는 말로 여러 나라의 다양한 생활양식이라는 뜻이다. 문화권마다 강조하고 중요하게 생각하는 가치가 다른데, 이 역시 유아가 자신을 평가하는 방식에 영향을 미칠 수 있다(Nelson, 2003). 다시 말해, 유아가 자신에 대해 어떻게 생각하는지는 아동이 자란 문화에 따라 달라질 수 있다는 것이다. 한 사회 안에 여러 민족, 여러 국가의 문화가 혼재하는 것으로 다인종, 다민족으로 구성된 사회와 국가에서 다양성을 존중한다는 의미를 내포한다. 우리나라는 다문화 사회로 가는 과정으로 다문화 사회란 인종이나 종족, 문화적으로 다원화되어 있는 사회로 소수 집단 문화의 경계, 내국인 문화와 이주민 문화의 경계를 넘어서 서로의 문화를 가치 있게 여기고 존중하려는 사회이다.

다문화교육을 바라보는 관점은 크게 세 가지로 나뉜다. 첫째, 문화결핍 모형에 토대를 둔 동화주의 교육, 둘째, 다양성에 초점을 두는 다문화교육, 셋째, 비판적인 다문화교육이다. 문화결핍 모형에 토대한 동화주의 교육은 동화주의 개념으로 미국에서 백인 청교도 문화에 새로 온 이주자들의 소수민족 문화 간 갈등을 해소하기 위하여 나타난 것으로 이주자가 이주 전에 가지고 있던 자신의 정체성이나 문화, 언어를 버리고 미국의 문화에 동화되어 미국 사회의 성공적인 시민이 되도록 하는 데에 목적을 둔다(안지송, 2019). 둘째, 다양성에 초점을 두는 다문화교육은 있는 그대로의 다양성을 존중한다는 전제에서 출발한다. 동화주의적 관점과는 달리 소수 집단의 사고방식이나 생활양식이 비교되거나 평가되기보다 집단 간의 조화와 상호협력을 중시하기 때문에 모자이크 이론으로도 불린다(이종원, 2008). 셋째, 비판적인 다문화교육은 주류 문화와 비주류 문화 사이에 존재하는 불평등 관계를 인식하는 것에서 출발하였다. 즉, 한 문화가 다른 문화에 비해 우세하거나 열등하지 않음을 알게 하고 현재 부조리가 있을 때 이를 수정할 수 있고 도움이 될 수 있는 지식이나 행동의 실천을 배우는 것이다(Banks, 2009). 이를 통해 다문화교육은 사회 안에서 일어나는 불평등 해소와 기회균등과 사회의 구성원으로서 비판적 안목을 기를 수 있다.

2. 다문화교육의 목적 및 목표

다문화교육은 인종, 민족, 사회적 지위, 성별, 종교 등에 따른 다양성을 존중하여 함께 잘 살아가는 것을 목적으로 한다. 이에 따라 목표는 다음과 같다. 첫째, 다양한 문화를 동등한 가치로 인식한다. 둘째, 다양한 문화를 이해하기 위한 지식, 기술, 태도를 형성한다.

3. 다문화교육의 내용

우리나라의 다문화교육은 타 문화에 대한 이해와 상호존중보다는 다문화 유아나 다문화 가정에게 한국어와 한국문화 이해 등 우리나라에 대한 문화 학습에 초점을 두고 있다. 이로 인해 다수의 한국인을 대상으로 하는 다문화 이해 교육은 활발하게 이루어지지 않고 있다. 따라서 일방적 한국화 교육이 아니라 이주민과 다문화 아동들이 가진 특성을 계발하는 것에 바탕을 두는 다문화교육이 이루어져야 한다.

다문화교육은 다양한 문화에 대한 이해 및 수용을 기초로 한다. 첫째, 각 문화에 대하여 열린 마음으로 유사점과 차이점 이해하고 존중하며 수용하기, 둘째, 여러 다른 집단에 관심을 가지고 상호작용하며 협력하기, 셋째, 다양한 문화 속에서 자신이 가지는 정체성에 대한 긍정적 자아개념, 집단의 정체감 형성하기, 넷째, 인종, 계층, 장애 등에 대한 편견을 버리기, 다섯째, 민족, 가족구조, 직업 등 다양한 문화에 대한 민감성 형성하기 등이 있다. 교육 방법으로는 다문화 유아가 많은 지역에서는 직접적인 만남이나 생활이 교육으로 이어질 수 있으며 그렇지 않은 지역에서는 미디어를 통해 간접적으로 다문화를 접촉하는 경우가 많다. 따라서 문화적으로 편견이 없는 적합한 교재, 교구를 선택하고 문학이나 토의, 극 놀이 등 다양한 활동을 제공하는 것도 방법이 될 수 있다.

4. 다문화교육 프로그램

충청북도 육아종합지원센터(2014)에서는 사연 있는 인형을 활용한 다문화교육 프로그램을 개발하여 사례연구를 실시하였다. 내용은 다음과 같다.

	번호	다문화 관련 요소	활동명
가을	1	문화 인종 가족	단풍잎 모자이크
	2	문화 인종	'다람쥐' 노래 맞춰 율동하기
우리나라	3	문화 인종 가족	엄마랑 함께 가을축제에 가요
	4	문화 인종 가족	친구와 놀다가 우는 아이 밍밍이
	5	문화	우리나라 음식 찾아보기
	6	문화 인종 가족	우리나라를 나타내요
	7	문화 인종 가족	내 친구는 이런 걸 잘해요
	8	문화	김치전 만들기
세계 여러 나라	9	문화 인종	동시 '우리는 친구'
	10	문화	다른 나라 음식을 알아보아요
	11	문화 인종 가족	옷가게 놀이하기
	12	문화 인종 가족	요리 활동 '월남쌈' 만들기
	13	문화 인종	여권 들고 세계여행 떠나기
	14	문화 인종	친구 엄마 나라에 대해 알아보아요

5. 다문화교육 실제

– 다른 나라에 사는 사람 프로젝트 –

독일로 이민을 간 유진이라는 친구에게 연락이 왔다. 아이들은 유진이가 잘 지내는지 독일은 어떤 나라인지에 대해 궁금해하기 시작하였다.

1) 유아 놀이 관찰

독일에 이민을 간 유진이는 지금 독일에 있는 유치원에 다니고 있다고 한다. 그 곳에서는 유치원을 '키타'라고 부른다고 한다. 아이들은 유진이의 사진을 보며 놀란 것이 있었다. 유진이만 머리카락의 색이 검정색으로 보였기 때문이다. 아이들은 유진이를 둘러싼 다른 아이들의 모습에 관심을 보였고 우리 유치원의 영어선생님에게도 관심을 보이기 시작하였다.

애들아 안녕~
라라가 내 신발 던졌어.
칼로타가 나보고만 딸기 먹지 말라고 했어.
놀이에 끼워주지 않아서 속상한 일들이 많아서 엄마에게
이야기했더니 엄마는 그 아이들하고 놀지 말라고.
뭐라고 하면 선생님께 말하라고 했는데 이제 나는 리라랑
칼로타랑 친한 친구가 되었어.
너희는 어떻게 지내니?

2) 주제 선정

아이들에게는 새로운 나라 독일로 간 친구는 아쉽기도 하고 보고 싶은 존재이기도 하다. 그런 유진의 연락을 받은 아이들은 유진이가 궁금하기도 하고 독일이라는 곳이 궁금하기도 하다. 또한 독일에서 유치원을 다니는 것과 한국에서 유치원을 다니는 것, 독일이라는 나라와 한국이라는 나라, 더 나아가 다른 나라에 대해 알아갈 수 있는 기회라고 생각됨에 따라 교사는 유아들의 놀이를 확대하여 주제로 삼고 놀이를 지원하고자 하였다.

3) 질문 및 가설

- 독일은 멀어요?
- 독일 아이들은 머리카락 색깔이 다 하예요?
- 그 친구들은 한국말 해요? 영어해요?
- 유진이가 독일이 좋데요?

4) 예상주제망

교사는 유아와 활동을 하며 유아가 가지는 생각에 대해 알아보고자 하였다.

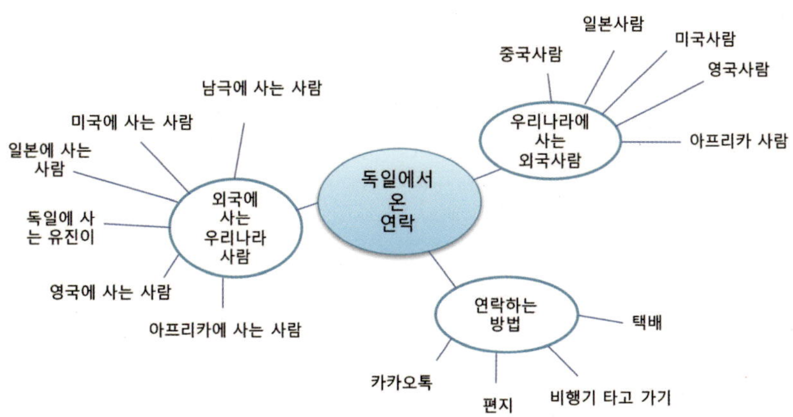

5) 목표

■지식 – 다른 나라에 대해 안다.
– 다른 나라에 사는 사람들에 대해 안다.

■기술 – 다른 나라에 사는 친구와 전화나 편지로 연락할 수 있다.
– 다른 나라에서 온 사람들에게 우리나라를 알려줄 수 있다.

■태도 – 다른 나라의 문화를 소중하게 생각하는 태도를 지닌다.
– 우리나라에 대해 자부심을 갖는다.

6) 자원목록

다문화에 대한 부분에 있어 교사가 예상되는 방향에 따라 1차적 자원과 2차적 자원을 다음과 같이 준비하였다.

[1차적 자원]
– 실물 : 핸드폰, 편지 등
– 사람 : 우리나라에 이민 온 외국인, 우리나라 사람이지만 다른 나라에 사는 사람
– 견학 : 아인스월드

[2차적 자원]
– 책 : 『살 색은 다 달라요』, 『세계인이 모여 만든 나라 미국』, 『다름』, 『내 이름은 난민이 아니야』 『메콩강의 노래』, 『엄지동자』, 『색동다리』, 『세계관의 축제』 등
– 사진 : 각 나라의 대표 건축물, 축제 장면 등
– 사진 : 각 나라의 대표 건축물, 축제 장면 등
– 동영상 : 어느 나라 사람일까요? – 다문화 가정에 대한 한국인의 편견
https://youtu.be/zASsZc2k4SM
어린이 다문화 탐방 미국여행 – TOMO 토모키즈 세계여행 #1 https://youtu.be/631P8DEpuQw
해리포터와 런던에서 숨바꼭질 | 영국여행 | 세계여행
https://www.youtube.com/watch?v=Cnu1bG3RqRY
한국에선 안되지만 독일에선 의외로 괜찮은 행동들 https://youtu.be/yXOgllPRsKg

7) 유아사회교육 관련 내용

친구의 연락에서 시작된 독일에 대한 관심은 유아사회교육의 다문화에 포함된 것으로 보였다. 우리나라에서 다문화교육은 우리나라에 이민을 온 사람 대상으로 이루어지는 경우가 많이 있다. 하지만 다문화에 대한 개념은 우리나라에 온 사람들뿐 아니라 언제든 우리도 다른 나라에 갈 수 있음을 깨닫고 세계시민으로서의 자세를 갖는 것이 필요하다. 따라서 유아가 세계시민으로서의 자세를 가지고 다문화에 대해 인정하는 자세를 갖는 것이 필요하다. 이에 교사는 유아에게 다문화에 대해 지속적으로 지원할 수 있는 방법이 무엇인지, 다문화에 있어 어떠한 요소를 중심으로 유아와 놀이를 하며 놀이를 지원할 수 있는가에 대해 고민할 수 있었다.

지리	역사	경제	환경	다문화	통일	양성평등	민주시민
				ㅇ			

8) 예상 활동안

예상 활동안은 영역별로 구성된다. 첫째, 의사소통영역에 속하는 이야기 나누기, 동화, 동시, 동극, 둘째, 자연탐구영역의 관찰 및 요리, 셋째, 신체 운동 건강 영역의 게임, 실외활동, 현장견학, 넷째, 예술경험 여역의 음률, 신체, 조형 및 감상, 다섯째, 사회관계 영역의 전반적인 주제 내용 및 가정연계에 대한 부분을 기초로 다음과 같이 구성하였다.

9) 놀이 활동 지원

(1) 유진이가 보고 싶다

유진이가 보내온 사진들을 보며 아이들은 다양한 관심을 갖기 시작하였다.

한국에서 독일로 왔으니까 나는 한국 국기도,
독일 국기도 이렇게 그릴 수 있어.

친구들과 그림 보고 이야기도 나누는데
독일어는 아직 어려운 것 같아.
나는 여기에서 번역기라는 것을 알게 되었어.
번역기는 내가 한국말로 하면
독일어로 이야기해줘서 좋아.

(2) 머리카락색만 다른 걸까?

유진이가 보내온 사진에는 유진이만 머리카락의 색이 검정색이었다. 이에 관심을 갖게 된 아이들은 인종에 관심을 갖게 되었다. 이에 교사는 인종에 대한 동시를 들려주었다. 그러나 동시로는 아이들의 호기심이 해결되지 않았기 때문에 구체적으로 피부색의 다른 점에 대해 알고자 하였다.

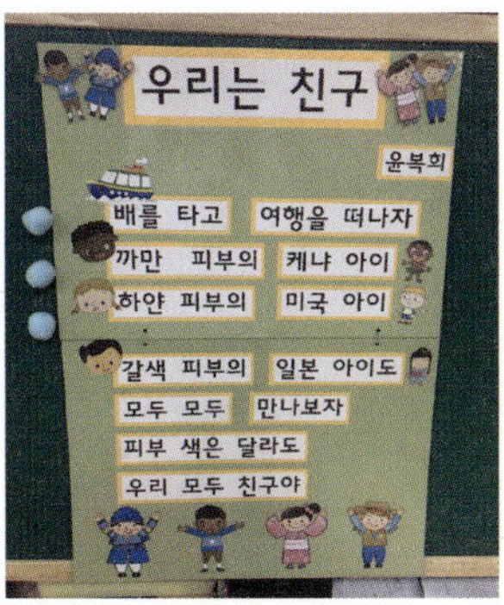

살색이랑 머리카락색은 왜 다른 것일까?
더운 나라에서는 햇빛이 뜨거워서 까만가 봐~
그럼 미국에는 햇빛이 뜨겁지 않아?
음~ 글쎄~
피부색도 다르고~

피부는 자외선을 활용하여 비타민 D를 생산한다. 그리고 피부는 자외선으로부터 피부를 보호하기 위해서 멜라닌을 합성하게 된다. 이때 멜라닌은 색소로서 햇빛 가리개로 작용하고 피부색을 결정하게 된다.

더운 나라, 즉 햇빛이 강한 나라의 사람들은 강한 태양광선으로부터 피부를 보호하기 위해 멜라닌을 대량으로 생산한다. 그래서 거무스름한 피부를 가지게 된다. 북쪽이나 남쪽으로 갈수록 자외선으로부터 피부를 보호할 필요성이 적어져 멜라닌을 적게 생성해 하얀 피부를 가지게 되는 것이다.

(3) Dave 선생님은 아프리카에서 왔을 거야!

아이들이 생각하기에 더운 나라는 아프리카였다. 그 와중에 아이들은 영어 선생님을 떠올리고 영어선생님을 교실로 모셔와서 질문을 하고자 하였다. Dave 선생님께 질문하는 것은 교사가 영어로 질문하였다.

Teacher!!
You're from Africa, right?
Where are you from?
You're black.

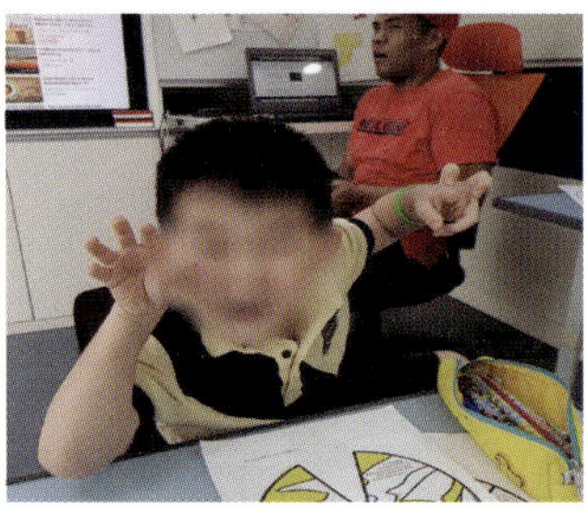

Really?
Are you American?!!

(4) 왜 미국이지?

아이들은 자신들이 세운 가설이 무너지자 미국이라는 나라에 대해 궁금해하기 시작하였다. 그중 지원이가 웃으며 "우리 이모도 미국에 사는데!"라는 말에 아이들은 지원이에게 관심이 쏠렸고 지원이는 미국에 있는 이모에 대해 자랑하기 시작하였다.

우리 이모는 미국에서 결혼하고 병원에서 일하고 있어요.
언니도 둘이 있어요.
언니들은 영어를 엄청 잘해요.
근데 엄마는 미국에 가봤는데 나는 못 가봤어요.

다음날 지원이가 가져온 사진에는 머리카락의 색이 다른 사람들이 같이 있었다. 아이들은 사진 속에 머리카락색이 다른 사람들이 모여 있는 것을 보고 왜 같이 사진을 찍었는지 궁금해했다.

(5) 다양한 나라에 사는 친척들

아이들은 자신의 친척이 해외에 거주하는 경우 사진과 함께 친구들에게 소개하는 시간을 가지기도 하였다.

우리 할아버지랑 할머니는 일본에 사셔.
그래서 나는 여름방학과 겨울방학만 되면 항상 일본에 가서 할머니 할아버지를 만나.
할아버지랑 할머니가 일본에 사시지만 우리 엄마가 일본사람은 아니야.
나도 일본사람이 아니고~^^

이레의 할아버지와 할머니가 일본에 사시고 이레가 방학이면 일본에 간다는 말에 몇몇 친구들이 일본에 가본 적이 있다고 이야기하고 이레를 부러워하기도 하였다.

(6) 세계 여러 나라

아이들은 독일과 미국과 일본에 관심을 보이며 각 나라에 대해 알고자 하였다. 유진이가 사는 독일은 어떤 나라일까? 지원이 이모가 사는 나라는 여러 인종이 살고 있다던데 일본에도 그럴까? 등의 다양한 의문점을 가지기 시작하였다. 교사는 다른 나라의 문화 중 아이들이 재밌어할 만한 그림책을 선정하여 세계 여러 나라의 문화를 알려주고자 하였다.

주인공 하늘이가 세계 여행을 하던 도중 화장실이 가고 싶어졌어!!
어느 나라 화장실로 가볼까?
칸막이도 없고 바닥에 구멍만 뚫려 있는 티베트 화장실, 문 아래 틈이 넓어서 사람이 안에 있는지 없는지 알 수 있는 미국 화장실, 휴지가 없는 인도 화장실, 화장실이 없어서 넓은 초원이 화장실인 몽골 등 세계 여러 나라의 화장실을 경험한다.

티베트 화장실

인도 화장실

몽골 화장실

미국 화장실

(7) 일본

일본에 자주 다녀온 이레를 주축으로 일본에 대해 이야기를 들을 기회가 많았기 때문에 상대적으로 일본에 대한 문화를 먼저 알아보기로 하였다.

나는 일본에 갈 때마다 여기에서 사진을 찍는데
여기는 일본의 '희메지 성'이라는 곳이야.
'희메지 성'은 집을 나무로 만들어서
유네스코라는 정말 중요한 것이라고 하는 곳에
'희메지 성'이 등록되어 있대.
일본 사람들은 일본어를 쓰기 때문에 일본어를 못하면
영어도 소용이 없고 한국어도 소용이 없어.

(8) 일본어, 영어, 독일어, 한국어는 다 달라

아이들은 일본어가 어떻게 생겼는지 궁금해했다. 그러면서 유진이가 보냈던 사진의 내용 중 번역기라는 단어를 찾아냈다. 아이들에게 Papago 번역기를 보여주자 아이들은 한글로 안녕이라고 적고 영어, 일본어, 중국어, 독일어 등 다양한 언어로 바꾸어보며 놀이를 하기 시작하였다.

한글로 '안녕'이라고 치고 영어로 하면 'Hi'가 나와.
한글로 '안녕'이라고 치고 일본어로 하면 'こんにちは'가 나와.
한글로 '안녕'이라고 치고 독일어로 하면 'Hallo'가 나와.

이거만 있으면 어디든 다 가도 돼!!

한참을 가지고 놀던 아이들은 반대로 외국어를 치면 한국어로 번역된다는 사실을 알아내었다. 아이들은 곧 외국 사람들이 우리나라에서 하고 싶은 말이 있으면 이걸로 하면 된다고 하며 영어 선생님에게 이걸 하라고 해야겠다는 이야기를 하는 등 새로운 언어에 관심을 가지는 모습들을 보였다.

(9) 독일에서 유진이도 Papago 번역기를 썼겠지?

아이들은 유진이가 사용한 번역기가 우리가 쓴 것과 같은지 알고 싶어 했고 우리는 유진이와 연락을 하기로 하였다. 유진이와 연락하는 방법은 무엇이 있을까? 유진이와 연락을 하는 방법에 대해 이야기를 하던 도중 이레가 "할아버지랑 보이스톡을 하면 통화할 수 있어."라고 이야기를 하였고 이레는 교사에게 유진이네랑 보이스톡을 해달라고 하였다. 아이들은 유진이와 통화를 하면서 아이들은 다양한 포즈를 취하기도 하고 유진이에게 재미있는 표정을 보여주기도 하였다.

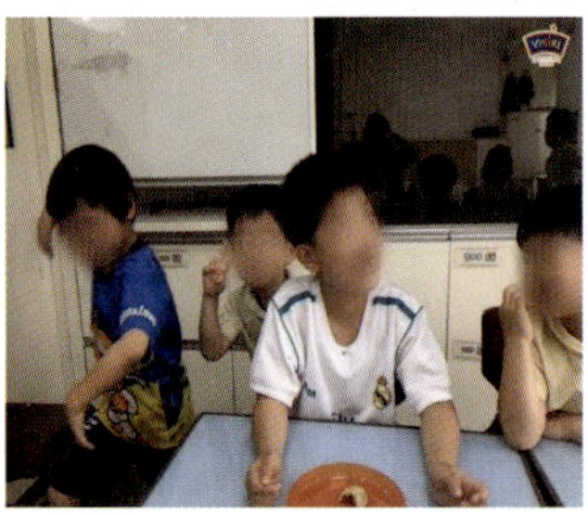

유진아? 유치원은 재미있어?
이것 봐봐~ 웃기지?
너 파파고 써봤어? 그 번역기라는 거 파파고 맞지?
유치원에서 뭐했어?

(10) 독일 유치원에서는 무엇을 할까?

유진이가 보내 준 유치원 생활은 즐거워보였다. 유진이가 어려워했던 부분은 언어적인 문제였기 때문에 엄마와 같이 독일어를 공부했다고 하였다.

가게 놀이를 했는데 여기에서 아빠는 나뭇가지를
3유로나 주고 샀다고 엄마가 이야기했어.
그래도 나는 즐거웠어.

친구들하고 처음에는 무슨 말을 하는지 잘 몰라서
엄마랑 독일어를 열심히 공부했어.
지금은 친구들하고 친해져서 놀이터에서 매일 놀아.

교사는 아이들의 시선을 조금 돌려 우리나라에 사는 외국인들의 사정에 대해 알아보도록 유아의 관심을 유도하고 싶어졌다.

(11) 우리나라에 사는 외국 사람들은 어떨까?

"유진이가 독일에 가서 독일어를 열심히 했던 것처럼 우리나라에 사는 외국 사람들도 우리나라 말을 열심히 배우고 있을까?"라는 교사의 질문에 아이들은 글쎄요… 하는 의문을 가지기 시작하였다. "선생님 Dave 선생님은 영어만 해요. 그러니까 우리나라 말을 못하는 거 같아요."라는 의견이 대부분이었다. 우리는 다시 Dave 선생님께 영어 시간이 끝난 후 파파고를 이용하여 유아가 직접 물어보기로 하였다.

Can you speak Korean?
– I can speak a bit of Korean.
But why don't you speak Korean?
– To teach you English.
Do you speak Korean somewhere else?
– Yeah.
Where?
– Supermarket, hospital.

유진이의 연락을 통해 아이들은 독일과 미국, 일본에 지속적으로 관심을 갖게 되었고 이를 통해 인종이 달라도 어느 나라에 살든 상관없다는 생각을 하게 된 것 같다. 그러나 언어에 대한 부분은 아이들에게 매우 중요한 부분이었다. 처음에는 내가 모르는 말을 하면 어쩌나 했던 우려에서 Papago라는 번역기에 대해 알고 나서 어디든 갈 수 있다는 생각을 가지게 되었고 아이들은 다른 나라 사람을 만났을 때 우리가 한국말을 모르는 사람에게는 번역기를 알려주어 쉽게 대화할 수 있도록 도와주어야겠다는 마음을 갖게 된 활동이었다.

PART II CHAPTER 6

6. 통일교육

생각해보기

통일이 되길 소원하나요? 통일이 언제 되길 바라는지 친구들과 이야기해 보고 이유를 설명해 보세요.

출처: http://www.ebs.co.kr/search?query=%EA%B5%90%EC%9C%A1%EB%8C%80%ED%86%A0%EB%A1%A0

1. 통일교육의 개념

목 표

통일 교육에 대해 알고 지도할 수 있다.

■ 관련자료

출처: 교육부(통일)

[교육부] 통일자료

통일이란 남한과 북한으로 갈라져 있는 우리 국토와 우리 겨레가 하나가 되는 일이다. 우리나라 「통일교육지원법」 제2조에 명시된 바에 의하면 통일 교육은 자유민주주의에 대한 신념과 민족공동체 의식 및 건전한 안보관을 바탕으로 통일을 이룩하는 데 필요한 가치관과 태도를 기르기 위한 교육이다. 남한과 북한이 60년 이상 서로 다른 문화 배경에서 살아왔으므로 이를 통합하여 새로운 삶을 꾸려나갈 수 있도록 하는 것, 통일에 대한 도덕적 가치 판단이나 자아개념, 타인에 대한 인식 및 이해를 통해 통일에 대한 긍정적인 관심을 가져야 한다.

이러한 통일 교육은 유아로 하여금 북한과 남한이 같은 민족임을 인식하고, 통일 국가에 대한 기대감과 긍정적 태도를 형성하기 위한 것이다. 따라서 통일을 대비하는 마음으로 북한에 대한 올바른 이해와 통일에 대한 합리적인 인식을 함양하고, 평화적인 방법으로 통일을 실현할 수 있는 의식과 태도를 기르는 것이다.

2. 통일교육의 목적 및 목표

유아기에 남북한 사회의 동질성과 이질성을 편견 없이 받아들이는 태도를 가지고 미래의 통일된 나라를 준비하는 것이 통일 교육의 목적이다. 이를 바탕으로 통일 교육의 목표는 다음과 같다. 첫째, 평화통일의 의지와 역량을 함양하여야 한다. 둘째, 자유민주주의적 가치와 민족공동체 의식을 토대로 한 통일관을 확보한다. 셋째, 통일 환경 및 북한에 대한 객관적 이해와 건전한 안보관을 확립한다. 넷째, 통일의 당위성의 인식과 통일의지를 확립시켜야 한다. 다섯째, 통일 이후 통일시대 대비 역량을 유아에게 강화시켜 주어야 한다.

3. 통일교육의 내용

통일 교육에 있어 먼저 대한민국 국민으로서의 정체성 갖는 것이 필요하다. 정치적 이데올로기는 교육내용에 있어 배제함으로써 통일에 대한 부정적인 시각을 극복하도록 해야 한다. 언어를 포함한 이질적인 문화에 대해 이해하고 북한에서 온 새터민이나 이산가족에 대한 아픔, 그들을 이해하는 마음을 바탕으로 평화통일에 대한 교육이 이루어지도록 한다.

통일교육 내용으로는 첫째, 북한에 대한 이해이다. 북한에 대한 이해는 북한에 대한 부정적인 인식을 바꾸는 것이다.

개념	내용
북한 이해	• 북한의 말과 글 알기 • 북한의 음식 알기 • 북한의 명절 알기 • 우리나라와 북한의 다른 점 같은 점 알기

둘째, 전통문화에 대한 교육이다. 북한과 남한이 서로 공유할 수 있는 세시풍속 및 전통놀이는 옛날부터 전승되어 온 세시 풍속은 선조들의 먹거리, 놀이 풍습 등을 의미한다. 선조들의 가르침으로 인한 간장, 된장, 고추장 등을 비롯하여 다양한 전통놀이로 공동체 의식을 기르는 것도 통일 교육에 도움이 된다. 이러한

세시풍속과 전통놀이는 민족성을 고취하고 남북 화해의 분위기에서 공통의 과제로 인식된다.

개념	내용
전통문화교육	• 세시풍속 알아보기 • 두레의 소중함 알기 • 전통놀이 경험하기 • 전통노래 불러보기

셋째, 평화교육이다. 평화교육을 통해 더불어 사이좋게 지내는 것에 대해 알고 전쟁과 평화의 개념을 통해 서로를 존중하고 전쟁과 같은 일이 벌어지지 않아야 함을 인식한다.

개념	내용
평화교육	• 인간의 평등과 소중함 알기 • 더불어 사이좋게 지내기 • 전쟁과 평화에 대해 알기 • 전쟁은 싫어요

4. 통일교육 프로그램

교육과학기술부(2014)에서는 유치원 교육과정 운영지원을 위한 유아 통일 교육 프로그램을 개발하였다. 내용은 다음과 같다.

내용	하위내용	번호	활동명
대한민국 국민으로서의 정체성 갖기	역사적 정체성	1	개천절에 대해 알아보아요
		2	역사 속 위대한 인물들
		3	통일이란?
		4	통일을 이루자
		5	남북한 지도에 대해 알아보아요
	문화적 정체성	6	강강술래를 해요
		7	남북한 전통놀이 한마당
		8	팔도 김치에 대해 알아보아요
		9	세계 속의 자랑스러운 한국인
		10	우리나라에 세계사람들이 모여요
		11	한류 스타가 되어보아요
북한에 대한 이해	문화이해	12	반갑습니다.
		13	남북한 문화재를 알아보아요
	언어이해	14	라면과 꼬부랑 국수
		15	북한말과 골든벨
	음식이해	16	개성 만두를 빚어요
		17	가락지 빵을 만들어요
		18	쑥갓김치를 만들어요
	생활이해	19	북한에서 왔어요

5. 통일교육 실제

– 대통령과 위원장의 만남 –

유아가 뉴스를 보고 와서 알려준 대통령과 위원장의 만남. "통일이 될지도 모른대요!!"라는 문장을 통해 아이들은 통일이라는 용어와 남북한에 대한 대통령과 위원장에 대한 궁금증이 일어났다.

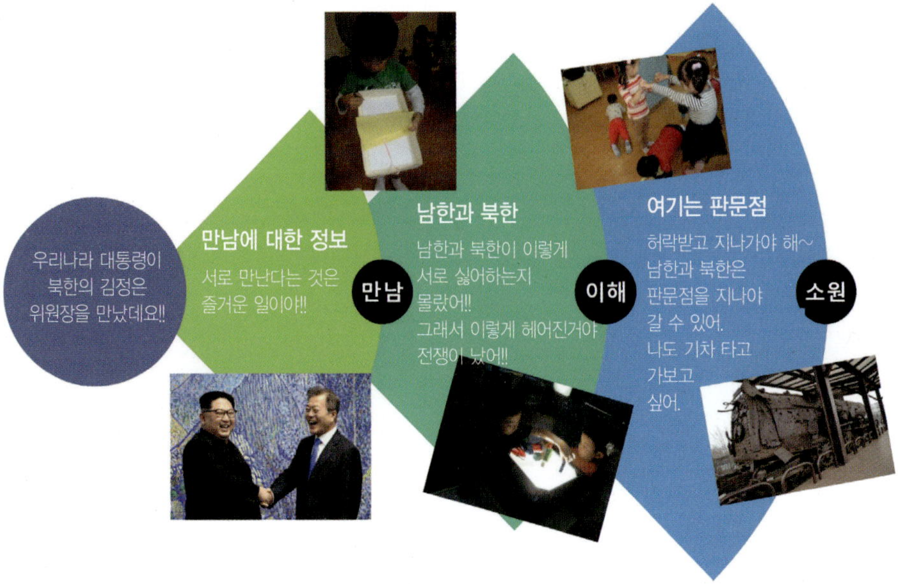

1) 유아 놀이관찰

(1) 문재인 대통령과 김정은 위원장의 만남에 대한 정보

한 아이가 아침에 오자마자 이야기를 하였다. “우리나라 대통령이 북한의 김정은 위원장을 만났데요!” 처음 듣는 말을 듣는다는 듯 친구를 바라보는 아이, “나도 알아!!”라며 맞장구치는 아이들은 통일에 대해 알고 있는 유아와 통일이라는 단어조차 생소해하는 아이들로 나뉘었다.

우리나라 대통령이 북한의 김정은 위원장을 만났데요!!
우리 할머니도 이야기해주셨어. 이제 통일이 될지도 모른대!!
그게 뭐야? 통일이라니?
이제 우리나라가 통일이 된데!!
우리나라가? 통일?

(2) 그게 뭐예요?

친구의 이야기를 들은 아이들은 친구가 이야기한 것을 보고 싶어하였다. 문재인 대통령과 김정은 위원장이 누구인지 모르지만 친구가 이야기하는 것은 왠지 중요한 이야기였다고 생각했던 것 같다. 마침 교사도 통일에 대한 부분을 제시하기 좋은 기회라 생각하였기에 영상을 찾아 보여주었다.

출처: 꿈같은 문재인, 김정은의 정상회담 만남 하이라이트 https://tv.naver.com/v/3116202

- 선생님 누가 문재인 대통령이에요? 선생님 누가 김정은 위원장이에요?
- 대통령은 누구예요? 위원장이 뭐예요?
- 빨간색 길은 왜 만들었어요? 깃발을 든 사람들이 있어요.
- 칼을 들고 있는 사람도 있어요. 사람들이 뭐를 막 불어요. 피리 부나 봐요.

장군이 있는 것 같아요. 사람들이 쓴 모자에 막 구슬이 진짜 많아요.

2) 주제 선정

남한의 문재인 대통령과 북한의 김정은 위원장이 만나는 것에 대해 하루종일 TV에서 방송을 하고 있었다. 남한의 대통령과 북한의 위원장이 만나는 일은 흔한 일이 아니다. 그렇게 때문에 우리나라의 방송은 대대적으로 뉴스를 통해 실시간으로 보도하고 하였다. 유아 교육기관에 근무하는 교사들도 관심을 갖고 통일에 대한 문제에 대해 아이들에게 어떻게 다가가면 좋을까에 대해 생각을 하던 중 아이들의 이야기를 통해 교사는 아이들이 벌써 통일에 대해 알아볼 준비가 되어 있다는 판단을 하게 되었다. 이에 대통령과 위원장의 만남이라는 주제를 가지고 통일에 대해 알아보기로 하였다.

3) 질문 및 가설

- 대통령과 위원장은 무엇인가요?
- 문재인 대통령이 누구예요?
- 김정은 위원장이 누구예요?
- 통일이 무엇인가요?
- 통일은 왜 이루어져야 하나요?

4) 주제 망

아이들의 통일에 대한 생각이 어느 정도인지에 대해 판단하기 위하여 아이들과 브레인스토밍을 실시하였다. 아이들은 문재인 대통령과 김정은 위원장에 대해 관심을 보였다.

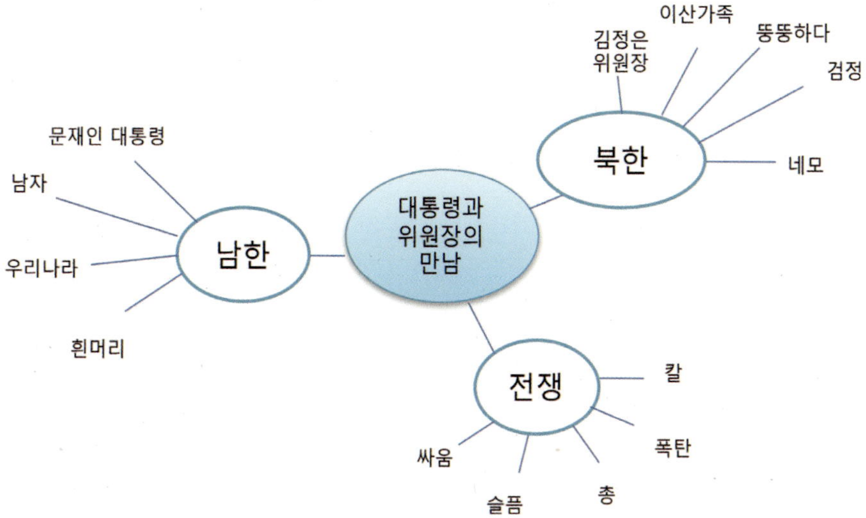

5) 목표

■지식 – 통일에 대한 개념에 대해 안다.
　　　– 통일의 필요성에 대해 안다.

■기술 – 남한 말과 북한말을 비교하고 쓸 수 있다.
　　　– 서로 싸웠을 때 화해할 수 있다.

■태도 – 한민족의 소중함을 안다.
　　　– 평화에 대한 태도를 지닌다.

6) 자원목록

통일에 대한 부분에 있어 교사가 예상되는 방향에 따라 1차적 자원과 2차적 자원을 다음과 같이 준비하였다.

[1차적 자원]
- 사람 : 북한에서 남한에 온 사람
- 견학 : 임진각

[2차적 자원]
- 책 : 『전쟁』, 『비무장지대에 봄이 오면』, 『나는 평화를 꿈꿔요』, 『내 동무 리구철』, 『더 커다란 대포를』, 『전쟁 말고 평화를 주세요』, 『곰인형 오토』, 『통일의 싹이 자라는 숲』 등
- 사진 : 문재인 김정은 사진, 한반도 사진, 남한과 북한 사진 등
- 동영상 : 꿈같은 문재인, 김정은의 정상회담 만남 하이라이트 https://tv.naver.com/v/3116202
  한반도 평화, 멀지만 가야 할 길 https://youtu.be/WNfb1-yHobw
  통일교육_구름빵의 백령도 여행 https://youtu.be/jk_YplqakXA
  뽀로로와 친구들이 함께하는 노래- 하나 된 세상에
  https://youtu.be/HXdS_R8Rovw
  2015년 통일교육_뽀로로와 친구들
  https://www.youtube.com/watch?v=4YP_vQluZtg

7) 유아사회교육 관련 내용

"우리나라 대통령이 북한의 김정은 위원장을 만났데요!"라는 문장으로 시작된 통일에 관련된 활동은 유아사회교육의 통일 부분과 민주시민의 부분을 함께 다루어 볼 수 있는 내용이다. 따라서 교사는 통일에 있어 어떠한 요소를 중심으로 유아와 놀이를 하며 놀이를 지속적으로 지원할 수 있는가에 대해 고민할 수 있었다.

지리	역사	경제	환경	다문화	통일	양성평등	민주시민
					ㅇ		ㅇ

8) 예상 활동안

예상 활동안은 영역별로 구성된다. 첫째, 의사소통영역에 속하는 이야기 나누기, 동화, 동시, 동극, 둘째, 자연탐구영역의 관찰 및 요리, 셋째, 신체 운동 건강

영역의 게임, 실외활동, 현장견학, 넷째, 예술경험 여역의 음률, 신체, 조형 및 감상, 다섯째, 사회관계 영역의 전반적인 주제 내용 및 가정연계에 대한 부분을 기초로 다음과 같이 구성하였다.

9) 놀이 활동 지원

(1) 문재인 대통령과 김정은 위원장은 누구인가요?

우리는 문재인 대통령과 김정은 위원장에 대해 알아볼 필요성을 느꼈다. 아이들은 문재인 대통령에 대해서는 조금 알고 있었지만 김정은 위원장에 대해서는 잘 모르고 있었기 때문에 간단하게 설명해 줄 필요가 있었다.

문재인 대통령은 대한민국 19번째 대통령이다.
대통령이란 국가를 대표하고 나라를 이끌어가는 사람이다.
대통령은 국민이 뽑은 국민의 대표인 만큼 법과 국민의 뜻을 따라야 한다.

출처: http://www.newdaily.co.kr/site/data/html/2016/11/09/2016110900053.html

김정은 위원장은 북한의 최고 지도자이다.
김일성 할아버지 김정일 아버지 후 김정은이 이끌어가고 있다.

출처: https://m.post.naver.com/viewer/postView.nhn?volumeNo=7053363&memberNo=36555640&vType=VERTICAL

그런데 선생님 두 사람이 왜 만났어요? 만나서 뭐했어요?

아이들에게 보여준 영상에서는 문재인 대통령과 김정은 위원장의 만남과 판문점의 북한땅과 남한땅을 서로 밟는 모습에 포커스를 맞추고 있었기 때문에 무엇을 하였는지 나오지 않았다.

(2) 남한과 북한

아이들에게 교사는 먼저 남한과 북한 땅에 대해 이야기를 해주기 위해서 지도를 통해 남한과 북한에 대한 이야기를 꺼내었다. 특히 우리나라가 반으로 나누어져 있는 것에 대해 이야기를 하며 영상에서 나타난 벽돌로 나뉘어진 부분(남한과 북한의 경계선)에 대해 다시 제시하였다. 지도상의 남한과 북한에 대해 이야기하였다.

우리나라를 한반도라고 해.
진한 파란색 부분은 북한. 북한의 지도는 옆에 있는 국기이고, 하늘색 부분은 남한. 남한의 지도는 옆에 있는 태극기란다.
파란색의 경계선 부분이 영상에서 나왔던 벽돌이 있는 부분이야.
우리나라와 북한이 나누어지는 곳이지.
이곳을 판문점이라고 해. 판문점에는 북한 사람과 남한 사람이 마주보고 있어.

(3) 남한과 북한을 만들었어요

아이들은 남한과 북한에 대해 이야기를 나눈 후 아이들은 다양한 모습으로 우리나라를 표현하였다. 재활용품을 이용하여 남한과 북한을 표현하기도 하고 집에서 책을 찾아서 친구들에게 소개함으로써 아이들은 통일에 대해 더욱 관심을 갖기 시작하였다.

이건 우리나라야.
우리나라는 이렇게 나누어져 있어.
위에는 북한이고 아래는 남한이야.
우리는 여기 살고 위에도 사람들이 살고 있어.

(4) 문재인 대통령과 김정은 위원장은 무엇을 했나요?

문재인 대통령과 김정은 위원장은 함께 남한과 북한의 흙과 물(한라산과 백두산의 흙, 한강물과 대동강물)을 이용하여 소나무를 심었다. 나무를 심는 부분에 대해 아이들에게 보여주기 위하여 'ohmyTV' 영상을 제공하였다.

평화와 번영을 심는다는 것이 무슨 말이에요?
왜 소나무를 심어요?
조선인민공화국은 뭐예요?
왜 악수를 하고 사진을 찍어요?
친해지려고!

아이들에게는 문재인 대통령과 김정은 위원장이 소나무를 심는 이유에 대해 잘 와닿지 않았던 것 같다. 한민족, 전쟁이라는 것에 대한 개념은 유아에게 아직 먼 이야기로 생각되는 듯했다. 우리는 한 아이의 말에 집중할 필요가 있었다. "왜 친해지려 하는 걸까?"

(5) 우리는 왜 친해지려 하는걸까?

우리가 친해지려고 하는 이유를 알기 위해서는 아픈 기억을 떠올리고 이야기해 주어야 한다. 한국전쟁은 1950년 5월에 일어났다 한국 사람들끼리 자신의 생각과 다르다는 이유로 인해 서로 싸우게 되었다. 그래서 교사는 우리나라의 분단에 대한 부분을 유아에게 알려줌으로써 서로 친해져야 하는 이유를 알려주기로 하였다. 이에 통일교육_뽀로로와 친구들을 보여주었다.

전 세계에서 우리나라만 나누어져 있다.
북한과 남한은 한민족이었지만 서로의 생각 차이로
나누어지고 싸움을 시작하여 전쟁이 일어났다.
그렇지만 남한과 북한은 하나였기 때문에 우리는
다시 서로 화해해야 한다.

출처: https://www.youtube.com/watch?v=4YP_vQIuZtg

(6) 전쟁

6.25 한국전쟁에 대한 영상을 보자 놀이에서도 전쟁에 대한 부분이 나타났다. 아이들은 나무 블록을 가지고 탱크와 다양한 사람들이 피난하는 것을 표현하고 있었다.

북한 군인이 남한을 공격했어.
도망가!! 도망가!!
여기에서 어디로 가야 하지?

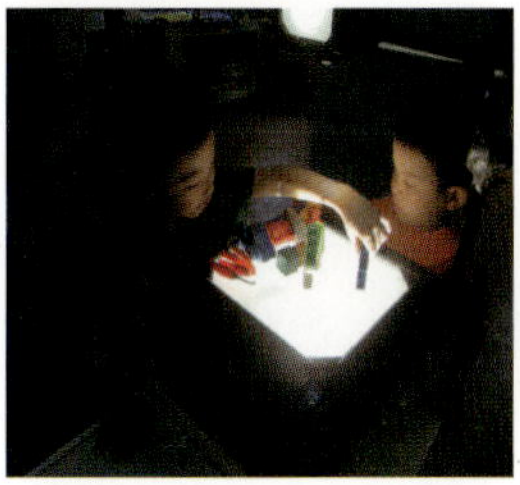

(7) 북한과 남한의 길

아이들은 북한과 남한을 연결하기 위해 낙서하는 데 필요한 종이를 달라고 하였다. 교사는 전지를 나누어주었는데 아이들은 전지를 북한과 남한으로 나누고 둘을 연결하는 판문점을 만들었다. 남한에서 북한으로 갈 때에는 꼭 그 길로 지나가야 한단다.

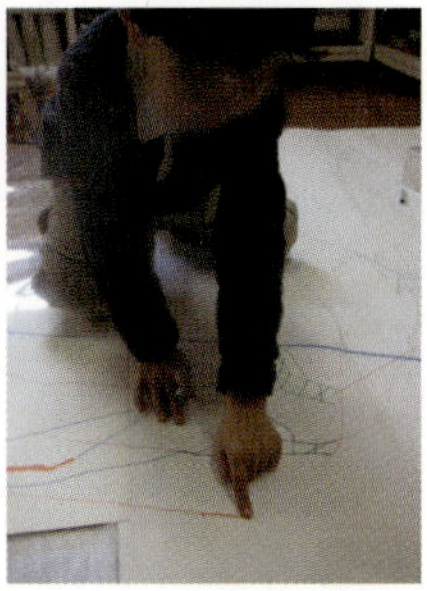
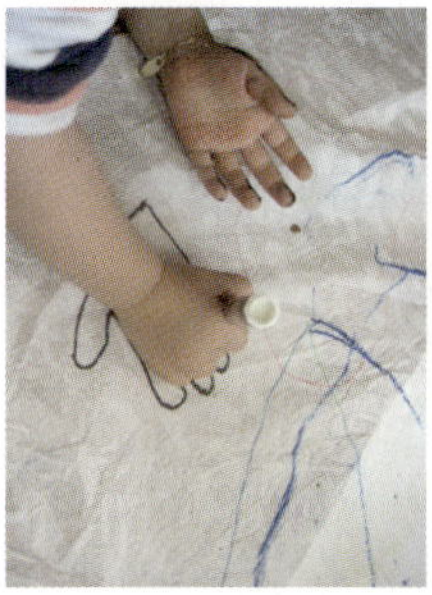

선생님 여기는 강이에요. 여기로 가는 거예요. 길이에요.
나는 여기 있으니까 내 손도 그려야겠다. 여기로만 남한과 북한을 왔다갔다할 수 있어!!

활동 이후에는 아이들은 '동동동대문을 열어라' 놀이를 판문점으로 바꾸어서 하는 것이 관찰되었다.

여기가 판문점이야.
여기를 지나가야 해.

(8) 남한과 북한의 비슷한 모습

남한과 북한을 놓고 경계선을 통해 나누어져 있다는 것을 인식하고 있는 유아들은 남한과 북한에 대한 분단의 개념만 가졌을 뿐 남한과 북한의 생활이나 지리적인 부분은 알지 못했다. 이에 교사는 남한에서 유명한 곳과 북한에서 유명한 곳을 서로 비교시켜 주는 것이 아이들의 그림을 더 확장시켜 줄 수 있을 것이라는 판단하에 남한과 북한의 산과 강을 알려주고자 게임을 진행하였다.

백두산	백두산	한라산	한라산
대동강	대동강	한강	한강
평양	평양	서울	서울
옥류관	옥류관	놀이공원	놀이 공원

(9) 통일이 되면

아이들은 놀이를 하면서 북한에 가면 좋겠다는 바램을 표현했다. 교사는 아이들에게 통일이 되면 무엇을 하고 싶은지에 대해 물었다. 아이들은 판문점을 통해 북한에 가고 북한에 대동강도 가고 냉면을 먹으러 간다고 하였다. 이에 교사는 '통일이 되면'이라는 동시 활동을 진행하였다.

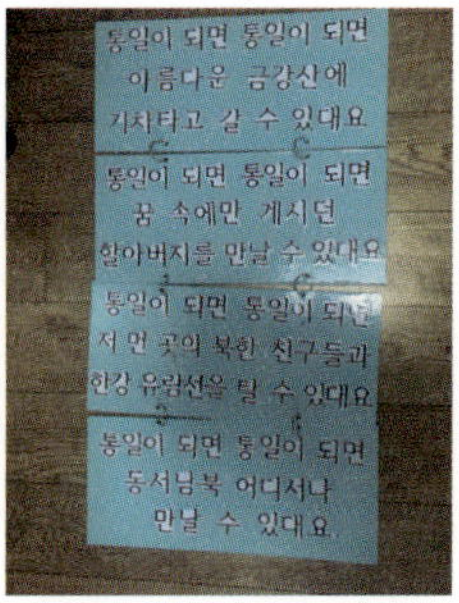

통일이 되면 금강산도 갈 수 있대요.
우리도 기차 타고 가고 싶다.
나는 백두산도 가고 싶어요.
나는 유람선 못 타봤어요.
근데 기차를 타고 가야 해요?
머니까 기차를 타고 가야지!!

(10) 기차 타고 북한까지!!

교사는 북한에 가고 싶어하는 아이들의 모습을 보고 교사 협의에 따라 임진각 견학을 잡았다. 아이들은 임진각에 있는 기차를 보고 전망대를 통해 북한을 바라보았다. 아이들은 기차에 관심을 보이며 기차를 유심히 관찰하였다.

이건 총을 맞은 기차래.
북한으로 가고 싶은 기차야.
나도 기차 타고 가고 싶다.
북한이 저기야?
그냥 빨리 가면 좋겠다.

(11) 서로 만나고 싶은 사람들

북한에 가고 싶다는 아이들에게 교사는 북한에 가고 싶어하는 사람, 북한에서 남한에 오고 싶어하는 사람들을 소개하고자 하였다. "형과 동생이 헤어지면 어떻게 될까?"라는 질문에 아이들은 슬프다, 속상하다, 울 것 같다 등의 감정들을 표현하였다. 교사는 이산가족에 대한 영상을 보여줌으로써 남한과 북한에서 서로 만나고 싶어하는 사람들에 대해 알려주었다. 아이들은 영상을 보여주자 영상에서 나타난 임진각이라는 표지판을 보고 우리도 다녀온 곳이라고 이야기를 하며 시청하였다.

건준 : 근데 왜 할아버지가 울어요?

교사 : 너희만큼 어릴 때 동생이랑 헤어져서 할아버지가 되어 만났거든.

미혜 : 그럼 그만큼이나 못 본 거예요?

교사 : 그렇지, 계속 못 보다가 50살, 60살이 지나서야 만날 수 있었지.

출처: https://m.post.naver.com/viewer/postView.nhn?volumeNo=2696065&memberNo=11808064&vType=VERTICAL

'우리나라 대통령이 북한의 김정은 위원장을 만났대요!!'에서 시작된 남한과 북한의 이야기는 아이들과 이산가족에 대한 이야기까지 이어졌다. 물론 북한에 대한 이야기는 유아가 생활 속 놀이에서 알아가기에는 한계가 있지만 대중매체를 통해 아이들이 접한 소식과 교사의 통일에 대한 교육 필요에 의해 진행되었던 활동이었다. 이 활동을 통해 아이들은 전쟁에 대한 것보다는 우리가 헤어졌다는 것에 초점을 맞추고 남한과 북한이 다시 친해지면 좋겠다는 마음을 갖는 것은 통일교육에 있어 중요한 부분이라 할 수 있다.

PART II CHAPTER 7

7. 양성평등교육

생각해보기

내가 경험했던 양성평등과 불평등에 대해 이야기를 나누어 보세요.

1. 성역할 및 양성평등의 개념

목표

양성평등교육에 대해 알고 지도할 수 있다.

■ 관련자료

[교육부] 양성평등

남아와 여아는 성장함에 따라 겉모습이 달라진다. 이러한 변화에 따라 성별에 따른 기대나 사고방식, 고정관념을 갖게 되는데 이를 성역할이라 한다. '여자는 얌전해야 한다.', '남자는 씩씩해야 한다.'는 식의 고정관념은 부모의 성역할 신념에 따라 양육 태도가 달라진다. 생김새와 몸의 특성은 차이는 있지만 남아와 여아 모두 각각의 개성을 지닌 특별한 존재이므로 서로 존중받아야 한다는 것이 양성평등의 개념이다. 양성평등은 두 가지로 나누어볼 수 있다. 첫째, 법적 평등이다. 여기서의 평등은 법 앞에서의 평등을 말하며, 일반적으로 인간 사이의 자연적인 평등이라는 관념에 기초를 두고 있으며 사람들은 모두 동등한 존엄성을 가졌다는 것을 의미한다. 이 원리에 따르면 남녀 양성은 본질적으로 평등하게 대해야 함을 강조한다(고유진, 2003). 둘째, 조건의 평등이다. 양성평등의 조건에 있어 '평등'과 '차이'는 존재한다. 이 두 번째 원리에 따르면 남녀 양성 간에는 차이가 존재하므로 서로 다르게 대우해야 함을 의미한다(조주현, 1995).

이러한 성역할은 성 평등적인 역할모델을 그림책이나 이야기 나누기 자료를 통해 고정관념을 감소시킬 수 있다(Flerx, Fider, Rogers, 1976). 유아는 동화 속의 등장인물이 성역할 고정관념에 부합하는지에 민감할 뿐만 아니라, 등장인물을 모방하고 싶어 한다(Serbin, 1983). 따라서 여성과 남성에 대한 고정관념을 없애거나 평등한 가치관을 담은 그림책을 의도적으로 제공하는 것이 필요하다(황지현,

2002). 또한 부모나 교사가 성역할 신념에서 벗어나 유아의 능력을 펼칠 수 있는 기회를 제공하는 것이 양성평등이라 할 수 있다.

2. 성역할의 발달

2세 유아의 경우 자신과 타인의 존재를 구별하게 되면서 자아정체성을 갖게 된다. 이때 성 정체성을 갖게 되며 머리카락이나 옷과 같은 피상적 특성을 기초로 남녀를 구별하기 시작한다. 이 시기 유아는 개인이 자식의 성별에 대해 깨닫게 되면서 남녀 중 한쪽 성별에 속해 있고 다른 쪽에는 속하지 않는다는 것을 인식한다. 5세의 유아 경우 성 정체성이 분명해지기 시작하면서 성 안정성에 들어선다. 이때는 성 정체감 시기보다 성에 대해 안정적으로 인식하고 있으며 성인이 되어서도 지금 자신의 성별을 꾸준히 유지할 것이라는 사실은 깨닫게 된다. 7세가 되면 성 항상성이 생겨 겉모습과 상관없이 자신의 성별에 변함이 없으며 일정하게 유지된다는 것을 알게 된다. 따라서 이때 성역할에 대한 개념이 고정화되기 시작한다.

3. 양성평등교육의 목적 및 목표

성역할에 대한 개념이 유연할 수 있도록 유아를 지원하는 것은 양성평등의 기초가 된다. 따라서 양성평등은 유아시기부터 남녀 모두 인간으로서의 공통성과 존엄성을 가진다는 점이 양성평등의 교육목적이다. 이를 바탕으로 교육부(1999)에서 제시한 목표는 다음과 같다. 첫째, 각자의 개성과 능력을 발휘하여 자아실현을 이룬다. 개인의 타고난 개성과 능력을 자연스럽게 발현할 수 있도록 하여 진정한 자아실현을 이루도록 도모하는 것이다. 둘째, 자립적·자주적 정신을 기르고, 그러한 태도를 정립시키는 것이다. 급격한 사회 변화 속에서 스스로 뚜렷한 목표와 가치관을 지니고 자립적인 남성, 여성으로 성장해 나아갈 수 있도록 교육이 이루어져야 한다는 것이다. 셋째, 다른 사람의 특성과 개성을 존중하는 의식의 함양이다. 성별에 관계없이 서로를 존중할 수 있는 의식과 행동은 나아가 평등 사회를 구현할 수 있을 것이기 때문이다. 넷째, 사회·국가적으로 잠재되어 있는 인력을 개발하는 것이다.

4. 양성평등교육의 내용

양성평등의 교육내용은 첫째, 성별에 따라 행동을 구분하지 않는다. 남자다움과 여자다움은 고정된 것이 아니다. 사람의 특성과 능력은 남자와 여자라서 다르기보다 각자의 능력과 개성이 다른 것이며 이러한 차이를 두고 무시하거나 부당하게 대우하면 차별이 된다. 둘째, 집안일은 가족이 함께하는 것이다. 가정에서 여자는 부엌일과 육아, 남자는 바깥일과 힘쓰는 일을 담당하는 경우가 많다. 따라서 집안일과 자녀교육은 엄마의 희생이 되고 아빠는 가족 구성원으로의 역할이 줄어들어 가족 간의 정서적 교감과 대화 능력이 떨어진다. 따라서 가족이 함께 빨래, 청소 음식, 분리수거 등의 일을 각자의 시간과 형편에 맞추어 나누어 하면 된다. 셋째, 성에 국한되지 않는 경험과 직업을 선택한다. 남자든 여자든 자신의 적성과 능력에 맞는 경험과 직업을 선택하는 것이 좋다. 성에 구분없이 여자도 축구를 할 수 있고 남자도 발레를 배울 수 있다는 것, 성 고정관념을 깨고 역사의 리더를 알아보는 과정에서 양성평등이 이루어질 수 있다. 넷째, 감정을 표현하고 나만의 개성을 찾는다. 감정을 느끼고 표현하는 것은 자연스러운 일이며 어릴 때부터 감정을 솔직하게 표현할 수 있는 분위기를 만드는 것이 중요하다. 다른 사람의 기대와 평가에 자신을 맞추지 말고 자신의 감정이 어떠한지 자연스럽게 표현할 수 있어야 한다.

5. 양성평등교육 프로그램

교육인적자원부(2004)에서는 기존의 성역할 교육과정에서 성별에 관계없이 자신의 소질과 능력을 충분히 개발할 수 있도록 돕기 위하여 유아를 위한 양성평등 교육활동 지도자료를 개발하였다. 내용은 다음과 같다.

생활주제	번호	활동명
나와 유치원	1	인형 업고 돌아오기
	2	모두가 함께하는 농구놀이
	3	내가 태어났어요
	4	탐험이 어떤 일인지 잘 알고 있겠죠?
	5	나는 OO해요
가족과 이웃	6	나도 아빠를 사랑해요
	7	돼지책
	8	우리 식구
	9	남자와 여자가 할 수 있는 일/없는 일
	10	내가 커서 어른이 되면
	11	우리는 여러 가지 일을 할 수 있어요
계절	12	남자 색과 여자 색이 따로 있나요?
	13	설거지하기
	14	뜨개질은 재미있어요
건강한 몸과 마음	15	운동선수 짝짓기
	16	내가 좋아하는 운동
	17	명화 - 모자상 외 감상하기
	18	자장가 감상하고 표현하기
동물	19	아빠 가시고기의 아기사랑
교통기관	20	어디서 일하는 사람일까?
도구와 기계	21	손전등 조립하기
우리나라와 다른 나라	22	자화상 그리기
특별한 날들	24	나도 건축가
	25	송편빚기
	26	추석을 즐겁게 지냈어요

6. 양성평등교육 실제

– 책 프로젝트 –

7세를 마무리할 즈음 아이들은 제법 그림책 읽기에 재미가 생겼다. 책이 정말 재밌다고 선생님이 책을 많이 읽어주면 좋겠다고 한다. 책 읽는 것이 좋다고 하던 유아를 주축으로 책에 관심을 보이고 책을 직접 만들어 보고 싶어 했지만 책을 만든다는 것은 그리 쉬운 일이 아니었다. 아이들은 교사에게 책을 만드는 법에 대해 알려달라고 하였고 교사는 유아와 함께 책을 어떻게 만들 것인가에 대해 고민하기 시작하였다.

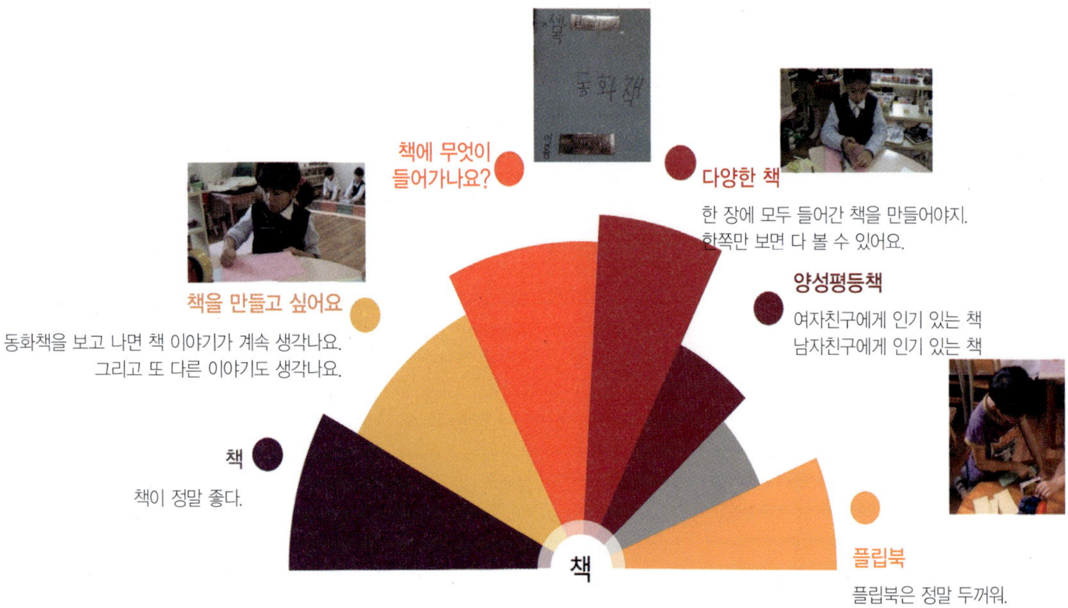

1) 유아 놀이관찰

아이들은 자신이 보던 책을 보며 스스로 책을 만들고 싶어하기도 하고 책을 다른 친구에게 소개해주기도 하였다. 이러한 소개를 통해 유아는 자신이 원하는 그림책의 결말과 바꾸고 싶은 부분을 이야기하기 시작하였다. 이에 한 아이가 책을 만들겠다고 왔으나 책을 어떻게 만들지 시작부터 고민이었다.

내용이 더 길었으면 좋겠어.
그림이 더 많으면 좋을 거 같아.
이런 그림책을 만들고 싶어.

2) 주제 선정

아이들이 다양한 책을 보면 관심을 갖기 시작하였다. 아이들이 책을 좋아한다는 것은 정말 좋은 일이다. 교사가 책을 읽어 주고 나면 아이들은 그다음 이야기가 어떻게 될지 궁금해하거나 그림책과 다른 결말을 상상하기도 한다. 그래서 우리는 책을 만들기로 했다.

3) 질문 및 가설

- 책의 어떤 부분을 평가하는 것일까?
- 아이들이 유독 좋아하는 책은 어떤 재미요소가 있을까?
- 공주 책은 왜 '행복하게 살았어요' 하고 끝나지?
- 변신 책은 별로 없어 변신 책이 나오면 사람들이 정말 좋아할 거야.

어떤 책을 만들지?
앞에 제목은 무엇으로 하면 좋을까?
나는 반짝반짝 빛나는 책을 만들고 싶은데~.
선생님 반짝반짝 빛나는 종이 있어요?

한두 아이가 책을 만들기 시작하자 아이들은 너도나도 동화책을 만들이 시작했다. 그림책을 만들겠다던 아이들은 무조건 종이를 찾아 꾸미기 시작했다. 교사는 아이들이 원하는 책을 만들 수 있도록 다양한 종이와 필기도구를 풍부하게 지원하였다.

4) 예상 주제망

아이들은 교사에게 책을 만드는 법에 대해 알려달라고 하여 시작된 책 프로젝트에 대해 교사는 책에 중심을 두고 예상 주제망을 선정해 보았다. 책에 대한 이야기와 구성에 대한 부분, 다양한 책을 통해 유아가 책에 대해 알아가는 시간이 될 것이라 생각하였다. 그러나 책의 이야기에서 유아는 창의적 구성, 기존 이야기에서 연결지어 그림책 만들기 외에 여자가 좋아하는 책, 남자가 좋아하는 책으로 나누어 그림책을 만들어가고 있었다. 그로 인해 교사가 예상 주제망에서 생각지 못한 이야기 부분에서 유아사회교육과 접목한 양성평등의 내용을 다루게 되었다.

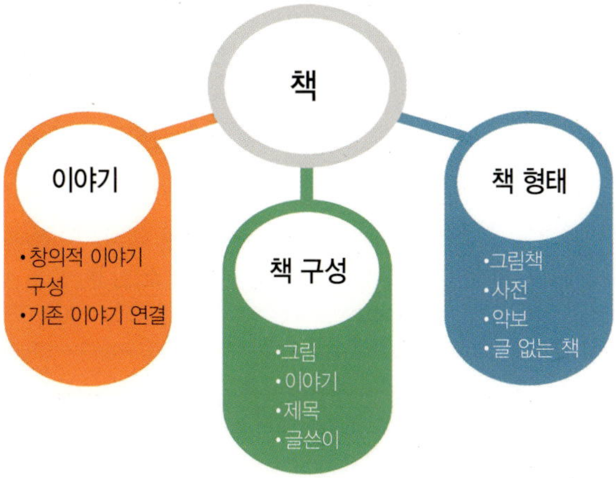

5) 목표

■지식 - 책에 들어가는 요소에 대해 안다.
- 다양한 책의 특성에 대해 안다.

■기술 - 책의 요소를 알고 책을 구성할 수 있다.
- 다양한 책을 제작할 수 있다.

■태도 - 책을 소중하게 다룬다.
- 다른 친구의 책에 관심을 갖는다

6) 자원목록

양성평등에 대한 부분에 있어 교사가 예상되는 방향에 따라 1차적 자원과 2차적 자원을 다음과 같이 준비하였다.

[1차적 자원]
– 실물 : 다양한 양성평등 표지판
– 사람 : 발레리나, 여자 농구선수 등

[2차적 자원]
– 책 : 『돼지책』, 『종이 봉지 공주』, 『나는 여자아이 뭐든지 할 수 있지』, 『이상해』, 『나는 꼭 의사가 될 거예요』, 『치마를 입어야지 아멜리아 블루머』, 『루비의 소원』 등
– 동영상 : 답게답게 마법 이야기 https://blog.naver.com/bbk880/220023052035
양성평등, 나부터 실천해요 https://www.youtube.com/watch?v=tJBkuDRtpk4

7) 유아사회교육 관련 내용

교사는 책 프로젝트가 사회교육에 있어 양성평등에 속하는 내용이 될 것이라고 생각하지 않았다. 교사는 처음 책에 대한 흐름을 책의 내용과 책의 요소에 관련된 내용으로 예상하였기 때문이다. 그러나 아이들의 책 프로젝트는 교사의 생각과는 다르게 양성평등의 내용으로 흘러갔다. 아이들이 여자와 남자에 관심을 가지고 그에 관련된 그림책을 찾아보기 시작한 것이다. 이에 교사는 양성평등에 있어 어떠한 요소를 중심으로 유아와 놀이를 하며 놀이를 지속적으로 지원할 수 있는가에 대해 고민할 수 있었다.

지리	역사	경제	환경	다문화	통일	양성평등	민주시민
						○	

8) 예상 활동안

그림책에서 시작한 책 만들기의 활동은 아이들의 책의 어느 부분에 초점을 두고 있는지 알 수 있는 활동이었다. 아이들은 자신의 책을 만든다는 즐거움에 이런저런 이야기를 하였다. 아이들의 주요 이야기 중심은 그림책의 줄거리에 있었다.

책 프로젝트

이야기 나누기
- 책은 어떤 이야기가 있을까?
- 책의 여러 가지 형태

동화동극
- 종이 봉지 공주
- 치마를 입어야지 블루머
- 돼지 책
- 창작 그림책

관찰실험
- 다양한 책 관찰
- 책 만들기

조형
- 책 그림 그리기
- 개미 점토로 만들기
- 다양한 책 만들기
- 개미집 모래 그림

동작 음률 게임
- 그림책 내용으로 노래 만들기(창작동요)
- '아빠 힘내세요' 노래 개사

9) 진행되는 활동

(1) 책을 어떻게 만드는 것이 좋을까?

"페이지 수가 더 많아야 할 것 같아."
"그림이 더 많았으면 좋겠어."
"그림에 색칠을 하면 더 멋질 것 같아."
"제목도 써주면 좋을 것 같아."
"그 다음 내용이 어떨지 궁금해. 이야기를 더 많이 만들어 봐."
"이야기가 또 어떻게 만들어졌을지 궁금하다.
이야기를 좀 들려줘."
"벌은 날아갈 때는 날개를 쫙 펴고,
꽃에 앉아 있을 때는 날개를 접고 있어
날개 모양을 좀 세모처럼 그려보는 건 어때?"
"이야기는 재미있는데 처음 이야기가 중간 이야기랑 잘
연결되지 않는 것 같아. 왜 그렇게 되었는지 자세히 써 봐."

(2) 내가 만드는 그림책

아이들이 자신이 직접 그림책을 만드는 데 재미를 가지고 다양한 책의 제목을 붙이기 시작하였다. 제목에 대해 고민을 하는 친구부터 종이 재질을 체크하는 아이들의 모습 등 자신의 생각에 비추어 책 만들기가 이루어졌다.

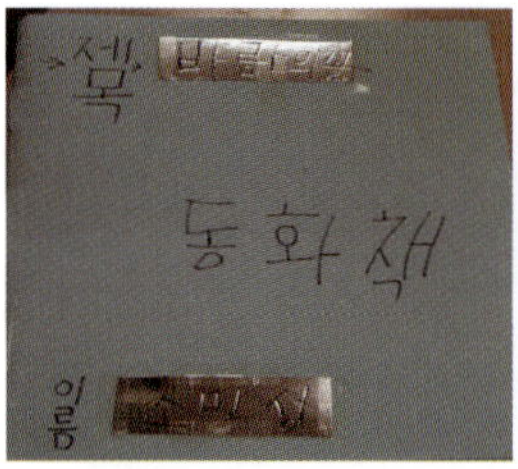

바람의 꽃

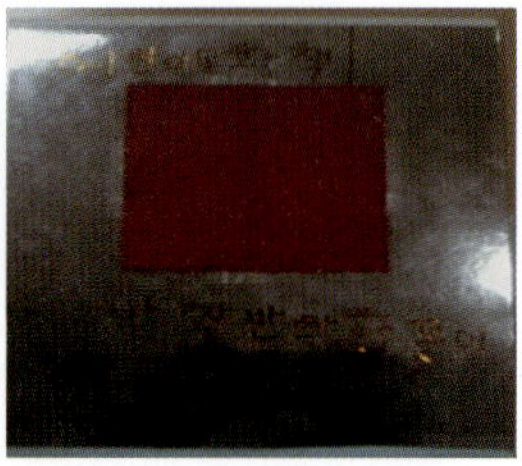

반짝반짝 꽃이 피었어요

나는 제목 부분만 반짝이는 종이로 써야겠어.
제목은 음~ 바람의 꽃이야.
나는 반짝반짝이는 종이니까
반짝반짝 꽃이 피었어요!!

(3) 내가 만든 책을 소개할게

아이들이 책을 만들기 시작한 지 일주일이 지나면서 여러 책들이 만들어졌고 아이들은 자신이 그린 그림책을 친구들에게 보여주기 시작하였다.

달콤한 꿀과 벌
글: 현도/그림: 현도

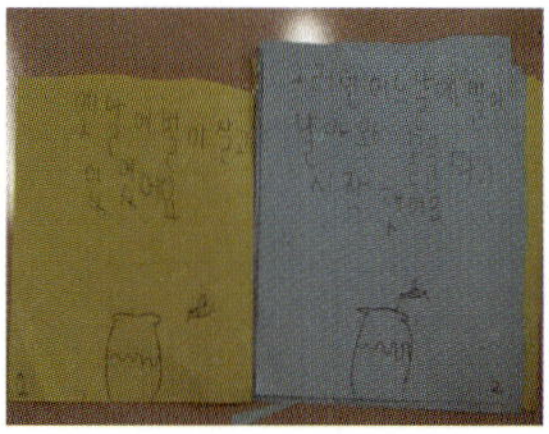

옛날에 벌이 살고 있었어요.
그러던 어느 날 벌이 날아와
꿀을 먹기 시작했어요.

그러던 다음날 벌이
날아갔어요.

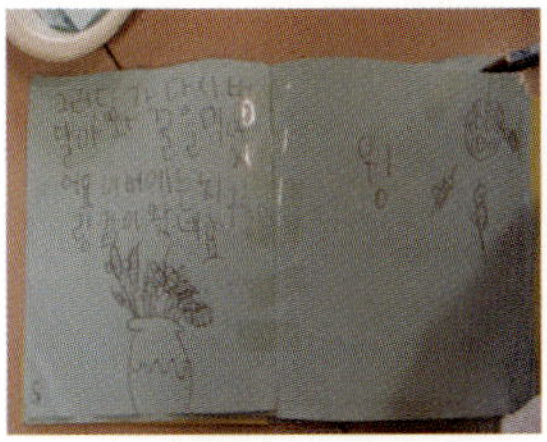

그러다가 다시 벌이 날아와
꿀을 먹었어요.
이번에는 친구들이랑
같이 왔네요 윙~

꿀벌이 자고 있어요.

노래책은 봄에 대한 내용을 담았으며 악보를 함께 첨부함으로써 악보집을 만들었다. 아이들은 이것을 보며 노래를 함께 불러 볼 수 있었다. 이 과정을 통해 아이들은 다양한 자신의 관점을 친구들과 공유하게 되었다.

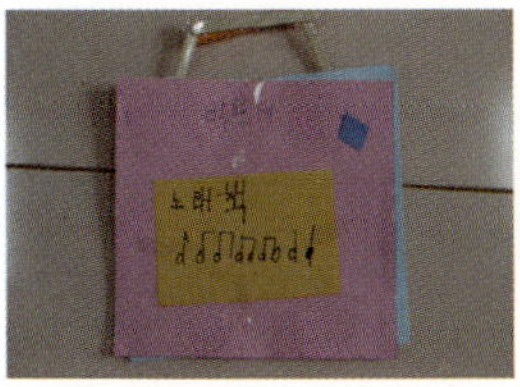

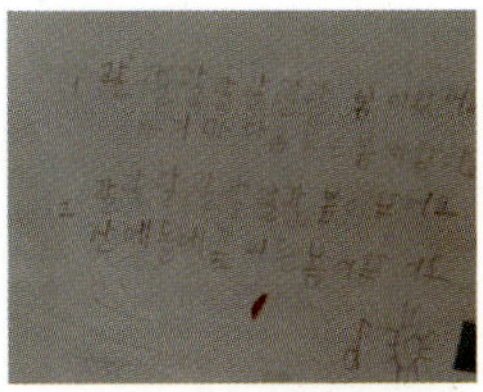

음악책
봄이
왔어요
: 글
박완서

랄랄랄랄랄랄랄 봄이 왔어요.
가지마다 움트는 봄이 왔어요.
랄랄랄랄랄랄랄 봄이 왔어요.
산에 들에 꽃피는 봄이 왔어요.

음악이 있는 책을 만들다가 악보를 만들기도 하고 한 장 그림책, 두꺼운 그림책을 만들고자 하였다. 또한 한 장 동화를 만들겠다고 하던 친구는 친구들의 감상평을 듣고 재구성하기도 하는 모습을 보였다.

(4) 너와 내가 만드는 이야기

교사는 재구성하는 과정에서 아이들이 대화를 통해 자연스럽게 책 만들기가 이루어지는 것을 볼 수 있었다. 이러한 대화는 그림책의 제목, 그림, 책의 길이, 이야기의 구성까지 이어졌다. 아이들은 친구들에게 자신의 생각을 이야기를 하고, 자신의 그림책에 대한 감상 평가를 들은 그림책 주인은 새롭게 자신의 그림책을 수정하기도 하고 보완하기도 하는 모습을 보였다.

네가 그림을 잘 그리니까 내 책에
아기 그림 좀 그려줘.

(5) 여자가 좋아하는 책, 남자가 좋아하는 책

"나는 공주이야기가 좋아, 나는 공주이야기 책을 만들 거야.", "나는 아기가 태어났어요 그림책을 만들 거야." 등 아이들은 다양한 그림책을 구성하는 과정을 보였는데 이 중 아이들은 공주의 책에 관심을 보였다.

나는 공주 이야기가 좋아.
나는 공주님 책을 만들 거야.
공주 그림책은 신기한 책이야.
왜냐하면 이거는 한 장 책이거든.
그리고 여기를 열면 공주 그림이 있지!!!

신기한 책
공주가 살았어요.
그 공주는 아주아주 예뻤어요.
어느 날 공주는 산책을 나갔어요.
다음날 공주는 낮잠을 잤어요.
그 다음날 공주는 옷을
갈아입었어요.
다음날 공주는 또 낮잠을 잤어요.

아이들은 "남자친구들은 공주를 별로 안 좋아하니까 포켓몬스터 책을 만들어야겠어."라는 이야기와 "여자는 공주 책을 좋아하고 남자는 왕자 책을 좋아하잖아." 등의 논의하는 모습을 보며 아이들에게 질문을 하였다. "남자가 좋아하는 책, 여자가 좋아하는 책이 따로 있어?" 그러자 여자아이들은 "우리는 공주를 좋아해요. 너희는 왕자를 좋아하지?", "포켓몬을 좋아하나?" 등 서로에게 질문을 하였다. 그러자 "나는 포켓몬은 안 좋아해.", "나는 포켓몬 좋아해, 여자애들도 좋아해?" 등 그림책을 만들다 말고 토론의 장이 열렸다.

남자친구들은 공주를 별로 안 좋아하니까
포켓몬스터 책을 만들어야겠어.
난 포켓몬 별로 안 좋아하는데?
여자는 공주 책을 좋아하고,
남자는 왕자 책을 좋아하잖아.

(6) 여자와 남자가 나오는 그림책은 어때?

교사는 아이들에게 그림책을 제시하여 보여주었다. 아이들은 공주에 대해 아주 흥미로워하며 즐거워하는 모습을 보였고 남자 아이들 역시 『종이 봉지 공주』

(비룡소, 1998)가 멋지다고 이야기를 하며 이 책이 재미있는 책이라는 반응을 보였다. 아이들과의 이야기를 통해 종이 봉지 공주에 대해 동극 활동까지 진행하였다. 아이들은 이 활동을 통해 남자 그림책, 여자 그림책에 대한 이미지보다는 누구나 멋진 모습을 가지고 있으며 남녀 모두 용감할 수 있다는 것에 대해 알아가는 시간이었다.

네가 만드는 이야기는 나의 이야기

"나도 종이 봉지 공주 같은 책도 만들어보고 싶다. 근데 난 잘 못 만드니까 일단 네가 만드는 것을 보고, 그 다음에 어떻게 하는지 알아서 나도 만들어야지."

(7) 플립북에 대한 관심 그리고 탐색

동극을 진행한 아이들은 책 그림이 움직이면 더 재미있겠어요. 책이 동극할 때처럼 움직이면 좋겠다는 의견을 내었다. 그리고 동극뿐만 아니라 유튜브에 대한 영상을 떠올리는 아이들에게 교사는 플립북을 제공해주었다.

진짜 신기해.
유트브같이 움직여.
소리가 안 나는 거만 빼고~
재밌다~!!!
종이 봉지 공주가 용이랑
싸우는 거를 이렇게 만들면
싸우는 게 움직일 거야.

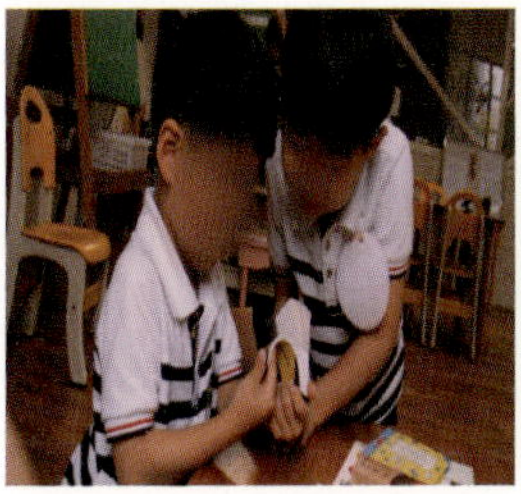
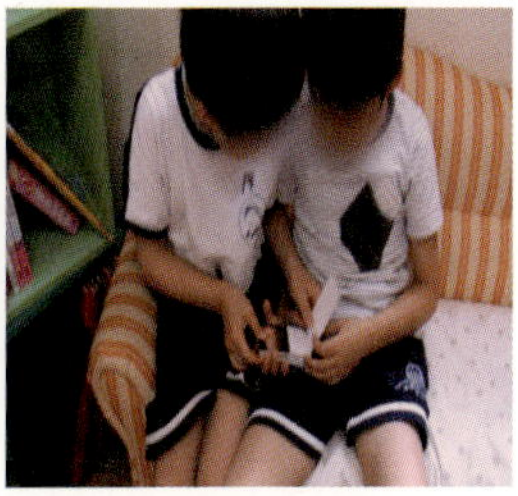

(8) 플립북 만들기

아이들은 이제 내용보다는 움직이는 그림책에 관심을 보이기 시작하였다. 한 장 한 장 그림과 내용을 적은 후 아이들은 책을 테이프로 연결하여 붙이는 방식으로 책을 만들었다.

종이를 이만큼 자르고
그 다음에 그림을 그리고,
테이프로 종이를 다 붙이고~

실제 플립북은 옆에서 보니까
책이 엄청 두꺼워.
종이를 많이 해서 만들어야 해.
그리고 크기를 똑같이 만들자!!

아이들과 함께 책 만들기를 하면서 다양한 책을 접할 수 있었다. 이 과정에서 유아사회교육 중 양성평등에 대한 부분을 다룰 수 있었던 것도 아이들의 시각에 변화를 줄 수 있었던 좋은 계기였다.

PART II CHAPTER 8

8. 민주시민교육

생각해보기

자신이 대한민국 국민으로서 나라에 기여할 수 있는 부분에 대해 생각해 보고 친구들과 이야기 나누어 보세요.

1. 민주시민교육의 개념

목표

민주시민교육에 대해 알고 지도할 수 있다.

■ 관련자료

[교육부] 세계시민교육자료

민주주의란 국민이 주인이 되어 국민을 위해 정치가 이루어지는 제도로 민주주의 원칙에 따라 '국민의, 국민에 의한, 국민을 위한 정치'이다. 또한 시민은 도시의 구성원으로 교양이 있으며 정치에 관심을 가지고 참여하는 사람으로, 인권을 보장받고 실현하려는 사람이라는 뜻을 가진다. 따라서 민주시민이란 한 사회의 구성원인 시민이 책임과 권리를 알고 민주적 가치와 태도를 함양하여 유능한 시민이 되도록 준비되는 것이다.

2. 민주시민교육의 목적 및 목표

민주시민교육의 목적은 민주주의 국가 사회의 일원으로 살아가는 데 필요한 자질과 소양을 길러주는 것으로 그에 따른 목표는 첫째, 유아를 민주주의 국가에서 시민의 책무를 감당할 수 있도록 그에 따른 지식, 기술, 태도를 증진시킨다. 둘째, 유능한 시민으로 키우기 위해 다양한 일상생활 속의 문제 상황에서 의사결정에 참여할 수 있는 기회를 제공한다.

3. 민주시민교육의 내용

학자들이 제시하는 김숙자(2004)는 민주시민교육내용으로는 인간의 존엄성인 자유, 자율성, 평등, 애국심, 도덕성, 규칙, 책임, 협동, 공동체의식, 예절, 환경보호 등이 있으며 김용숙(2004)은 민주시민교육의 내용을 기본권 인식, 예절바르고 책임감 있는 생활습관과 질서의식의 내면화, 민주적 절차에 대한 숙달과 참여정신, 사회문제 해결과 경제 제도 이해, 국민과 국가 및 세계의 상호관련성 이해로 구성하였다.

4. 민주시민교육 프로그램

양시내(2014)는 유아 시민의식 함양 프로그램을 개발하였다. 내용은 다음과 같다.

생활주제	번호	시민의식 내용요소	활동명
나와 가족	1	나와 타인에 대한 존중, 협동	여우의 생각과 두루미의 생각
	2	나와 타인에 대한 존중, 합리적 의사결정	똑같이 나누어요
	3	합리적 의사결정, 공동체의식, 책임감	나는야 우리반 도우미
	4	나와 타인에 대한 존중, 협동	함께 나누면 좋아요
	5	책임감, 협동, 공공질서	우리가 만든 규칙 표지판
	6	책임감, 공동체의식	책임감 강한 삽사리
우리 동네	7	협동 공동체의식	우리 동네에 여러 기관이 필요해요
	8	나와 타인에 대한 존중, 공공질서	공공장소에서 질서를 지켜요
	9	협동, 공동체 의식	가게놀이를 해요
	10	협동, 합리적 의사결정, 공동체 의식	우리 동네를 꾸며보아요
	11	나와 타인에 대한 존중, 협동	정다운 이웃

생활 주제	번호	시민의식 내용요소	활동명
우리 동네	12	책임감, 공동체의식, 공공질서	우리를 위해 필요한 시설
	13	협동, 공동체 의식	이름다운 우리 동네
	14	나와 타인에 대한 존중, 공공질서	누구를 위한 자리일까요?
	15	협동, 공동체의식	나눌 때 더욱 기뻐요
	16	나와 타인에 대한 존중, 합리적 의사결정	이럴 때는 어떻게 해야 할까요?
	17	책임감, 합리적 의사결정, 공동체 의식	우리 동네 대표 선출하기
	18	협동, 공동체 의식	살기 좋은 동네를 만들어요
여름	19	책임감, 공공질서	공정한 게임
	20	나와 타인에 대한 존중, 합리적 의사결정	잘 나눌 수 있어요
	21	나와 타인에 대한 존중, 공공질서	화가 날 때 어떻게 하면 좋을까?
	22	협동, 공공질서	친구와 함께 모양을 만들어요
	23	나와 타인에 대한 존중, 책임감, 합리적 의사결정	빨간 머리 작은 암탉
	24	책임감, 공동체 의식, 공공질서	아무도 안 본다고

5. 민주시민교육 실제

– 투표하셨나요? –

지방 선거가 있는 수요일이 지나 목요일에 만난 아이들에게 투표를 하였는지 물어보았다. 민주주의 국가에서 주권자인 국민은 선거를 통하여 직접 정치에 참여하며 선거를 통해 대표자를 선출한다. 아이들이 민주시민으로 자라는 과정에서 다양한 선거와 투표에 대한 경험할 수 있다. 이에 교사는 참정권에 대한 인식을 위해 간단한 활동으로 진행하였다.

투표하셨나요?

아이들에게 유치원이 수요일에 쉬는 이유에 대해 이야기를 하였다. 그리고 투표에 대한 인증샷 및 이야기 나누기를 준비하기로 하였다.

우리도 투표하고 싶어요

나이가 만 19세 이상만 할 수 있다는 소리에 아이들은 우리반에서 직접 투표를 하기 시작하였다.

무엇을 투표할까?

투표에 대해 아이들은 아이스크림, 예쁜 사람 등을 적어보기도 하고 도장을 찍는 것에 즐거워하기도 하였다. 그런데 이게 진짜 투표 맞아?

우리반 도우미는 누구?

나를 뽑아주면 내가 친구들 잘 도와주도록 할게. 나는 힘이 세니까 잘 도와줄 수 있어.

1) 유아 관찰

(1) 투표하셨나요?

아이들은 빨간 날인 투표하는 날에 대해 무엇을 하는지, 왜 쉬는지에 대해 의문을 가졌다. 교사는 부모님들께 투표를 하고 아이들과 함께 인증 샷을 찍어 보내 달라고 요청하였다.

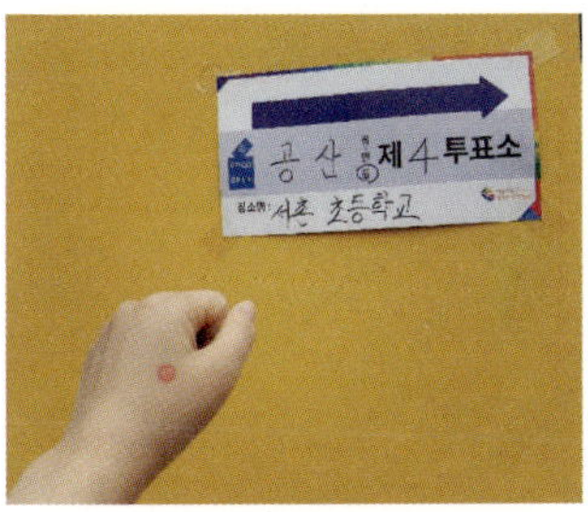

친구들이 아침에 등원하여 모여 앉았을 때 교사가 물었다.
투표하는 곳에 갔었니?

아이들은 앞에 나와 어제 투표했던 기억을 상기시키며 이야기를 하거나 사진 찍은 것을 가져와 보여주며 누구와 어디에 갔었는지에 대해 이야기를 했다. 또한 투표하는 곳 안에서는 사진을 찍지 못해서 나와서 사진을 찍었다는 친구들의 이야기를 들으며 맞장구치기도 하였다.

애들아!!
나는 어제 엄마랑 아빠랑 투표하러 갔어.
투표하는 아빠랑 엄마랑 투표하는데 나도 하고 싶었어.
이름도 확인하고 그랬어.

2) 주제 선정

투표는 민주주의의 바탕이 되는 것이며, 국민의 의사를 정책에 반영할 수 있게 뜻을 모으는 것이다. 따라서 국민의 권리 중 가장 기본적인 것이다. 만약 투표 같은 민주적 절차가 이루어지지 않는다면 많은 사람들의 의견이 무시될 수 있으므로 민주시민으로서 투표의 중요성에 대해 인식시켜주기 위해 주제로 선정하였다.

3) 질문 및 가설

- 투표에 대해 알고 있는가?
- 투표를 하는 것이 왜 중요한가?
- 투표하는 방법에 대해 아는가?
- 투표로 우리반에서 누군가를 선출할 수 있는가?

4) 예상주제망

예상 주제망은 다음과 같다.

5) 목표

- 지식 – 투표에 대한 개념을 안다.
- 기술 – 투표하는 방법에 대해 안다.
- 태도 – 투표에 대해 관심을 갖는다.
  – 자신이 투표하는 것에 대해 자부심을 갖는다.

6) 자원목록

민주시민에 대한 부분에 있어 교사가 예상되는 방향에 따라 1차적 자원과 2차적 자원을 다음과 같이 준비하였다.

[1차적 자원]
–실물 : 투표에 필요한 준비물, 개표소, 투표함 등
–사람 : 투표하고 온 선생님

[2차적 자원]
–책 : 『투표하는 날』 등
–사진 : 투표하는 모습, 선거 포스터 등
–동영상 : 쉽게 설명한 제7회 전국동시지방선거 투표 안내 애니메이션
https://www.youtube.com/watch?v=4APZxkRF5yo

7) 유아사회교육 관련 내용

유아사회교육에 있어 투표는 민주시민교육에 해당한다. 민주시민의 권리로서 참정권은 우리가 꼭 행사해야 할 권리이기 때문이다. 따라서 교사는 민주시민교육에 있어 어떠한 요소를 중심으로 유아와 놀이를 하며 놀이를 지속적으로 지원할 수 있는가에 대해 고민할 수 있었다.

지리	역사	경제	환경	다문화	통일	양성평등	민주시민
							o

8) 예상 활동안

활동 예상안은 다음과 같다.

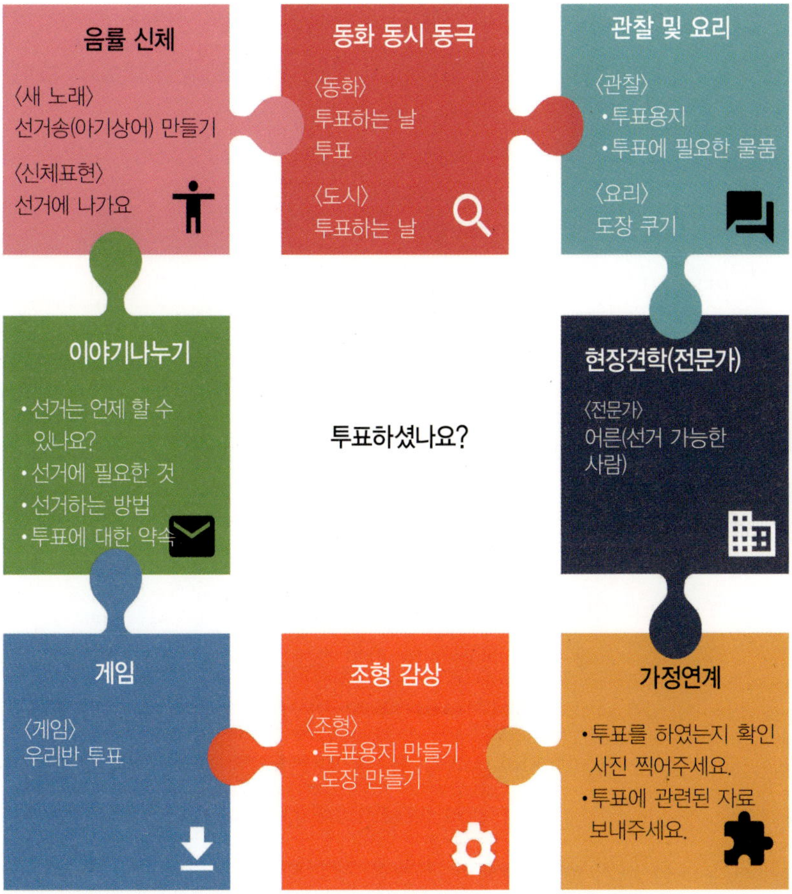

9) 놀이 지원하기

또한 유아는 주어진 환경과 문화에 익숙해지는 과정을 통해 그 사회에서 요구하는 사람으로 성장하게 된다(Seefeldt, Castle, & Falconer, 2014). 따라서 사회화는 사람이 태어나서 자신이 속한 사회의 문화를 배우고 그 사회의 가치를 내면화시키는 과정이다. 이러한 사회화과정을 경험한 유아는 개인적 차원에서 자신의 개성과 자아를 형성하고, 사회적 행동 양식을 습득하며, 사회적 소속감을 함양할 수 있다. 사회적 차원에서는 사회 구성원 간의 문화적 가치와 신념을 학습하며 문화를 공유하고, 문화를 다음 세대에 전달할 수 있으며, 사회의 유지 및 통합에 기여할 수 있다.

(1) 우리는 언제 투표할 수 있어요?

아이들은 어른들만 투표할 수 있다는 것에 아쉬움을 표현하였다. 자신들이 어려서 투표할 수 없다는 것에 대해 속상한 것 같았다. 그래서 교사는 투표를 할 수 있는 나이가 만 19세 이상이라는 것을 알려주었다. 그리고 그때부터 어른(성인)이 되기 때문에 우리나라의 대통령, 국회의원을 뽑는 투표 권리를 갖는다는 것에 대해 이야기 나누었다.

(2) 나도 투표하고 싶어요

아이들은 투표하는 것에 대해 아쉬움을 갖고 있었기 때문이었는지 "종이에 그냥 도장을 찍는 방식으로 투표했어." 하며 친구들과 종이를 교환하는 모습이 보였다. 그래서 교사는 아이들이 원하는 투표를 할 수 있도록 지원하기로 하였다. 놀이 관찰 결과 아이들은 기표소에 대한 부분은 잘 모르는 듯하였기에 교사는 먼저 아이들이 투표를 하기 위해 필요한 것들을 생각해보기로 하였다. 이야기 나누는 과정을 보니 아이들 놀이에서는 나오지 않았기 때문에 모를 것이라 생각했던 기표소에 대한 부분도 하얀색 천으로 가리는 것이라며 표현하는 것을 통해 인지하고 있음을 알 수 있었다. 또한 놀이하는 데 대체하면서 했었던 투표도장 및 투표함 등 투표에 필요한 것들에 대해 이야기하였다. 이에 교사는 도장, 인주, 투표함, 기표소를 제작하여 제공하였다. 이 과정에서 유아가 만드는 것이 좋을지 교사가 제공하는 것이 좋을지에 대한 논의가 있었으나 아이들이 하고 싶은 것은 투표소 제작이기보다 투표하는 것에 초점이 있었으므로 교사는 투표에 필요한 부분을 지원하기로 하였다.

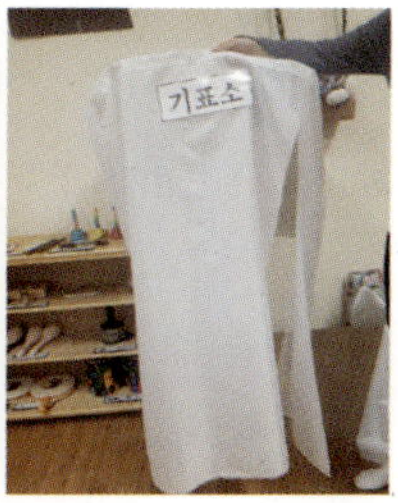

선생님 투표를 하려면
하얀색 천으로 이렇게
가려야 해요.
선생님 ㅅ 모양의 도장이
필요해요.
투표함도 있어야 해.

(3) 무엇을 투표하지?

아이들은 투표할 준비를 다 해놓고는 무엇을 투표할지에 대해 고민에 빠졌다.

긴 종이가 있어야 해.
거기다가 도장 찍는 거야.
근데 거기 뭘 쓰지?
음~그러네.
뭐를 투표할까?

(4) 선거 포스터

좋아하는 아이스크림을 투표하기로 한 아이들은 투표에 대한 재미를 느꼈다. 한 번의 투표가 끝나고 교사는 좋아하는 아이스크림 투표에 대해 친구들이 누가 했는지 모를 필요가 있었을까에 대하여 물어보았다. 이에 아이들은 "아니요? 나는 초코봉봉을 좋아하는데?"라고 이야기를 하였고 몇몇 친구들도 자신이 좋아하는 아이스크림의 이름명을 이야기하였다. 이에 교사는 "그럼 왜 기표소 안에 들어가서 친구들이 모르게 투표하는 걸까?"라는 질문을 던졌다. 아이들은 고민을 하다가 "친구가 기분 나쁠까 봐." "모르게 하기 위해서"라는 답을 하였고 교사는 어떤 내용이기에 친구들 모르게 투표하는 것인지 투표에 대해 이야기를 해주기로 하였다.

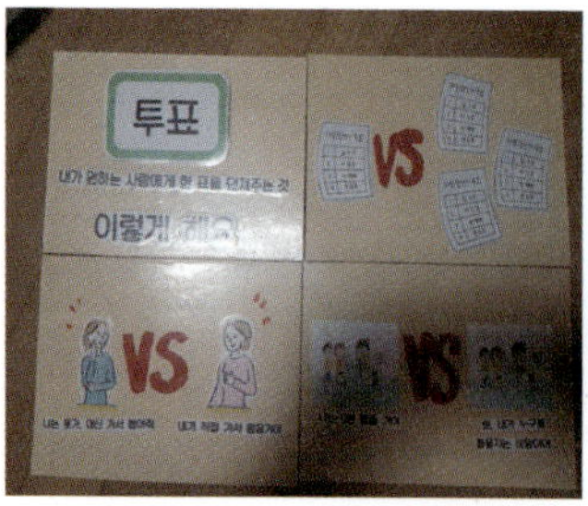

투표에 대해 알아보아요
투표는 내가 선택한 사람에게 기회를 주는 것이다.
투표는 좋아하는 사람에게 기회를 주는 것이 아니라 후보자가 어떠한 행동을 할지에 대해 확인하고 그 행동이 옳다고 생각될 때 기회를 주는 것이다.
투표는 투표용지에 도장을 찍어서 표현할 수 있다.
투표를 하고 난 후 누구를 찍었다고 이야기하는 것은 표를 많이 받지 못한 사람이 기분이 나쁠 수 있기 때문에 이야기하지 않는다.

출처: https://cafe.naver.com/brisbaneparty/3396

선거에 활용된 포스터를 보여주며 각 사람들이 주장하는 것에 대해 이야기를 하였다. 우리나라를 이끌어나가는 대통령을 뽑기 위한 선거에 5명의 사람이 어떤 주장을 하였는지 알아가면서 아이들은 자기도 우리반 대통령을 하고 싶다고 하였다. 또한 투표를 하는 가운데 내가 친한 친구 외에 다른 친구에게 투표를 하면 기분이 어떨지에 대해 생각해봄에 따라 기표소를 통한 비밀투표가 왜 필요한지에 대해 알게 되었다.

(5) 내가 멋진 도우미가 되겠어요

아이들은 투표를 통해 대통령 대신 우리반 도우미를 뽑자고 제안하였다. 우리반 도우미는 돌아가면서 하는 것이었는데 일주일에 한 번씩 투표를 해서 도우미를 뽑기로 하였다. 아이들은 도우미 하고 싶은 친구들의 이야기를 들어보고 좋은 쪽으로 선택하기로 한 후 도우미를 하고 싶은 친구들이 나와서 자신이 도우미가 되었을 때 하고자 하는 일들에 대해 들어보았다.

친구들아! 나는 오늘 도우미가
되면 책상을 잘 닦을 거야.
나는 의자 정리를 잘할 거야.
친구들아! 나는 친구들
잘 도와줄 거야.

너 나 다음에 투표할 거야?
응~ 근데 너 누구 찍을 거야?
나는 원재 찍고 싶은데~
그거 이야기하지 말라고 했어!!
비밀 투표해야 하니까 이야기하면 안 돼.

아이들이 투표에 대한 관심을 갖고 우리반의 도우미를 투표로 뽑기로 한 후 아이들은 투표에서 뽑힌 친구에게 도우미 목걸이를 주었다. 투표에서 도우미로 당선이 안 된 아이는 속상해하였지만 다음에 또 후보로 나올 거라며 긍정적인 모습을 보였다.

친구들아 고마워.
내가 이번 주 도우미야~^^

투표에 대해 아이들의 관심과 교사의 투표에 대한 교육 필요성을 통해 유아사회교육의 민주시민교육이 이루어질 수 있었다. 민주시민의 기본원리인 투표는 아이들에게 즐거우면서도 당선이라는 긴장감을 주는 활동이었다.

참고문헌

고려대학교 부설 행동과학연구소(2007). 심리척도 핸드북 Ⅰ. 서울: 학지사.

고유진(2003). 양성평등의식 교육활동이 유아의 성역할 고정관념에 미치는 영향. 한국교원대학교 석사학위 논문.

교육부, 보건복지부(2019). 2019 개정 누리과정 해설서. 세종: 교육부, 보건복지부.

교육과학기술부(2009). 유아 세계시민 소책자. 교육과학기술부.

교육과학기술부(2011). 경제, 소비교육 프로그램. 교육과학기술부.

교육과학기술부(2013). 유아 통일교육 프로그램. 교육과학기술부.

교육인적자원부(2004). 유아를 위한 양성평등교육활동 지도자료.

교육인적자원부(2005). 유아를 위한 역사교육 활동 지도자료.

교육인적자원부(2012). 유아 녹색성장 교육 프로그램. 교육인적자원부.

국립특수교육원 (2009). 특수교육학 용어사전.

권덕수(2010). 조망중심 유아지리교육 프로그램의 개발 및 적용효과 중앙대학교 대학원. 국내 박사학위논문.

김한종(2008). 다원적 관점의 역사이해와 역사교육. 역사교육연구, 8, 30-259.

네이버 지식백과(2014). 마음이론[theory of mind 심리학용어사전, 2019. 12월 인출.

신리행(2016). 공간 탐색 중심 유아 지리 교육 프로그램 개발 및 효과 전남대학교 국내박사논문.

안지송(2019). 인성 덕목 중심 유아 다문화교육 프로그램 개발 및 효과 전남대학교 박사학위논문.

이봉자(2014). 역사적 사고력 증진을 위한 유아 역사교육프로그램 개발 및 적용효과. 원광대학교 박사학위논문.

이종원(2008). 한국 사회의 대안적 다문화사회 탐색. 대구대학교 2008학년도 기획 및 정책연구 논문집, 1-14.

조세핀 킴(2011년). 우리 아이 자존감의 비밀, 서울: 서울문화사.

조벽, 최성애, 존 가트맨(2011). 내 아이를 위한 감정코칭. 서울: 한국경제 신문사

조주현(1995). 여성주의에서 본 평등문제: 대안적 다름의 정치학, 양성평등과 한국법체계. 서울: 이화여자대학교 출판부.

한국교육심리학회(2000). 교육심리학용어사전.

현은순(2014). 생활사 중심의 유아 역사교육 프로그램 개발 및 효과. 전남대학교 대학원 박사학위논문.

홍지명(2019). 전통문화에 기초한 유아환경교육 프로그램 개발 및 효과. 전남대학교 박사학위논문.

환경부(2002). 국가 지속 가능 발전을 위한 환경교육추진 전략 개발 연구. 서울: 환경부.

황지현(2002). 가정과 연계한 성 평등 동화활동이 유아의 성역할 고정관념에 미치는 영향. 연세대학교 교육대학원 석사학위 논문.

Ainsworth (1992). Ainsworth, M. D. (1992). A consideration of social referencing in the context of attachment theory and research. In S. Feinman (Ed.), *Social Referencing and the Social Construction of Reality in Infancy* (pp. 349–367). New York: Plenum.

Avis, J., & Harris, P. L. (1991). Belief-desire reasoning among Baka Children. *Child Development, 62*, 460–467.

Banks, J. A., & Banks, C. M. (2003). Handbook of research on ulticultural education(2nd ed.). San Fransisco CA: Jossey-Bass, Inc.

Bar-On, R. (2006). The Bar-On model of emotional-social intelligence(ESI). *Psicothema, 18*, 13-25.

Baron-Cohen, S. (1994). How to build a baby that can read minds: Cognitive mechanisms in mindreading. *Current Psychology of Cognition, 13*, 513-552.

Baumeister, R. F., Campbell, J. D., Krueger, J. I., & Vohs, K. D. (2003년). Does high self-esteem cause better performance, interpersonal success, happiness or healthier lifestyles? *Psychological Science in the Public Interest, 4*(1), 1-44.

Bee, H. (1999). *The Developing Chil*d (9th ed). New York: Harper and Row.

Berk(2009). *Child Development*. MA: Parson Education,

Brennan, M. J (1986). A curriculum for the conservation of people and their environment. *Journal of Environmental Education, 17*(4), 1-12.

Brown, J. D. (1998). *The Self*. New York: McGraw Hill.

Carlson, S. M., Moses, L. J., & Hix, H. R. (1998). The role of inhibitory processes in young children's difficulties with deception and false belief. *Child Development, 69*, 672–691.

Curry, N. E., & Johnson, C.N. (199년). Beyond self-esteem: Developing a genuine sense of human value. In Research Monograph of the National Association for the Education of Young Children (Vol. 4). Washington DC: NAEYC.

Damon, W., & Hart, D. (1982). The development of self-understanding from infancy through adolescence. *Child Development, 53*, 841-864

Denissen, J. J., Zarrett, N. R., & Eccles, J. S. (2007). I like to do it, I'm able, and I know I am: Longitudinal couplings between domain-specific achievement, self-concept, and interest. In L. E. Berk (Ed.), *Child Development* (Vol. 8, pp. 457). Pearson: Allyn & Bacon.

Dewey,J. (1966). *Lectures on philosophy of education*. New York: Archambault.

Dohnt, H., & Tiggemann, M. (2006). The contribution of peer and media influences to the development of body satisfaction and self-esteem in young girls: A prospective study. *Developmental Psychology, 42*(5), 929-936.

Donnellan, M. B., Trzesniewski, K. H., Robbins, R. W., Moffitt, T. E., & Caspi, A. (2005). Low Self-esteem is Related to Aggression, Antisocial Behavior and Delinquency. *Psychological Science, 16*(4), 328-335.

Ericson, E. H (1950). *Childhood and society*. NY: Norton.

Fantz, R. L. (1961). The origin of form perception. *Scientific American, 204*, 66-72.

Flavell, J. H. (2000). Development of children's knowledge about the mental world. *International Journal of Behavioral Development, 24*, 15-23.

Flavell, J. H., & Miller, P. H. (1998). Social cognition. In D. Kuhn & R. S. Siegler (Eds.), W. Damon (Series Ed.), *Handbook of Child Psychology: Vol. 2. Cognition, Perception, and Language* (5th ed., pp. 851-898). New York: Wiley.

FLerx, Vicki C., Dorothy S. Fidler, and Ronald W. Roger(1976). Sex role stereotypes : Developmental aspects and early intervention. *Child Development, 47*, 998-1007.

Fodor, J. (1983). *The Modularity of Mind. Cambridge*. MA: MIT Press.

Fraley, Waller, and Brennan (2000), An item response theory analysis of self-report measures of adult attachment. *Journal of Personality and Social Psychology, 78*

Furnham, A., & Cheng, H. (2000년). Lay theories of happiness. *Journal of Happiness Studies, 1*, 227-246.

Gallese, V., & Goldman, A. (1998). Mirror neurons and the simulation theory of mindreading.

Trends in Cognitive Sciences, 2, 493–501.

Gesell, A. (1933). Maturation and patterning of behavior. In C. Murchison(Ed.). *A handbook of Child Psychology*. Worcester, MA : Clark University Press.

Goleman, D. (1995). *Emotional Intelligence*. New York: Bantam Books.

Gopnik, A., & Astington, J. W. (1988). Children's understanding of representational change and its relation to the understanding of false belief and the appearance reality distinction. *Child Development, 59*, 26–37.

Gopnik, A., & Meltzoff, A. N. (1997). *Words, Thoughts, and Theories. Cambridge*. MA: MIT Press.

Gopnik, A., & Wellman, H. M. (1994). The 'theory' theory. In L. A. Hirschfeld & S. A. Gelman (Eds.). *Mapping the Mind: Domain Specificity in Cognition and Culture* (pp. 257–293). Cambridge, UK: Cambridge University Press.

Hala, S., & Carpendale, J. (1997). All in the mind: Children's understanding of mental life. In S. Hala (Ed.). *The Development of Social Cognition* (pp. 189-239). Hove, UK: Psychology Press.

Hall, G. S (1904). *Adolescence*. New York : Appleton-Century-Crofts.

Harris, P. L. (1992). From simulation to folk psychology. *Mind and Language, 7*, 120-144.

Harter, S. (2003). The development of self-representations during childhood and adolescence. In M. R. Leary, & J.P. Tangney(Eds.), *Handbook of Self and Identity* (pp. 610–642). New York: Guilford.

Harter, S. (2006). The self. In N. Eisenberg, W. Damon & R. M. Lerner (Eds.). *Handbook of Child Psychology* (pp. 505-570). Hoboken, NJ: John Wiley & Sons.

Hurley, S (2008). The shared circuits model (SCM): How control, mirroring, and simulation can enable imitation, deliberation, and mind reading. *Behavioral and Brain Sciences, 31*, 1-22.

Kim, G., & Kwak, K. (2011). Uncertainty matters: Impact of stimulus ambiguity on infant social referencing. *Infant and Child Development, 20*, 449-463.

Kling, K. C., Hyde, J. S., Showers, C. J., & Buswell, B. N. (1999년). Gender differences in self-esteem: a meta-analysis. *Psychological Bulletin, 125*(4), 470-500.

Kostelnik, M. J., Whiren, A. P., Soderman, A. K., & Gregory, K. M. (2009). 영유아의 사회정서발달과 교육(박경자, 김송이, 권연희, 김지현 옮김). 서울: 교문사. (원전은 2002년에 출판).

Laibile, D. J., & Thompson, R. A. (2007). Motherchild discourse, attachment security: shared positive affect, and early conscious development. *Child Development, 71*, 1424-1440.

Leary, M. R., & Baumeister, R. F. (2000). The nurture and function of self-esteem: Sociometer theory. *Advances in Experimental Social Psychology, 32*, 1-62.

Leary, M. R., & McDonald, G. (2003). Individual differences in self-esteem: A review and theoretical integration. In M. R. Leary & J. P. Tangney (Eds.). *Handbook of Self and Identity* (pp. 401-418). New York: Guilford.

Leary, M. R., Tambor, E. S., Terdal, S. K., & Downs, D. L. (1995년). Self-esteem as an interpersonal monitor: The sociometer hypothesis. *Journal of Personality and Social Psychology, 68*, 518-530.

Leslie, A. M. (1994). ToMM, ToBy, and agency: Core architecture and domain specificity. In L. A. Hirschfeld & S. A. Gelman (Eds.), *Mapping the Mind: Domain Specificity in Cognition and Culture* (pp. 119–148). New York: Cambridge University Press.

Leslie, A. M., & Thaiss, L. (1992). Domain specificity in conceptual development: Neuropsychological evidence from autism. *Cognition, 43*, 225-251.

Mayer, J. & Salovey, P. (1990). Emotional intelligence. *Imagination, Cognition & Personality, vol 9*, 185-211.

Mayer, J. & Salovey, P. (1993). *Emotional Development and Emotional Intelligence*. New York: Basic Books.

McDevitt, T. M., & Ormrod, J. E. (2004). *Child Development: Educating and Working with Children and Adolescents* (2nd ed.). Upper Saddle River, NJ: Pearson/Merrill Prentice Hall.

Melendz, W. R, Beck, V., & Fletcher l, M. (2000). *Teaching social studies in early education*. Albany, NY: Delmar Thomson Learning.

Meltzoff, A. N. (1995). Understanding the intentions of others: Re-enactment of intended acts by 18-month-old children. *Developmental Psychology, 31*, 838-850.

Meltzoff, A. N., & Brooks, R. (2001). "Like me" as a building block for understanding other minds: Bodily acts, attention, and intention. In B. F. Malle, L. J. Moses, & D. A. Baldwin (Eds.), *Intentions and Intentionality: Foundations of Social Cognition* (pp. 171-191). Cambridge, MA: MIT Press.

Michaelis, J. U. (1980). *Social Studies for Children : A Guide to Basic Instruction.* NJ: Prentice-Hall. Inc.

NCSS (1994). *Curriculum standards for social studies: Expectations of Excellence*. DC : Washington.

Nelson, K. (2003). Narrative and self, myth, and memory: Emergence of a cultural self. In R.

Fivush & C. A. Haden (Eds.), *Autobiographical Memory and the Construction of a Narrative Self: Developmental and Culture Perspectives* (pp. 72-90). Mahwah, NJ: Erlbaum.

Piaget, J. (1951). *Play, dreams and Imitation in Childhood*. New York: Norton.

Poulin-Dubois, D. (1999). Infants' distinction between animate and inanimate objects: The origins of naive psychology. In P. Rochat (Ed.), *Early Social Cognition* (pp. 257–280). Mahwah, NJ: Erlbaum.

Premack, D. G., & Woodruff, G. (1978). Does the chimpanzee have a theory of mind? B*ehavioral and Brain Sciences, 1*, 515–526.

Repacholi, B. M., & Gopnik, A. (1997). Early reasoning about desires: Evidence from 14- and 18-month-olds. *Developmental Psychology, 33*, 12-21.

Robins, R. W., Trzesniewski, K. H., Tracy, J. L., Gosling, S. D., & Potter, J. (2002년). Global self-esteem across the life span. *Psychology and Aging, 17*(3), 423-434.

Schaffer, D. R (2005). *Social and Personality Deverlopment*. CA: Thomson Wadsworth

Seefeldt, (2001) Social Studies for the Preschool-Primary Child. New Jersey: Prentice-Hall. Inc.

Seefeldt, D., Castle, S., & Falconer, R. C. (2014). 아동을 위한 사회교육. *Social studies for the Preschool-Primary Child*. 시그마 프레스.

Seefeldt, C. (2005). *Social studies for the preschool-primary child* (7th ed).

Serbin, Lisa A.(1983). The Hidden Curriculum : Academic Consequences of Teacher Expectation. *In Sex Differentiation and Schooling*, ed. by Marland Michael. Guilford: Biddles Ltd.

Sullivan, K., & Winner, E. (1993). Three-year-old's understanding of mental states: The influence of trickery.*Journal of Experimental Child Psychology, 56*, 135–148.

Twenge, J. M., & Crocker, J. (2002). Race and self-esteem: meta-analyses comparing whites, blacks, Hispanics, Asians, and American Indians and comment on Gray-Little and Hafdahl (2000). *Psychological Bulletin, 128*, 371-408.

Walden, T. A., & Ogan, T. A. (1988). The development of social referencing. *Child Development, 59*, 1230–1240.

Wechsler, D. (1958년). The Measurement and Appraisal of Adult Intelligence (4th ed.). Baltimore: Williams & Wilkins.

Wellman, H. M. (1985). The child's theory of mind: The development of conceptions of cognition. In S. R. Yussen (Ed.), *The Growth of Reflection in Children* (pp. 169–206). San

Diego, CA: Academic Press.

Wellman, H. M., & Gelman, S. A. (1998년). Knowledge acquisition in functional domains. In D. Kuhn and R. S. Siegler (Eds.), W. Damon (Series Ed.), *Handbook of Child Psychology: Vol. 2. Cognition, Perception, and Language* (5th ed., pp. 523–573). New York: Wiley.

Wellman, H. M., & Woolley, J. D. (1990). From simple desires to ordinary beliefs: The early development of everyday psychology. *Cognition, 35*, 245–275.

Wellman, H. M., Cross, D., & Watson, J. (2001년). Meta-analysis of theory of mind development: The truth about false-belief. *Child Development, 72*, 655-684.

Wimmer, H., & Perner, J. (1983). Beliefs about beliefs: Representation and constraining function of wrong beliefs in young children's understanding of deception. *Cognition, 13,* 103–128.

Woodward, A. L. (1998). Infants selectively encode the goal object of an actor's reach. *Cognition, 69*, 1-34.

Young, J. F., & Mroczek, D. K. (2003). Predicting intraindividual self-concept trajectories during adolescence. *Journal of Adolescence, 26*(5), 586-600.

해답

1. 유아사회교육 개념

〈p. 10〉

생각해보기

이 글이 시사하는 바는 무엇일까요?

여행을 갈 때, 나는 바다로 가고 싶은데 동생은 산으로 가자고 합니다. 나는 오늘 집에 가는 길에 떡볶이가 먹고 싶은데 엄마는 그냥 집에 가자고 합니다. 그럴 때 나는 동생과 엄마의 의견을 들어줄 때도 있고 때로는 동생과 엄마가 내 의견을 들어주기도 합니다. 내 의견이 반영되지 않는 규칙이 하나 있습니다. 그것은 밤 11시 이전에 꼭 들어가야 하는 규칙입니다. 친구들과 있다 보면 가끔 더 늦게 들어가고 싶지만 11시 이전에는 들어가야 하는 신데렐라랍니다.

답 사람들과의 소통하는 가운데 다른 사람과 의견을 조율하는 능력이 길러지며 적절한 규칙, 해야 할 일과 하지 말아야 할 일에 대해 알아가는 것을 통해 사회성이 형성된다.

〈p. 15〉

퀴즈

1. 인간이 사회 구성원으로 살아가기 위해 사회생활에 필요한 지식이나 가치, 규범 등을 배워 나가는 과정을 무엇이라고 하는지 쓰시오.

답 사회화

2. 다음 내용은 어떤 사회화의 개념을 서술한 것일까요?

『양반전』 박지원(1737~1805)

강원도 정선 고을에 한 양반이 살았습니다. 그런데 그 양반은 너무 가난하여 빚이 산더미처럼 쌓였습니다. 관가에서 빌려온 관곡을 하루라도 빨리 갚지 않으면 봉변을 당할 위기에 처했습니다. 이때 이웃에 사는 부자가 소문을 듣고 양반을 사겠다고 찾아갑니다. 양반은 기꺼이 양반을 팔았고, 신분이 낮은 부자는 관곡을 대신 갚아줍니다. 그런데 양반으로 사는 일이 생각보다 쉽지 않습니다. 양반의 행동거지에는 제약이 너무 많았습니다. 결국 양반노릇을 일일이 배우느니 차라리 양반이 되기를 포기하겠다고 선언하기에 이릅니다.

답 재사회화와 탈사회화

〈p. 12〉

생각해보기

이 글이 시사하는 바는 무엇일까요?

1991년 우크라이나에서 한 아이가 들개들의 무리에서 발견되었다. 이 아이는 옥사나로 5년간 야생 들개들과 생활해 개처럼 짖거나 네 발로 뛰어다녔다. 사회로 돌아온 옥사나는 사람들의 보살핌을 받았지만, 자신의 이름밖에 쓰지 못하였고, 간단한 계산도 하지 못하였다. 오히려 옥사나는 사람들의 눈을 피해 네 발로 뛰고 짖는 등 개의 습성을 드러내며 인간 사회에 부적응한 모습을 보였다.

답 영유아기에 사회화하는 과정의 중요성에 대해 보여준다.

〈p. 20〉

생각해보기

사회성은 타고나는 것일까요? 학습되는 것일까요?

답 유전적인 영향을 강조할 경우, 양육 방식이나 환경이 다름에도 비슷한 인성이나 행동 양식을 가진 사례를 제시한다. 대체로 순한 기질을 타고난 유아는 사회성이 좋다. 낯가림이 덜하고 적응력이 뛰어나서 새로운 환경도 긍정적으로 받아들이고 사교성도 좋을 확률이 높다. 반대로 까다로운 기질을 가진 유아는 낯선 사람이나 장소를 접했을 때 위축되는 유아는 사회성이 떨어지는 경우가 많다. 환경의 영향을 강조할 경우, 유전적 요인의 유사성에도 불구하고 양육 및 환경에 따라 다른 특성을 갖게 된 사례를 제시한다.

〈p. 24〉

퀴즈

1. 다음은 어떤 사회화 기관을 의미하는가?

트위터나 페이스북, 인스타그램과 같은 소셜 네트워크 서비스(SNS)는 빠른 속도로 많은 사람에게 동시에 메시지를 전파할 수 있기 때문에 영향력이 강하다. 트럼프 대통령이 트윗을 통해 자신의 생각을 공유하는 것과 같이 트위터로 한 번 소식을 전하면 최소한 수백 명의 사람이 소식을 나누기 때문에 주류 언론도 이를 무시할 수 없다는 것이 전문가들의 설명이다. 이러한 영향력을 가지고 우리나라에서는 알릴레오나 홍카콜라 채널을 통해 자신의 생각을 공유하는 것이 대표적 사례로 꼽힌다.

답 대중매체

2. 유아 사회교육의 목표 및 내용

〈p. 36〉

퀴즈

다음은 OO유치원 가게놀이 계획과 관련된 만 4세 반 교사들의 대화이다. 씨펠트의 유아사회교육 접근방식 중 (가)에 나타난 최교사의 접근방식 유형은 무엇인가요?

김교사 : 가게 놀이할 때 역할 영역에서 각 나라의 기념품을 비치해서 사고파는 물건으로 사용하면 어떨까요? 지난주 시장견학 갔을 때 아이들이 다른 나라의 기념품에 관심을 많이 가지고 있더라고요. 가게놀이도 하고 다문화에 대한 이해도 높일 수 있는 기회가 될 것 같아요

임교사 : 기념품을 제시하는 것만으로는 문화의 차이나 가치를 이해하기 어려울 것 같아요. '세계 여러 나라' 라는 주제를 통해 우리반 다문화 가정 아이 엄마의 나라인 필리핀 전통음식과 전통물품을 추가해서 다루기로 해요

최교사 : 좋은 생각이에요. 그런데 이번 가게놀이에서는 아이들에게 직접 돈을 주고 서로 물건을 사거나 팔도록 하는 것이 좋겠어요. (가) 아이들이 직접 경험하고 주변 세계에서 일어나는 문제를 해결해가는 과정에서 스스로 중요한 개념과 가치를 발견할 수 있거든요.

답 직접환경 중심 접근법

3. 유아사회교육의 이론

〈p. 49〉

다음 문제에 대해 O, X로 답하세요

1. 피아제가 유아의 학습을 동화, 조절, 평형화로 인지발달의 개념으로 설명하였다. (O)
2. 에릭슨은 생애주기를 7단계로 나누어 영아기부터 노년기까지 설명하였다. (X)
3. 표준행동목록을 제시한 게젤은 학습에 있어 준비도의 개념을 설명하였다. (O)
4. 유아의 가정, 학교, 또래집단과 같은 미시체계들간의 연결이나 상호관계는 중간체계이다. (O)
5. 비고츠키는 상호작용을 통해 사회적 학습이 일어난다고 보았다. (O)
6. 스키너는 학습은 유아의 직접적인 행동이나 경험에 의해서 뿐만 아니라 관찰이나 모방을 통한 간접적인 경험을 통해서도 학습할 수 있다고 보았다. (X)
7. 남아에게 나타나는 것을 오이디푸스콤플렉스라 하고, 여아에게 나타나는 것을 엘렉트라 콤플렉스가 나타나는 시기는 항문기이다. (X)

4. 유아 사회교육 관련요인

〈p. 75〉

다음은 콜버그의 도덕성 발달단계이다. 적절한 것끼리 연결하세요.

전 인습적 도덕단계
1단계

전 인습적 도덕단계
2단계

인습적 도덕단계
3단계

인습적 도덕단계
4단계

후기 인습적 도덕단계
5단계

후기 인습적 도덕단계
6단계

〈p. 79〉

〈질문〉: 샐리가 돌아왔을 때 샐리는 공을 어디서 찾을까?

1. 유아가 관찰하는 동안, 샐리와 앤이 함께 있다가 바구니 안에 구슬을 넣는다.
2. 샐리가 자리를 비운 사이에 앤이 구슬을 다른 장소로 옮긴다.
3. 유아에게 "샐리는 구슬을 찾기 위해 어디를 살펴볼까?" 하고 질문한다.

마음이론이 발달된 유아는 샐 리가 바구니를 찾아본다고 이야기한다.
마음이론이 발달되지 않은 유아는 샐 리가 상자를 찾아본다고 이야기한다.

5. 국가 수준의 교육과정

〈p. 89〉

퀴즈

다음은 유아 경험의 실제입니다. 내용범주와 내용을 찾아 적어보세요

유아 경험 실제	내용범주	내용
유아가 등원하자마자 선생님에게 오늘 자신이 도우미인 것을 확인하며 말한다. "저는 도우미하는 날이 좋아요. 저는 화분에 물주는 것도 잘하고, 친구들에게 간식을 나눠 주는 것도 잘할수 있어요."라고 말한다. 선생님이 "그럼 오늘의 도우미는 제일 먼저 무엇을 할 생각이야?"라고 웃으며 묻자, "화분에 물 주러 가야지"라고 말하며 물을 뜨러 화장실 쪽으로 간다.	나를 알고 존중하기	나를 알고 소중히 여긴다.
4세 유아는 가족과 지냈던 일에 대해 그림을 그리며 웃으면서 말한다. "엄마, 아빠랑 캠핑 갔는데 정말 재미있었어요. 아빠가 밥하고 고기를 구웠고, 엄마는 식탁을 차렸어요. 저는 물컵을 꺼냈어요. 밥을 다 먹고 나서, 같이 공놀이도 하면서 놀았어요."	더불어 생활하기	가족의 의미를 알고 화목하게 지낸다.
우재: 너희들은 우리나라에서 누가 제일 좋아? 유아들: 이순신 장군! 세종대왕! 교사: 왜 좋아하는데? 시연: 한글을 만들었잖아요. 나는 한글을 진짜 잘 쓰는데, 한번 보세요. (모래 바닥에 나뭇가지로 자신의 이름을 쓴다.)	사회에 관심 가지기	우리나라에 대해 자부심을 가진다.
유아들이 함께 블록으로 동네를 만든다. 유아들은 도서관을 만들면서 이야기를 나눈다. "여기는 도서관! 우리 도서관 가봤지? 우리 동네에 도서관이 있으니까 좋다. 그치?", "응, 선생님한테 내일 또 도서관 가자고 말씀드리자."	사회에 관심 가지기	내가 살고 있는 곳에 대해 궁금한 것을 알아본다.
실내 놀이를 마친 뒤 5세반의 몇몇 유아들이 놀이할 때 불편한 점이 있었다고 말한다. 하선이가 "우리끼리 약속 좀 만들어야겠다."라고 말하자 유아들이 매트 위에 모여 앉았고, 진지하게 이야기를 나누며 놀이 약속을 정한다. 다음날, 유아들끼리 정한 약속을 교사는 색종이에 적어 칠판에 붙여준다. 한 유아는 놀이약속 옆에 손가락 도장을 찍으며 "내가 지킬 수 있는 약속이 이거야."라고 말한다.	더불어 생활하기	약속과 규칙의 필요성을 알고 지킨다.
5세 반 유아들이 숨바꼭질을 하려고 모여든다. 유아가 "나는 진짜 잘 숨을 수 있어."라고 말하자, 다른 유아들이 "나도 잘하거든. 나는 몸이 작아서 아무 데나 숨을 수 있어.","나도 잘 숨거든!"이라고 말한다.	나를 알고 존중하기	나를 알고 소중히 여긴다.

〈p. 90〉

토론

아래의 내용을 보고 5개 영역 중 통합적으로 이루어질 수 있는 영역이 무엇이 있을지에 대해 이야기를 나누어 보세요

유아 사회교육은 5개 영역의 통합적으로 이루어 질 수 있는 것인가?
하원 시간, 우주는 놀이를 계속하고 있는 서연이에게 블록 정리를 하자고 말한다.
우주 (서연이의 귀 뒤쪽에 대고) 이제 블록 정리하는 시간이야!
서연이가 듣기에 우주의 큰 목소리는 자신의 귀에 대고 크게 소리를 지르는 것처럼 들린다.
서연 귀에 대고 하지마! 귀 아파!
우주 아니야. 나는 머리카락에 대고 말했거든. (서연이의 귀 뒷면 머리를 만진다)
서연 너가 내 귀에 대고 크게 말했잖아. 귀 아팠거든.
우주 (매우 큰 목소리로) 아니야. 나는 여기에 대고 말했어.
우주와 서연이의 모습을 지켜보던 은성이가 다가와 무슨 일인지 묻는다.
우주 (울먹이는 듯한 목소리로) 있잖아. 내가 귀에 말 안 하고 여기 머리카락에 말했는데, 서연이가 자꾸 내가 귀에 대고 말했다고 하잖아. 나 기분 진짜 안 좋아. 힝!
은성 알겠어. 서연이가 어떤 말했는데?
서연 얘가 내 귀에 대고 말했다구! 여기가 귀야. (서연이는 자신의 귀를 만지며 소리가 들렸던 위치를 가리킨다.)
은성이는 두 유아의 말을 듣고 팔짱을 끼고 잠시 말없이 생각하더니, 서연이에게 "귀를 막아 봐"라고 말한다. 서연이가 두 손가락으로 귀를 막는다. 은성이는 서연이의 등 뒤로 돌아가 서연이의 귀 옆에서 소리를 낸다.
은성 아 아... (서연이에게) 어때? 소리 들려?
서연 응. 귀에 대고 하는 것처럼 들려.
은성 이제 됐지?
우주 봐 봐, 맞지? 나 여기 뒤에다 대고 말했지?
서연 알겠어. 미안해.

<u>의사소통</u>

- <u>듣기와 말하기 말이나 이야기를 관심 있게 듣는다. 은성이는 갈등 상황에 있는 유아들의 말을 관심 있게 들음.</u>
- <u>자신의 경험, 느낌, 생각을 말한다. 우주와 서연이는 자신의 입장을 적극적으로 주장함. 상황에 적절한 단어를 사용하여 말한다. 유아들은 상황에 적절한 단어와 문장을 사용하여 말함. 상대방이 하는 이야기를 듣고 관련해서 말한다. 갈등 중에 있는 유아들이나 갈등을 해결하려는 유아 모두 서로의 이야기를 듣고 상대방의 생각, 의도, 감정을 이해하여 관련지어 말하고자 노력함.</u>

사회관계

- 나를 알고 존중하기 나를 알고 소중히 여긴다. 서연이는 자신의 귀가 아프다는 것을 알고 보호하려고 하며, 우주는 자신의 행동에 대한 오해를 풀기 위해 적극적인 태도를 취함. 나의 감정을 알고 상황에 맞게 표현한다. 갈등 중에 있는 두 유아는 서로 자신의 속상한 감정을 알고 상황에 맞게 말함.
- 더불어 생활하기 친구와의 갈등을 긍정적인 방법으로 해결한다. 은성이는 두 친구의 갈등을 긍정적인 방법으로 해결함. 친구와 서로 도우며 사이좋게 지낸다. 은성이는 두 유아의 문제 해결을 위해 적극적으로 도움. 서로 다른 감정, 생각, 행동을 존중한다. 은성이는 두 유아가 느끼는 감정, 생각, 행동을 존중하여 갈등의 원인이 된상황을 재연하기를 제안함.

자연탐구

- 생활 속에서 탐구하기 물체의 특성과 변화를 여러 가지 방법으로 탐색한다. 유아들은 갈등을 해결하는 과정에서 귀 옆에서 크게 말하는 소리는 귀에 대고 하는 소리로 들릴 수 있음을 알게 됨. 물체의 위치와 방향, 모양을 알고 구별한다. 유아들은 귀의 위치, 말소리가 들린 귀 옆 등 방향을 짚어 가며 서로 말함.

저 • 자 • 소 • 개

이 혜 정

총신대학교 유아교육전공(철학박사)

현) 백석문화대학교 유아교육과 교수

제2판

2019 개정 누리과정에 따른 놀이중심

유아사회교육

초 판 1쇄 발행 2020년 3월 16일
제2판 2쇄 발행 2022년 7월 25일

지 은 이 | 이혜정
펴 낸 이 | 김기섭
책임편집 | 이윤미
펴 낸 곳 | 창지사 www.changjisa.com
08589 서울시 금천구 가산디지털 1로 83 파트너스타워 1차 9층
전화(02) 719-2211~3
팩스(02) 701-9386
등 록 | 1977년 4월 28일 · 제1-421호

ISBN 978-89-426-1454-7 (93370)

값 20,000원